熊逸 作品

春秋大义

Chunqiu Dayi

中国传统语境下的皇权与学术

Zhongguo Chuantong Yujing Xia de Huangquan Yu Xueshu

（下）

民主与建设出版社

第三章　天人三策

（四）

在老天爷的英明领导下……——最怕是日蚀——日蚀三十六，弑君三十六——学习汉明帝的重要讲话

刘邦的儿子汉惠帝刘盈死得很早，结果就造成了吕后专权的局面，这让刘姓贵族和老臣们颇为不满。吕后虽然是个女强人，手腕强硬，但她心里也知道自己理亏，更要命的是，吕后没受过系统的唯物主义教育，思想当中缺乏无神论观念，这一做了亏心事，最紧张的就是鬼敲门，何况她毕竟是个女人。

但鬼敲门的事情是防不胜防的，不以个人意志为转移，这一年，发生了日蚀。吕后紧张坏了，不断念叨着："坏了，坏了，老天爷这是冲我来的，是冲我来的啊！"

日蚀这种天象，怎么看怎么都不像好兆头，加上人们一代代的渲染，搞得领导们看见日蚀就紧张。那么，日蚀到底预示了什么呢?

有些问题，如果你不去理它，什么事也不会发生，可你一旦捉摸上它，越是捉摸，结论就越是骇人，日蚀正好就是这样的一个问题。我们都知道万物生长靠太阳，太阳又是天空中最大的发光体，所以很早以前人们就把太阳和君王联系到一起了。如果继续深究的话……

汉朝人研究《春秋》非常透彻，从《春秋》文本当中发现了一个惊人的"巧合"：《春秋》记载弑君事件有三十六起，记载日蚀

恰好也有三十六起，[70]这恐怕不能说是巧合吧，孔子一定是在其中蕴含着什么深意的……哎呀，难道说，日蚀就是弑君的征兆吗？

——想象一下，如果是你我生活在汉朝，听专家学者们研究出了这样一个学术成果，怎能不吃惊呢？

但是，我们必须要向这些专家提出一个问题："你们这两个'三十六'，当真是从《春秋》文本当中挨个儿数出来的吗？"

——如果在清朝以前我们听说了"三十六"的这个学术成果，可能还真不会这么较真，估计也就信了，可到了清朝，汪中写了一篇《释三九》，专门分析古代文献里"三"和"九"这两个数字的用法，结论是：这两个数字经常是被当作虚数来用，表示"好几个"、"很多个"这样的意思，而不是切实地表达字面意思。[71]

我们可以马上联想到的就是《论语》里的这句话：

曾子曰："吾日三省吾身：为人谋而不忠乎？与朋友交而不信乎？传不习乎？"

意思是：曾子说："我每天要反省自己好几次——替别人办事是否尽心负责了呢？和朋友交往是否诚实守信呢？老师教我的东西是否温习实践了呢？"

这句话前边说"三省吾身"，后边紧接着的恰好正是三件事，这是最容易迷惑人的，让人以为"三"是当实数来用的。杨伯峻就以汪中的研究为基础，说"三"在这里依然是个虚数，之所以配合上了后边的三件事，实在是碰巧了，而曾子如果当真想说实数"三"，这句话按照当时的语法就应该说成"吾日省者三"。[72]这么看来，“三顾茅庐”什么的也不能太当真哦。

在汪中之后，刘师培又发展了这个观点，认为古代文献当中不仅“三”和“九”常作虚数，就连和这两个字有关的一些数字也常作虚数，比如三百、三千、三十六、七十二。

看，这里边可有一个“三十六”，正是汉朝专家们说的《春秋》所载的日蚀数和弑君数。他们真是自己数出来的吗？

关于这个“三十六”，汉朝大学者刘向在他的《说苑》里引公扈子的话，说：“公扈子曰：……‘《春秋》之中，弑君三十六，亡国五十二。’”董仲舒在《春秋繁露》说《春秋》：“弑君三十六，亡国五十二。”再多翻翻书——《淮南子》里也这么说，《史记》里也这么说，看来这是汉人的成说呀。

凡事最怕“认真”两字，如果当真要检验一番，我们就得辛苦一番，把《春秋》里的日蚀数、亡国数和弑君数挨个儿数数。——注《汉书》的颜师古是个实诚人，还真挨个儿数过，把“弑君三十六，亡国五十二”给一一罗列出来了。可时至现代，又真得感谢杨伯峻前辈，他也替我们数过了，而且数出来一个新结果。[73]杨先生说：我都替你们数过啦，《春秋》里边的弑君数和亡国数都不够三十六和五十二，日蚀记载倒真是实实在在的三十六次，可是，这三十六次当中有两次可能有误记和错简，再以现代的天文手段来作考察，发现还有一次也是不可靠的，所以真正可靠的只是三十六次中的三十三次。（我也不知道谁说的对，唉！）[74]这还没说完，《春秋》记事一共二百四十二年，其间在鲁国国都可以见到的日蚀应该在六十次以上，《春秋》只记载了一半，这是为什么呢？再考察古代学者对《春秋》篇幅的记载，曹魏时的张晏说全书总字数为一万八千字，南宋时的王观国说他那个时代里流行的《春秋》是一万六千五百多字，同为南宋时的李焘仔细数数，数出张晏少数了一千四百二十八字，——当时可没有现在word的“字数统计”功能哦。[75]

嗯，这样说来，也许刘向他们看到的《春秋》版本更加完善也未可知，我们还是把人多往好处想，相信他们是挨个儿数过好了。那么，《春秋》一书中记载日蚀和弑君都是三十六次，或许当真别有深意吧？

致力于探究这层“深意”的可绝不是个别人，而是一众儒家经师——尤其是《春秋》学家——的普遍学风。比如孔光说：太阳是所有阳性物质的宗主，代表着皇帝，如果君德衰微，那么在天上就会表现出日蚀。马严说：太阳是所有阳性物质的领袖，日蚀的出现说明了是有阴性的东西在侵犯阳性，是阴气太盛而凌驾于阳气之上的表现。——看来武则天和慈禧的时候都没少发生过日蚀才对。

话说回来，单就现在的吕后来说，她老人家紧张归紧张，却也没有因为日蚀就退了位。现代有人说“天人感应”之说虽然迷信得很，却在一定程度上起到了制约君权的作用。这个说法是有道理的，皇帝多了老天爷这么个婆婆，做事多少也会有些顾忌。可这种制约作用到底有多大，这就真不好说了，至于是否被一些聪明的皇帝将计就计，那就更不好说了。毕竟从历史上看，就连骨肉至亲之情在权力面前都要退避三舍，何况其他？

确实，在《春秋》灾异理论流行的整个两汉时期，皇帝们经常因为日蚀等等“灾异”的降临而发布诏书作一些“恳切的”自我批评，这里边有几个例子值得一看。

东汉明帝的时候，有一年发生了日蚀，皇帝下诏书说：

朕奉承祖业，无有善政。日月薄蚀，彗孛见天，水旱不节，稼穑不成，人无宿储，下生愁垫。虽夙夜勤思，而智能不逮。昔楚庄无灾，以致戒惧；鲁哀祸大，天不降谴。今之动变，傥尚可救。有司勉思厥职，以匡无德。古者卿士献诗，百工箴谏。其言事者，靡有所讳。（《后汉书·显宗孝明帝纪》）

咱们现在开始深入学习汉明帝的重要讲话。

汉明帝说：我继承了祖业，却操持得不太好。最近又是日蚀、又是扫帚星的，唉，水旱不调，庄稼收成很糟糕，地主家里也没余粮了！我很努力想办法，可智商低也不是我的错（虽夙夜勤思，而智能不逮）。想当年楚庄王的时候，风调雨顺，可楚庄王却担心害怕；鲁哀公把国家搞得哀鸿遍野，可老天爷也不降什么灾殃。这样看来，今天我任上的这些天变倒也不算最坏，应该是有解决之道的。你们当官的都要尽职尽责来辅佐我这个缺德的皇上（有司勉思厥职，以匡无德）。古时候，大小贵族和各行的手艺人们都会向国君献诗，这是个好传统，咱们得学学人家，大家也多给我提提意见，别有什么顾虑，敏感字符也不用打叉叉。

这份诏书很是值得捉摸。开头这句“朕奉承祖业”，堂而皇之地表白：这汉朝江山是我们老刘家的私人产业，是祖宗传给我的。——我前边讲过古人没有明确的爱国观念，在先秦封建时代，重点在于爱家；到了秦朝以后的专制时代，重点在于忠君，而爱国仅仅是忠君的一个附属观念，其意义基本等同于“爱护皇帝主人的私有财产”。

再看诏书里描述的那些灾异，天变倒也没什么，我们现在都很清楚那只不过是再自然不过的天象，可水旱不调、庄稼收成不好，这可都是实实在在影响人们生活的事情。汉明帝这时候为什么突然脱离了现实语境而掉书袋讲起古了呢？这正是他的高明之处。“昔楚庄无灾，以致戒惧；鲁哀祸大，天不降谴”，这一句话，从文学角度来看，论用典之妙，论对仗之巧，都堪称典范。前半句说的是楚庄王的事情：楚庄王是“春秋五霸”之一，是楚国的一位有为君主，据刘向的《说苑》，楚庄王在位期间风调雨顺，天象正常，UFO从未出现，妖魔鬼怪也不显形，按《春秋》经师们的说法，一点儿灾异也没有，这真是天大的好事。可楚庄王却不这么想，他越捉摸越觉得不对劲，终于有一天，他诚挚地向天祈祷：“喂，喂，是老天爷吗？哎，我心里一直不踏实，嗯，我这么问您，您可能觉得我是吃饱了撑的，不过我还是忍不住要问问：我在任期间，既没日蚀，又没扫帚星，什么灵异现象都没有，您，您，您是不是把我给忘了呀？”[76]

——《说苑》称赞楚庄王是个模范君主，没灾没难的都知道戒惧，这就叫“安不忘危”，很难得，很难得！

下半句说的是鲁哀公，他是《春秋》记载中的最后一位鲁国君主，在位二十七年。鲁哀公比人家楚庄王可差太远了，国事一团糟，但有一点却和楚庄王一样：没遇上天灾。这很奇怪是吧，按照《春秋》经师的理论，像鲁哀公这样的坏典型，老天爷肯定少不了对他的警告，可是，事实居然相反，这是怎么回事呢？

对这个问题的标准答案是：老天爷就像班主任，君主们就像是班里的学生，学生表现好了，班主任就会表扬（降祥瑞），学生淘气捣蛋，班主任就会批评（降灾异），可也有个别学生，表现实在太差太差了，而且怎么管教都没用，死硬到底，班主任实在没辙了：算了，你算无可就药了，我也不管你了，随你爱怎么样就怎么样吧！——鲁哀公就是这种情况，老天爷干脆不搭理他了。对了，还得说明一下，这个标准答案可不是我胡乱发挥的，出处见于《后汉书·显宗孝明帝纪》唐人注引《春秋感精符》。[77]（这个很牛的书名一会儿我们还会遇到。）

汉明帝如此用典，意思是说：现在虽然灾异很多，这说明我还没有坏到家，老天爷还是愿意管教我的，再说了，真要没有一点儿灾异那也不见得就是好事。

过了一段时间，汉明帝又遇上日蚀了，这一回的诏书是：

朕以无德，奉承大业，而下贻人怨，上动三光。日食之变，其灾尤大，《春秋》图谶所为至谴。永思厥咎，在予一人。髃司勉修职事，极言无讳。

意思是说：我这个缺德皇帝接下来一份丰厚的祖业，却操持得不太好，老百姓肯定尽是说我坏话的。大家的怨气太大了，感应了上天，造成日蚀。这可不是闹着玩的，《春秋》图谶把日蚀说得怕死人啦！我反躬自省，唉，都是我的错，都是我一个人惹的祸啊！大家敞开了给我提意见吧，别有什么遮着掩着的，狠狠地批评我吧！

——现在咱们已经连续看了两份应对日蚀的诏书，隐隐能见到一些套路了，如果读上十份，绝对可以设计出一个诏书模板来，等哪位皇帝临时要用的时候，只要把几个关键词一换就万事大吉。只要专制体制不变，那么，凡是领导讲话、官样文章，就都是那些个模子，千百年来没什么太大的改变。某个朝代里有过外交人员感慨说：给高级领导作翻译其实是很容易的，翻来覆去就那么几套车轱辘话。——正是这个道理。

我就不罗列十份诏书了，单从这两份来看，文风上和《尚书》里那些圣王讲话有的一比。比如，用古色古香的“厥”字而不是用通俗的“其”，尤其是，“永思厥咎，在予一人”，这分明是承着商汤那句经典台词“万方有罪，在予一人……”来的。如果我们细心的话，会发现商汤的这句台词已经成为历代帝王诏书模板当中的一个重要组成部分了，在千百年间，它的出镜率相当之高。为何如此？我们还是先来听听郑振铎的意见：

我们可以说，除了刚从流氓出身的皇帝，本来不大懂得做皇帝的大道理的（像刘邦之流），或是花花公子，养尊处优惯了，也不把那些“灾异”当作正经事来看待（像宋理宗时，临安大火。士民皆上书诉济王之冤。侍御史蒋岘却说道：火灾天数，何预故王。请对言者严加治罪）之外，没有一个“为君”“为王”的人，不是关心于那些灾异的；也许心里暗笑，但表面上却非装出引咎自责的严肃的样子来不可的。天下的人民们，一见了皇帝的罪己求言诏，也像是宽了心似的；天大的灾患，有皇帝在为他们做着“挡箭牌”

的；皇帝一自遣，一改过，天灾便自可消灭了。这减轻了多少的焦虑和骚动！[78]

郑先生这番话使我们煞费脑筋：正史里那么多灾异，皇帝们那么多自我批评，到底有多少是因为怕了老天爷这位高高在上、明察秋毫的婆婆，又有多少仅仅是权谋的手段，或是走走过场的形式主义？

（五）

纬书和伪书

说到这个问题，我们不妨由此引申，来看一段《老子》。

汉朝初年号称以“黄老之道”治国，励行“无为之治”。到底这“黄老”和“无为”是怎么回事，前文已经讲过一些，后文还会详细再讲。这里只先摘引《老子》当中的一个章节：

江海之所以能为百谷王者，以其善下之，故能为百谷王。

是以圣人欲上民，必以言下之；欲先民，必以身后之。是以圣人处上而民不重，处前而民不害。是以天下乐推而不厌。以其不争，故天下莫能与之争。

这是《老子》通行本的第六十六章，是那句名言“以其不争，故天下莫能与之争”的出处。翻译一下：江海之所以成为百川汇流的地方，是因为它比百川要低，水往低处流，这不就全流到江海里去了么。所以说，圣人若想高踞万民之上，嘴里一定得尽拣谦卑的词说，比如什么“我就是大家的公仆啊”，“我是为大家服务的啊”等等；圣人若想领导万民，就得把自己的位置摆在万民之后。于是乎圣人虽居上位而大家不感到负担，圣人虽作了领导而大家不觉得这有什么不好，因此，天下人便拥戴圣人而不会厌弃他。圣人正是因为不与人争，所以天下没人能和他争。

要谈《老子》，首先必谈版本。大家可千万别以为我们现在看到的这个通行本《老子》就是《老子》自古以来始终不变的样子，事实上，这个通行本是晚到唐朝才基本定型的本子，如果拿这个本子来揣测汉代的黄老思想那可就有些偏颇了。唐朝重视《老子》，这部书甚至曾作为唐朝科举考试的必读教科书——科举要考的东西可不仅仅是儒家典籍哦。现在我们看到的《老子》，所谓“道”为上篇、“德”为下篇，五千言，八十一章云云，这都是唐玄宗搞出来的，圣旨一下，古籍原貌尽失，再等时间一长，人们忘记了当初这个缘由，就以为我们现在看到的就是老子亲笔写下的完整版本的原貌，而在这种张冠李戴的基础上大谈老子如何如何，这种事居然还很常见。[79]

汉朝的《老子》到底什么模样，可资参考的是马王堆汉墓出土的帛书《老子》。帛书《老子》和今本《老子》在篇章结构上差异不小，文字意义上则大致相同，就我引的这章来说，虽然字词有多处不同，主要意思倒还没什么大变。这就是说，大家看我上边的翻译，大概就是汉朝人的“老子说”了。

那么，这就是《老子》的原貌吗？当然不是。感谢考古发现，1993年在湖北郭店村的一座战国中晚期的楚墓里又出土了一部竹简《老子》，是为郭店简本，有甲、乙、丙三本，是迄今为止最原始的《老子》版本，其内容不仅和今本大有不同，和帛书本也很不一样。就拿上边这章来说吧，郭店简本写作：

江海所以为百谷王，以其能为百谷下，是以能为百谷王。

圣人之在民前也，以身后之；其在民上也，以言下之。其在民上也，民弗厚也；其在民前也，民弗害也。天下乐进而弗厌。以其不争也，故天下莫能与之争。[80]

两相比较，乍一看，总体意思似乎差别不大，但细一捉摸，简本说“圣人之在民前也”云云，是一种叙述式的说法，是说：“圣人作万民的领袖，把自己的位置放在万民之后；圣人高踞万民之上，言辞谦卑，把自己说成在万民之下。”而帛书和今本的意思却是：你“如果想”当万民的领袖，“就得”把自己扮成龟孙子；你“如果想”高踞于万民之上，“就得”把自己的位置摆在万民之下。——别看字句变动不大，意思却有了本质的区别。“如果想……就得……”这个句式，摆明了是在教授权谋诈术，这可像极了和韩非子齐名的法家巨擘申不害的思想，分明就是帝王御人之学，哪是什么清静无为呢？

除此之外，还有一个重大疑点：老子不是一向反对仁义、圣人、忠孝什么的吗，怎么在这里（无论是今本、帛书本还是简本）却大谈圣人之道呢，这不是自相矛盾吗？由此引申的问题是：皇帝们不都想获得圣主的美名吗，如果老子反对圣人，为什么汉初要大行黄老之道呢？连带着还有一个问题：汉朝皇帝的谥号都带一个"孝"字，比如汉武帝应该叫作"汉孝武帝"，可见其以孝道为政治核心精神，而大家熟知的老子是明确反对"孝"的，为什么在汉初还能吃得开呢？

呵呵，问题先放在这儿，容后再讲，咱们先回到《春秋》灾异上去，回到东汉明帝方才那份诏书上去。

诏书里有一句"日食之变，其灾尤大，《春秋》图谶所为至谴"，是说"《春秋》图谶"把日蚀当作老天爷对皇帝的最最严厉的警告。——我们心里还得打上一个问号：《春秋》当真这么说过吗？不对，这是"《春秋》图谶"说的。那么，什么是"《春秋》图谶"呢，它和《春秋》有什么关系呢？

《后汉书》唐人注在这里引了《春秋感精符》，解释道："人君位高权重，和老天爷是有感应的。人君圣明，则天道得正，日月光明，五星有度。太阳明亮，就说明政治搞得好；太阳昏暗，就说明政治有问题。"

——《春秋感精符》再次出现。这个书名看上去神神秘秘的，似乎有鬼神莫测之机、天地难言之理，不像《春秋》《尚书》《周易》那么简简单单、朴实无华。其实两汉期间，这种名字的书涌现了一大堆，还有比如《易纬乾凿度》《尚书璇机钤》《诗含神雾》《河图括地象》《春秋命历叙》等等等等，这就是所谓的"纬书"。汉明帝所谓的"《春秋》图谶"也就是指的这类东西，考证起来，应该全部诞生于新莽和东汉时期。

所谓“纬书”的“纬”，是相对于“经书”的“经”而言的，从纺织来看，经是直的丝，纬是横的丝，经纬纵横交错，这才能织出布来。而儒家“六经”号称成型于孔圣人之手，博大精深，可孔圣人担心“六经”太深了，怕人看不懂，所以又编写了一系列的“纬书”作为辅导材料，我们把经书和纬书交织起来，才见得圣人的深意。

但明眼人知道，所谓“纬书”，其实都是“伪书”。新莽以至东汉是一个大规模制造伪书的时期，其手段一般是绑名人、绑名著、跟风起哄、伪造名人作序、迎合政治风气而投机等等，这些手段竟然一直发展了下去，到明代的出版业“市场化”的时候达到成熟——别看咱们现在的图书市场上伪书成灾，销量惊人，花样百出，其实并没有多少比明朝人更新奇的创意，而推其滥觞，还得说新莽和东汉年间的那些成批的纬书。

这些纬书怎么看怎么不像是孔圣人写的，通篇都是怪力乱神，更有不少明显是为政治投机而作的。但正是这些书煽乎着社会风气，一时之间，谈灾异、谈预言、谈老天爷的授命，比西汉董仲舒那套理论更加具体而微。而这些纬书后来虽然频遭质疑，却直到隋炀帝时期才遭到了灭绝的命运。——隋炀帝也搞过一次焚书，在全国范围内查禁谶纬图书，焚烧殆尽，如有私人胆敢藏匿，一经查出，死刑伺候。所以，《春秋感精符》我们现在已经看不到了，只能在古籍的一些古注当中还能瞥见一鳞半爪。

纬书虽然经过隋炀帝之火几近灭绝，但其中一些典故却和前文所讲的《老子》版本演变一样，时间一长，人们便忘记了当初的缘由，另因尊崇孔子的缘故，也就无所谓真假了。在这些典故当中，就有把孔子作《春秋》的来龙去脉讲得详详细细的，并且流传久远，直到近代还有不少人信以为真。

我们先来看一组五言诗，这是张尔田为自己的著作《史微》所作的题辞。张尔田于史学造诣深厚，《清史稿》就有他参与修撰。张尔田这一组五言诗，既对《史微》有着提纲挈领之功，其本身又是一个简约的儒学框架，正好值得在此一看：

（一）

日月麒麟鬬，乾坤凤鸟翔。
斯文留竹帛，大典在烝尝。
冠带朝群后，蛮夷走八荒。
凭谁遵正朔，翼翼我文王。

（二）

万古苞符史，风雷柱下开。
人骑青犊去，帝杀黑龙来。
抱器周官缺，求书禹穴哀。
茫茫瞻六合，谁是素王才。

（三）

一脉传千古，微言奠九流。
文章推祭酒，仁义动诸侯。
河洛钩沈史，春秋考异邮。

八儒分派别，齐待汉皇求。

（四）

手定经纶业，艰难付后王。

诗书秦劫火，礼乐汉文章。

石室心传迩，兰台口说详。

至今过孔壁，丝竹有辉光。

（五）

洪范陈韬意，端门受命心。

世家尊太史，师统定刘歆。

五德传终始，群经列古今。

沾袍无限泪，感动一沉吟。

前四首我只简单讲讲。

第一首诗，麒麟和凤凰全是和孔子有关的高等动物，先渲染一下灵异现象，然后强调礼治的意义，末句点出了“遵正朔”的概念——“正朔”和前文提到过的“大一统”有关，一并留到后文再讲。

第二首诗，“苞符”云云即指汉代纬书，和第三首里的“春秋考异邮”是一样的东西，然后说老子骑青牛西出函谷关，汉高帝刘邦斩白蛇而起义，叔孙通带领一班儒家弟子投奔刘邦，汉文帝广求民间典籍，而文化历经秦火与战乱愈发凋落，孔子那样的大儒是再也找不到了。末句里所谓的“素王”就是孔子，“素王”的意思用我们现代语言来讲就是“无冕之王”——如果联系西汉时人对孔子特殊的尊重，这话还有着更加深刻的含义，也留待后文再讲吧。至于老子是否当真西去，刘邦杀的明明是白蛇却为什么诗里说黑龙，这些问题也容后再说。

第三首诗是说孔子开创儒家，后来有孟子、荀卿这样的巨擘接踵于后，儒家更分八派，越传越广，终于等到汉朝被皇帝定为一尊。

第四首诗是说孔子靠著述为后世立法，各种典籍虽经秦火，却终于在汉朝复兴了礼乐。“心传”与“口说”大概是借佛典来指晁错被公派到山东向伏生学习《尚书》，末句“孔壁”是儒学史上一件头等大事，也等后文再说。

第五首诗详细讲讲。

“洪范陈韬意”，典出《尚书·洪范》，说武王伐纣成功之后，向商朝的贤人箕子咨询执政方略，箕子发表了一番重要讲话，被周武王的史官记录下来，这就是《尚书》里的“洪范篇”。前文讲“天人感应”，说董仲舒设计求雨的方法，用什么颜色的旗帜，走什么方位云云，理论基础是五行生克，而五行概念的源头正在这“洪范篇”当中。

“五行”这个东西对于所有中国人来说几乎都是耳熟能详的，但多数人都是知其然而不知其所以然。那么，五行的“事实”究竟是什么呢？

——这得看说的是哪方面的“事实”。事实有两种，一种是真实的事实，一种是正确的事实。真实的事实往往是很难辨认的，正确的事实却总是一目了然。

那么，我们含糊一下，循着“求实”的道路来看看这五行学说，就从“洪范篇”看起。

如果从现代研究来看，“洪范篇”是个非常可疑的东西，说它是箕子对周武王说的话这肯定是靠不住的，八成是东周人的伪托。但不管真假与否，尤其重要的是，“洪范篇”的五行观念明明确确是分类观念，和我们熟悉的五行绝然不同。这最早的五行，就等于我们把世界一切物质类分为固体、液体和气体一样，仅仅是分类，绝没有说固体生液体或者液体克固体什么的。我们熟悉的阴阳和五行的结合，还有五行的相生相克的关系，这都是汉朝人搞出来的，而且汉朝人为了能把这套理论说圆可真费老了劲了。那么，他们这么费劲，动机何在呢？很简单，无利不早起，全是为了迎合政治形势。——别看我们现在阴阳五行观念依然根深蒂固，可大家要是把《汉书》和《后汉书》看过一遍，我估计得有八成以上的人从此再也不会相信什么阴阳五行了。[81]

汉朝确是阴阳五行理论的成熟期，各位大儒们实在太辛苦了，刚把一套系统编圆了，政治局面又变了，原来的理论又不适用了，怎么办呢，接着圆呗！我们如果单独来看某一个理论，或者某一个理论成型的事件，可能还是很有严肃感的，可要是把这些东西放到它们的发展脉络里一看，严肃感顿时就会烟消云散。但就是这套东西，影响了中国历史达两千年之久。

大凡政治一沾上神学色彩，便会产生这样的流弊。霍尔巴赫曾经写过一则寓言，把宇宙比作一个国家，把上帝比作国王，把神甫比作大臣，于是：这位君主希望人们知道他，爱他，尊敬他，服从他，可他什么事都不明说，大家都得经由大臣们的解释来了解国王的意思；但这些大臣虽然都自称是国王的代表，而大臣们之间对国

王旨意的解释却从来都没有一致过，他们经常互相矛盾，并且称其他大臣都是骗子和歹徒……（霍尔巴赫《健全的思想》）

事情往往如此，老百姓抬头仰望，以为是一群冠冕堂皇的圣人在为冠冕堂皇的神圣路线据理力争，其实只不过是一些阴谋家和势利小人在口蜜腹剑、钩心斗角。

再看“端门受命心”这句。这个典故和《春秋》直接有关，说孔子有一天梦见丰沛一带在冒红烟，不同寻常。醒了以后，孔子越捉摸越觉得这里边一定有事，于是驾车去看。等到了梦中之地，只见一个小孩捉了一头麒麟。这麒麟果然是头异兽，一见孔子走近，竟然大嘴一张——不是要吃孔子，而是从嘴里吐出了三卷书来。孔子也不嫌脏，拿起书一看，上边写着：“周亡，赤气起，火曜兴，玄丘制命帝卯金。”——老天爷说话从来不肯直说，非得跟人类玩文字游戏，其实，直接告诉孔子，让他给即将兴起的汉朝刘姓家族制定政治方针不就完了，还非要玩个“玄丘制命帝卯金”，万一孔子理解错了那不就麻烦了！至于“赤气起，火曜兴”，则是五行相克的说法。

事情还没完，过了些天，有血书从天而降，掉到鲁国的端门上，上边写的是：“趋作法，孔圣没，周姬亡，彗东出，秦政起，胡破术，书纪散，孔不绝。”这是在预言周朝就要完蛋了，秦始皇即将一统天下，还提醒孔子说：你的时间不多了，赶紧写书流传后世吧。第二天，孔子的学生子夏到端门去，看到血书变成一只红色的鸟儿飞走了，留下了一张图，画着孔子制定政治方略的样子，图上还有个标题，叫做“演孔图”。这就是所谓的“端门受命”，孔子在受命之后作了《春秋》和《孝经》，这都是为了汉朝的刘姓皇帝们而作的。

这事的真假暂不去论，但我们能够从中看出的是，汉朝在尊崇孔子以后，是以《春秋》和《孝经》来作为头等重要的政治理论经典的。关于《孝经》，我已经在《孟子他说》第三册里详细讲过，说“孝”的意思绝不仅仅是孝顺父母那么简单，《孝经》其实是一部《忠经》，是打着孝的幌子来教育大家要为皇帝尽忠的；至于《春秋》，从这故事来看，原来是孔子预先为汉朝制定的国家宪法——可是，有个问题呀：抛开神异的一面不论，凭什么孔子一个老百姓就有资格为未来的一个朝代来制订宪法呢？

——这时候才见得“素王”一词的分量，别以为这仅仅只是对这位文化大师的一个尊称，在一些汉儒的眼里，孔子当真就是一位帝王。

孔子是殷商贵族的后代，这一点应该是可信的，而商朝的创始人商汤，按照汉儒五行论的说法，是“水德”——这里的“德”并非“道德”的“德”，而是“属性”的意思，所以“水德”也就是“属性为水”，这看上去很像是现在RPG游戏里的角色设计。五行分别对应着天上的五位天帝，商汤是黑帝之子，孔子也是黑帝之子（不知道这辈分是怎么论的）。既是黑帝之子，就应该在人间称王，可孔子为什么一辈子都没称过王呢？汉儒给出的理由是：孔子生在周代，周是木德，按照五行相生的理论，木只能生出火，却生不出水，没办法，水德的孔子排不上顺序，所以无法继周而称王。木能生火，汉朝是火德，于是继周而兴，有命无运的孔子便预先替火德的汉朝制定政治纲领，写下《春秋》等等经典。

这个说法很合逻辑是吧？可问题是，周朝以后不是秦朝么，怎么不提秦朝而直接到了汉朝呢？难道孔子为未来立法，就不是为秦朝立法么？——汉儒解释说：因为秦朝历时太短，可以忽略不计。

就算这个说法合理吧，可有没有人注意到张尔田第二首诗里的那句“帝杀黑龙来”，难道“黑龙”就是指黑帝之子孔子吗？“帝”如果是指刘邦，难道这句诗是说刘邦杀了孔子而作了皇帝？

当然不是，张尔田所谓的“黑龙”应该是指秦朝，因为按照汉儒另一种五行说法，不把秦朝忽略不计的话，秦朝正是水德，颜色尚黑，而汉朝不是水德而是土德，颜色尚黄。

可能有人还是不解：“不对吧，就算秦朝是水德，汉朝是土德，可按照五行相生之说，水生的是木，不是土呀！”

——的确，这确实是个难解的问题，但再难的问题也是有答案的。这问题不但有确定的标准答案，而且有不止一个标准答案。答案一是说：周朝是木德，汉朝是火德，木生火，这可没错，周和汉之间那个短暂的秦朝是“闰水”。看，有趣吧，五行里边还有置闰的。答案二干脆另辟蹊径，不从五行相生来解释了，而是发展出了一种五行相克的理论，说秦朝是水德，汉朝是土德，土克水，所以汉朝灭了秦朝。很多人都以为五行理论一开始就是有相生相克之说的，其实是先有了相生，后有了相克，分别属于不同的体系，最后这相生相克才联系在一起，而究其来龙去脉，原本全是因政治需要而圆谎，旧谎话的破绽需要新谎话来圆，补丁越补越多，理论就越来越复杂。这时再看张尔田这句“帝杀黑龙来”，既然说“杀”，在五行里应该就等于“克”，“黑龙”是秦朝水德，克水的是土，汉朝自然就是土德。——其实这只是西汉初期的说法，后来五行理论日趋复杂，董仲舒又搞出了一个类似的“三统论”，把水搅得更浑，后来汉朝摇身一变，又说自己是火德了。

再看下一句诗“世家尊太史”，这句话如果独立来看，还真看不出是什么意思，可放在上下文当中来看，应该是指太史公司马迁在《史记》里把孔子列入“世家”，给他以诸侯王的尊荣地位。

再下一句“师统定刘歆”则是赞扬刘歆对儒学传承所立下的汗马功劳。刘歆可谓是继董仲舒之后的儒家谱系里第二位重要人物，后文会有细说。

“五德传终始”，应该是说五行系统里帝业的轮回，这句和下句“群经列古今”成为对仗，我们不妨仅从字面理解：五行生克之说已经占据了儒学的半壁江山，成了儒学当中的头等要论了。至于末句“沾袍无限泪，感动一沉吟”就没什么可讲的了，一声感叹而已。

现在我们再来回顾一下董仲舒上了“天人三策”之后，汉武帝终于“罢黜百家，独尊儒术”，这难道真是孔子的最后胜利吗？看来并非如此哦，汉朝的儒家比之先秦儒家简直已是面目全非了。

这让我们思考一个问题：一个名词/名目/概念，在不同的时代里，字面也许是一成不变的，但实际的内涵却无时无刻不在变动着，甚至是剧烈地变动着。就拿儒家来说，孔子的儒家，孟子的儒家，荀子的儒家，这先秦三大儒家已经各有不同，儒家的“八派”也是各持一说，互相有看法，汉儒更是别具一格，然后唐朝的儒家，宋朝的儒家，元明清的儒家，何曾都是孔孟之道呢？我们又犯过多少次刻舟求剑的错误呢？那么，我们现在只就汉朝来作个管中窥豹，汉朝初年奉行“黄老之术”，难道其内容当真是我们心目中的道家思想吗？难道就真是先秦时代的老庄之道吗？进一步问个问题：如果儒非儒、道非道，它们的差异究竟是在什么地方？又为什么有了儒家取代道家的这次思想嬗变？

还有一个看似荒诞的问题是：既然正统官方思想如此推崇《春秋》灾异理论和五行生克之说，这也就意味着官方是承认不存在万世不衰的朝代的，那么，假若当真有人看到了某个足以预言改朝换代的灾异，并且“勇于”向政府汇报的话，这该怎么处理呢？

（六）

用灵异现象劝皇帝下台

先说上节最后的第二个问题好了，这还真不用凭空设例，历史上确实就发生过这样的事情。

汉昭帝元凤三年正月，泰山南边突然间人声鼎沸，听上去足有数千人之多。这可真是怪了，本来是寂静所在，怎么突然来了这么多人呢？附近的老百姓越想越是好奇，忍不住跑过去看看究竟，这一看：哪有什么数千人在，分明一个人都没有！

——这可是件众目睽睽之下的灵异事件，载于官方权威正史《汉书》。那么，既然阒然无人，那声音到底是从哪里来的？围观的百姓们眼睁睁地看着，全都惊呆了，只见一方巨石吱吱呀呀地自己从地上立起来了！

这块巨石，高达一丈五尺，四十八个人合抱那么粗，入地八尺深，另外还有三块石头就像脚趾一样围在巨石之旁。等巨石完全立起来了，天空中突然飞来数千只白鸟，聚集近旁。同一时间，昌邑社庙里枯树重生，上林苑内本有一株大柳树枯萎倒地，此刻竟自己立起来了，重新焕发了生机，而虫子在柳树的新叶上啮咬，树叶上竟然被咬出了文字：“公孙病已立。”

这一连串的事情实在骇人听闻，肯定是老天爷有什么最新指示了。只是，这指示并非明白地告知世人，而是以一套独特的密码传送到地球上。这倒难不倒汉朝人，因为一大堆儒家经师是专门吃密码破译这碗饭的，这回上场的解码专家名叫眭（suī）弘。

眭弘是山东人，而山东正是孔子的故乡，是儒者的摇篮。但眭弘年轻时候可一点儿也不老成持重，恰恰相反，他是个不良少年，讲究的是哥们儿意气，喜欢的是斗鸡跑马，等到年纪大了，《汉书》说他终于“变节”了——“变节”在这里可不是个贬义词，只是说眭弘改变了人生观，跟随一位叫做嬴公的老师学习《春秋》。知识改变命运，又正值“独尊儒术”成为国策之后，眭弘因为成绩优异而步入官场。（真让我妒忌呀，我《春秋》学得也不错，可现在公务员考试不考这个。）

《春秋》可不是迂腐的死知识，眭弘学以致用，以《春秋》原理破译老天爷这次降下的灵异事件其中的奥妙。眭弘说：“石头和柳树都是阴性物质，象征着处在下层的老百姓，而泰山则是群山之首，是改朝换代之后帝王的祭祀大典之地。如今巨石自立，枯柳复生，都不是人力所能为，这就说明即将要有平民百姓成为天子了。

而社庙中的枯树复生，预示着以前被废的公孙氏该当复兴。”

眭弘这番话实在胆大包天，也不知道他这人是太老实了还是缺个心眼，不过呢，前边那些话确实合乎逻辑，可后边这句公孙氏复兴云云却不知道他是怎么破译出来的——越想越觉得可疑，这句话不会是哪位别有用心的后人给附会上去的吧？

《汉书》里真就没说眭弘为什么破译出一个公孙氏复兴来，往下记载的是：眭弘虽然讲了公孙氏复兴，可他自己也不知道这个公孙氏到底是何许人也。不过呢，不知道也没关系，可以找嘛，眭弘紧接着就说出一番更让人大跌眼镜的话来：“先师董仲舒曾经有言，即便当政的是守成之君，也不碍于圣人受命于天。何况汉家刘姓是尧圣人的后代，肯定最后也得学着尧圣人那样把位子禅让给贤人。现在既然出了这个灵异事件，咱们皇帝就应该诏告天下，寻访真命圣人，把皇位禅让给人家，自己退位卸任，让新皇帝封自己一块方圆百里的封地，就像武王伐纣之后封殷商故旧于宋国一样，这才是顺应天命的做法。”

——汉朝刘家是尧圣人之后，这本来是为了政治目的而乱认祖宗，谁知却被眭弘给作了“禅让”的理解，真让人哭笑不得。

眭弘写完了自己的意见，托一位名叫赐的朋友奏报上去。当时在位的是汉昭帝，年纪还小，主政的是大将军霍光。霍光一看眭弘这封上奏，真是气不打一处来，直接把奏疏转到公检法那边去了。后来的事情可想而知，眭弘和赐两人以妖言惑众罪被判处死刑。眭弘自己犯傻自作自受倒也罢了，还把朋友给连累进去了，这个故事告诉我们：交到一个正直的朋友未必就是一件好事。[82]^_^

说到这里，有人肯定会觉得奇怪：“老天爷那么显眼的灵异事件清清楚楚地摆在那里，泰山巨石自立发生在众目睽睽之下，枯柳复生的上林苑更是皇家苑囿，这又不是三更半夜里在乱葬岗子孤身遇鬼，《汉书》又堂而皇之地记载下来，难道真是老天爷跟大家开玩笑不成！所以说，答案只能是两者之一：要么是《春秋》这套玩意儿不够周密，不是什么事情都能解释清楚；要么就是眭弘学艺不精，把老天爷的密码给破译错了。”

其实还有第三个答案，也是此事惟一的正确答案：《春秋》理论足够周密，眭弘学艺也足够火候，他的解释全是对的，只是，事情并非马上应验，还需等待，可眭弘没等到那天，自己就先挂了。——眭弘被处斩之后，世界又经过一番风雨，一位年轻的天子果真从民间走上帝座，这就是汉宣帝。但他绝对不是外姓，而是根正苗红的刘家人，是汉武帝的曾孙，是死于“巫蛊之祸”的那位卫太子的孙子，他在襁褓之时就进了监狱，后来以平民身份生活于市井之中，似乎今生再与帝胄无缘，谁知最后却阴差阳错地作了皇帝。看来，眭弘预言里的“公孙氏”原来并不是指某个复姓公孙的人，而是指这位卫太子的孙子，也就是后来的汉宣帝。这位汉宣帝开创了汉朝的中兴局面，也正应了眭弘所说的“公孙氏复兴”。

可怜眭弘，如果能熬到汉宣帝即位之后，一定有压死人的荣华富贵在等着他呢。——嗯，不过也不好说，因为汉宣帝虽然征了眭弘的儿子为官，但他毕竟是以刑名治国，不喜儒生的。儒家的命运呀，可不是从汉武帝“罢黜百家，独尊儒术”以后就一帆风顺下去的。

有趣的是，“公孙”这个故事，等到王莽篡汉、光武帝刘秀打拼东汉江山的时候又一次小小地露了一面。

要说大搞谶纬迷信，王莽恐怕当得起是古往今来第一人。其后余风尚在，东汉建国，纬书满天飞，简直就要取代经学而成为官方的学术经典，这一时期的所谓儒家思想，大体上只是纬书思想罢了。这段历史让人很难看懂，因为那些时代的巨人们到底是真心相信这套东西，还是拿它当作愚民的手段，简直就说不清了。赵翼在《廿二史劄记》里有一条目，题为“光武信谶书”，专讲光武帝刘秀迷信的一生，说一开始天下大乱的时候，有人放出一个谶语，说有个叫刘秀的当为天子，结果王莽的国师、也是当时的首席儒家学术权威刘歆上了心了，为了应这个谶语，干脆改名为刘秀。有一天，真刘秀和朋友们聊天，谈起那个谶语，有人说：“这是指国师刘歆吧？”真刘秀一笑：“安知不是我呢？”后来刘秀真当了皇帝，对谶纬极其重视，好几次对轻忽谶纬的大臣严加惩处。赵翼罗列了很多这样的例子，似乎是说刘秀当真相信这一套，可他突然笔锋一转，提到了这样一件事情：

四川军阀公孙述趁着天下大乱，自立为帝。他也没能摆脱时代的局限性，以五行系统推论出自己当是金德，颜色尚白——“朝辞白帝彩云间”的那座白帝城就是由此而得名的。公孙述以谶纬为自己打造舆论攻势，说孔子作《春秋》为汉朝制法，裁断汉朝一共为十二代帝王，现在数一数，正好十二代全都结束了，可见汉朝气数已尽，该有刘姓以外的人接受老天爷的眷顾了。——公孙述这番话还真不能算是信口开河，要知道，孔子作《春秋》是为汉朝制法这种说法经过多少儒家知识分子的宣传早已深入人心，如果细心一点儿就会发现，《春秋》编年记事，上起鲁隐公，下迄鲁哀公，统共十二位国君，历时二百四十二年，那么，汉朝理应和《春秋》的记载一样，刘家人做满十二代皇帝，就该改朝换代了。公孙述又引述一部叫做《录运法》的神秘文献，说“废昌帝，立公孙”，而他自己就复姓公孙，正应该代汉而立。

刘秀拿这事还很当真，专门写信告诉公孙述：“你把文献理解错了，‘废昌帝，立公孙’，明明说的是在汉昭帝死后，霍光先立了昌邑王，后来见昌邑王荒淫无道，就废了他，从民间招来卫太子的孙子立为皇帝，是为中兴汉室的汉宣帝，跟你公孙述可一点儿关系都沾不上。至于刘姓江山的受命期限，谶书上明明说代汉而立的是当涂高，可不是你公孙述呀！你可别学王莽搞那些神神怪怪的东西，要知道，封建迷信是会害死人的！”

赵翼讲到这里，感叹一声：看来刘秀是个明白人，知道谶纬那些东西都是骗人玩的，可他又为什么还酷爱这一套呢？难道说王莽和公孙述看的纬书确实是伪书，而刘秀的纬书却是真货？

这问题还真不好作个定解，不过在很多时候，一件事的真假往往并不重要，重要的是大家是否把它“当真”。

嗯，最后再交代两句后话：就像眭弘的“公孙氏复兴”果然应验一样，刘秀所谓的“代汉者当涂高”后来也应验了，曹丕手下的知识分子巧妙地把“当涂高”解释成“魏”，结果以魏代汉就成了顺理成章的事情，曹丕接受了汉献帝的“禅让”，这恐怕是刘秀当初绝对没有料到的。

（七）

年号也是一门学问

《春秋》之学被玩到这个地步，真让人不知说什么才好。那些天意呀，受命呀，该当真的时候它就是真的，该不当真的时候它就是假的，你如果该当真的时候说它假，或者该当假的时候说它真，那就犯了政治幼稚病了，杀身之祸就在眼前。那么，假如你在汉朝为官，为了安全起见，肯定想找一个风向标之类的东西。其实风向标倒也好找，盯准皇帝的眼色也就是了，再要注意的就是：既要有好的记性，也要有好的忘性。

——这话从何说起呢？就从皇帝的年号说起，《春秋》之精义也是蕴含其中的。

就拿这一年作个例子吧：汉昭帝元凤三年。还记得吗，这就是前文刚刚说过的泰山巨石自立、上林苑枯柳复生的那年。现在我们要看的是：年号元凤。为什么要叫元凤？

汉昭帝即位之初，定年号为始元，意思是说：新皇帝上任啦，万象从此更新。于是，世界从始元元年一直就走到了始元七年，在七月份上，出大事了：发生日蚀了。

日蚀在当时意味着什么，前文已经说得一清二楚，汉昭帝和霍光他们也不知道有什么想法，但也许就像民间冲喜的心态似的，既然有了灾异，那就拿个祥瑞来冲冲好了。但问题是，祥瑞可不是说有就有的。这个为难的时候，有聪明人追忆往事，想起始元三年曾经有凤凰云集东海，朝廷还派人去祭祀过的。咦，这不就是明摆着的祥瑞么！好了，那就拿凤凰说事吧，朝廷于是诏告天下，始元的年号到此结束。可是，始元七年不是才过到七月么，一年才到一半难道就改年号？——不错，旧年号就用到七月了，不再往下用了，从八月算起就是元凤元年了，大吉大利，大吉大利！

议定年号自然少不得儒家知识分子的工作，而且这工作绝不像看上去那么简单。一个年号虽然一般只是寥寥两个字，可你既要把握得住《春秋》理论，又要熟悉儒家典籍，更要揣摩得清政治风向。说到底，年号可绝不仅仅是纪年的一个标记，不是没有价值蕴含的简单符号，而是政治手段之一，儒家之学、《春秋》之理、帝王之术，林林总总尽在其中。

我们只要留心一下就会发现：直到近现代，还有不少人在推崇帝国时代的好人政府，说现代民主政体的选举制度眼光过于短浅，因为领导人的一届任期无非短短几年，这种制度缺陷使他们很难做出十年、二十年乃至三五十年以上的长期规划，无法对国民做出长远承诺，而帝制则不然，长命百岁的好皇帝可以一统治就是好几十年，所以便不会有上述问题的出现。——这个论调一直小有市场，可是，所谓“长远规划”的可能性暂且不论，如果我们仔细看看历史，就会发现历史并没有为这种说法提供足够的证据。就以汉朝为例吧，单是这些换来换去的年号就很能说明问题了。

改元有很多都是来自新的祥瑞，可究其根底，无外乎附会现实的政治需要。比如皇帝看看局面实在乱得不行，难以维持了，算了，改元吧！——这种时候往往会改作始元、更始、太始之类的年号，意思是：新时代开始啦，万象从此更新，大家把过去的事都放一放，咱们重新打造好生活；暗含的意思是：以前的胡搞乱搞都揭过去，谁也别再提了。所以我们才会看到一个皇帝的任期内会出现好多年号，翻来覆去地“万象更新”，这就像有些小学生写日记一样，一开始拿了个崭新的日记本，高高兴兴写了几天，结果发现字也难看、句子也不通顺，怎么办呢，好办，就把前边写完的那几页“呲啦”一撕，重新开始；等又写了几天之后，发现还是很差劲，那就再撕，再重新写。如果单是一个日记本，遭受这种颠三倒四的命运倒也罢了，可如果是全国的老百姓，禁得起多少次这样的折腾？皇帝倒也安心：反正撕下去的页码不许人提，谁翻旧账就整治谁。官员们也越来越聪明，都知道禁忌之所在，干脆美其名曰“放下历史的包袱，轻装整队朝前看”。嗯，这还真不失为一个响亮的口号。倒霉的总是老百姓，谁知道自己哪一天就会变成那个牛鬼蛇神一般的“历史的包袱”，而人家“朝前看”的坚毅目光便再也落不到自己身上了？

年号的变更或者其他一些类似事物在名号上的变更，其中蕴含着不小的学问，用勒庞的话说，就是“当群体因为政治动荡或信仰变化，对某些词语唤起的形象深感厌恶时，假如事物因为与传统结构紧密联系在一起而无法改变，那么一个真正的政治家的当务之急，就是在不伤害事物本身的同时赶紧变换说法。”——这是改元之类手段的另外一层意义：新瓶装旧酒，给大家一些万象更新的美好联想。勒庞说道：

因此，聪明的托克维尔很久以前就说过，政府和帝国的具体工作就是用新的名称把大多数过去的制度重新包装一遍，这就是说，用新名称代替那些能够让群众想起不利形象的名称，因为它们的新鲜能防止这种联想。“地租”变成了“土地税”，“盐赋”变成了“盐税”，“徭役”变成了间接摊派，商号和行会的税款变成了执照费，如此等等。

可见，政治家最基本的任务之一，就是对流行用语，或至少对再没有人感兴趣、民众已经不能容忍其旧名称的事物保持警觉。名称的威力如此强大，如果选择得当，它足以使最可恶的事情改头换面，变得能被民众所接受。泰纳正确地指出，雅各宾党人正是利用了“自由”和“博爱”这种当时十分流行的说法，才能够“建立起堪与达荷美媲美的暴政，建立起和宗教法庭相类似的审判台，干出与古墨西哥人相差无几的人类大屠杀这种成就”。统治者的艺术，就像律师的艺术一样，首先在于驾驭词藻的学问。这门艺术遇到的最大困难之一，就是在同一个社会，同一个词对于不同的社会阶层往往有不同的含义，表面上看他们用词相同，其实他们说着不同的语言。[83]

从这层意义上说，“健忘”或许是老百姓最为优秀的品格，真正喜欢旧事重提的往往是一些“别有用心”的家伙。这样的例子我们可以看看英国著名的掘地派领袖温思坦莱，他的文章曾被誉为“社会主义思想宝库中的一份光辉遗产”。[84]温思坦莱在向克伦威尔谏言的《自由法》里辨析了“王国”和“共和国”在概念上的不同之处，他悲愤地点明：“人民说，如果看看诉讼程序就会发现事情同国王统治时期一模一样，只是改了改名称罢了”，“只要立法者把实现国王的意志和特权作为自己的目的，被压迫的平民就不能享有共和国的自由”。[85]

温思坦莱的这番话反证了“改了改名称”对于统治者来说是个多么简单而有效的管理手段，暗示了所谓“共和国”其实只是打着共和国旗号的“王国”而已，除了字面上的差异之外，和以前的王国并没有多大的实质性不同。这时候我们再来回想一下董仲舒的那个看似非常形式主义的意见：“从《春秋》来看，政权交替的时候，新政权应该改变历法，改变服装和饰物的颜色，以此来表示接受了新一轮的天命”，嗯，好像别有一番感受了吧？

可是，肯定有人会出来质疑：“瞧你说得容易，老百姓就那么好糊弄吗？俗话说得好：人民群众的眼睛是雪亮的！”

——历史告诉我们：人民群众的眼睛很少会是雪亮的，当然，使人民群众相信他们自己有着雪亮的眼睛，这对统治者是大有好处的，人民群众往往会在这种盲目的自信里用他们“雪亮的”眼睛追随着聪明的统治者手指的方向，哪怕那个方向正通向悬崖峭壁。

是的，心理学的研究告诉我们：在有些情境下，糊弄一个人往往不太容易，糊弄两三个人也不那么容易，但是，糊弄一群人可就容易多了。这个道理可以简单地表述为：人数往往和理性成反比，也就是说，在人数越多的时候，理性也就越少，甚至还会出现这种情况：当一百个人聚在一起的时候，他们的脑瓜儿加起来反倒不如这一百人中的任何一个人的脑瓜儿更加灵活。我们还可以在历史和现实生活中看到很多这样的例子：在向大众表达意见的时候，知识分子永远会输给义和团。

我们还是有必要再来听听勒庞的意见：

> 我们已经证明，群体是不受推理影响的，它们只能理解那些拼凑起来的观念。因此，那些知道如何影响他们的演说家，总是借助于他们的感情而不是他们的理性。逻辑定律对群体不起作用。让群体相信什么，首先得搞清楚让它们兴奋的感情，并且装出自己也有这种感情的样子，然后以很低级的组合方式，用一些非常著名的暗示性概念去改变他们的看法，这样才能够——如果有必要的话——再回到最初提出的观点上来，慢慢地探明引起某种说法的感情。这种根据讲话的效果不断改变措辞的必要性，使一切有效的演讲完全不可能事先进行准备和研究。在这种事先准备好的演讲中，演讲者遵循的是自己的思路而不是听众的思路，仅这一个事实就会使他不可能产生任何影响。[86]

是呀，难道“文革”那一代人就真比我们更笨么？他们的脑容量很小吗？他们的平均智商只在70以下吗？他们在单个人与单个人打交道的时候不也表现出不亚于我们的精明吗？——而且，我们还不要急着把勒庞的论断归结为他的反动的阶级局限性在作祟。

这是一件很奇怪的事情呀，为什么同样的一个人，独处的时候表现为一种性格，身处于群体当中的时候却突然展现出了一些卑劣的新性格呢？这道理好像讲不通呀？

弗洛伊德对此有过一个解释——虽然勒庞大约要算是群体心理学的开山鼻祖，但弗洛伊德在他之后也曾关注过这个领域——他认为勒庞所谓的那些新性格其实并不是“新”的，而是因为人心的所有罪恶冲动都潜伏在人的潜意识里，平日里总是被压抑着，而群体的环境把“超我”的阀门打开了，这就如同打开了潘多拉的匣子……

如果以群体心理学的眼光来观察历史，连带着会对未来也生出一种不寒而栗的感觉，当然，乐观的看法也是有的，比如曼海姆就觉得勒庞把问题看得太单纯了：“作为对勒庞（Le Bon）那样作者的简单化的大众心理学的答复，我们必须坚持认为，虽然聚集一团［亦即人群（crowd）或任何无差别无定形的聚集体］的人易于接受建议和受感染，但大多数人本身并不必然构成一团，进一步说，非理性并不必然瓦解社会……”其中缘由，有兴趣的读者就自己去曼海姆的书中找吧。[87]但是，曼海姆的攻击目标可能有误，因为非理性在被利用的时候，其目的往往并不在于“瓦解社会”。

对于这个问题的研究是成果颇多的，再如，涂尔干虽然不是一位心理学家，却在研究图腾的起源和功能性时深刻触及了这个问题，如果管中窥豹一下的话：“一般来说，社会只要凭借着它凌驾于人们之上的那种权力，就必然会在人们心中激起神圣的感觉，这是不成问题的；因为社会之于社会成员，就如同神之于它的崇拜者。……而社会也给我们永远的依赖感。”“有些时候，社会这种赋予力量与生气的作用格外明显。在共同的激情的鼓励下，我们在集会上变得易于冲动，情绪激昂，而这是仅凭个人的力量所难以维系的。等到集会解散，我们发现自己重又孑然一身，回落到平常的状态，我们就能体会出我们曾经在多大程度上超越自身了。”[88]——

涂尔干使我们隐约看到：宗教似乎是无处不在的，即便在那些否定宗教的地方也依然如此，而作为个体总和的社会却像是一个活物，幻化成一个高踞于所有人之上的法力无边的家伙。任我行前辈说得好："有人的地方就有江湖"，把这句话套用一下就是："有人的地方就有宗教——哪怕没有一个人相信宗教"。

注释

① “天人三策”详见《汉书·董仲舒传》，原文太长了，这里就不引用了。

② 所谓“春秋大义”，什么是“义”？一个被许多人认可的答案是：“义”就是“道”。比如［明］姚舜牧《春秋疑问》自序：“孔子曰：‘吾志在《春秋》。’又曰：‘其义则丘窃取之矣。’斯义何义也？《书》曰：‘无偏无颇尊王之义。’无有作好尊王之道，无有作恶尊王之论。道路即义也。而在人心无偏颇好恶之间。”

另参［清］王夫之《春秋家说》卷一：“《春秋》有大义，有微言。义也者，以治事也；言也者，以显义也。非事无义，非义无显。”

③ 原文详见《汉书·董仲舒传》，文烦不录。

④《墨子·明鬼》：子墨子言曰：“若以众之所同见，与众之所同闻，则若昔者杜伯是也。周宣王杀其臣杜伯而不辜，杜伯曰：‘吾君杀我而不辜，若以死者为无知则止矣；若死而有知，不出三年，必使吾君知之。’其三年，周宣王合诸侯而田于圃，田车数百乘，从数千，人满野。日中，杜伯乘白马素车，朱衣冠，执朱弓，挟朱矢，追周宣王，射之车上，中心折脊，殪车中，伏弢而死。当是之时，周人从者莫不见，远者莫不闻，着在周之春秋。为君者以教其臣，为父者以警其子，曰：‘戒之慎之！凡杀不辜者，其得不祥，鬼神之诛，若此之憯遬也！以若书之说观之，则鬼神之有，岂可疑哉？非惟若书之说为然也，昔者郑穆公，当昼日中处乎庙，有神入门而左，鸟身，素服三绝，面状正方。郑穆公见之，乃恐惧奔，神曰：‘无惧！帝享女明德，使予锡女寿十年有九，使若国家蕃昌，子孙茂，毋失。郑穆公再拜稽首曰：‘敢问神名？‘曰：‘予为句芒。’若以郑穆公之所身见为仪，则鬼神之有，岂可疑哉？非惟若书之说为然也，昔者，燕简公杀其臣庄子仪而不辜，庄子仪曰：‘吾君王杀我而不辜，死人毋知亦已，死人有知，不出三年，必使吾君知之’。期年，燕将驰祖，燕之有祖，当齐之社稷，宋之有桑林，楚之有云梦也，此男女之所属而观也。日中，燕简公方将驰于祖涂，庄子仪荷朱杖而击之，殪之车上。当是时，燕人从者莫不见，远者莫不闻，着在燕之春秋。诸侯传而语之曰‘凡杀不辜者，其得不祥，鬼神之诛，若此其憯遬也！’以若书之说观之，则鬼神之有，岂可疑哉？非惟若书之说为然也，昔者，宋文君鲍之时，有臣曰祝夜姑，固尝从事于厉，袾子杖揖出与言曰：‘观辜是何珪璧之不满度量？酒醴粢盛之不净洁也？牺牲之不全肥？春秋冬夏“选”失时？岂女为之与？意鲍为之与？’观辜曰：‘鲍幼弱在荷襁之中，鲍何与识焉。官臣观辜特为之’。袾子举揖而槁之，殪之坛上。当是时，宋人从者莫不见，远者莫不闻，着在宋之春秋。诸侯传而语之曰：‘诸不敬慎祭祀者，鬼神之诛，至若此其憯遬也！’以若书之说观之，鬼神之有，岂可疑哉？非惟若书之说为然也。昔者，齐庄君之臣有所谓王里国、中里徼者，此二子者，讼三年而狱不断。齐君由谦杀之恐不辜，犹谦释之。

恐失有罪，乃使之人共一羊，盟齐之神社，二子许诺。于是到羊出血而洒其血，读王里国之辞既已终矣，读中里徼之辞未半也，羊起而触之，折其脚，祧神之而槁之，殪之盟所。当是时，齐人从者莫不见，远者莫不闻，着在齐之春秋。诸侯传而语之曰：‘请品先不以其请者，鬼神之诛，至若此其憯遬也。’以若书之说观之，鬼神之有，岂可疑哉？”是故子墨子言曰：“虽有深溪博林，幽涧毋人之所，施行不可以不董，见有鬼神视之”。

⑤ ［清］朱彝尊《经义考》卷一百六十八“百国春秋”条目下引《墨子·明鬼》这些故事，最后加按语说：“《公羊传》有‘不修春秋’”，则鲁之《春秋》也。周、燕、齐、宋皆有《春秋》，载在《墨子》，合以晋《乘》、楚《梼杌》、郑《志》，百国春秋之名仅存其八而已。

另参［唐］刘知几《史通·六家》：“《春秋》家者，其先出于三代。孔子曰：‘疏通知远，《书》教也’；‘属辞比事，《春秋》之教也。’知《春秋》始作，与《尚书》同时。《琐语》又有《晋春秋》，记献公十七年事。《国语》云：‘晋羊舌肸习于春秋，悼公使传其太子’。《左传》昭二年，晋韩宣子来聘，见《鲁春秋》曰：‘周礼尽在鲁矣。’斯则春秋之目，事匪一家。至于隐没无闻者，不可胜载。又案《竹书纪年》，其所纪事皆与《鲁春秋》同。《孟子》曰：‘晋谓之乘，楚谓之杌，而鲁谓之春秋，春实一也。’然则乘与纪年、杌，其皆春秋之别名者乎！故《墨子》曰：‘吾见百国春秋’，盖皆指此也。”

另外一种说法：［清］顾炎武《日知录》：“《连山》、《归藏》，非《易》也，而云‘三易’者，后人因《易》之名以名之也。犹之《墨子》书言，周之《春秋》、燕之《春秋》、宋之《春秋》、齐之《春秋》，周、燕、齐、宋之史，非必皆《春秋》也，而云《春秋》者，因鲁史之名以名之也。”

⑥ 《墨子·明鬼》：子墨子言曰：“逮至昔三代圣王既没，天下失义，诸侯力正，是以存夫为人君臣上下者之不惠忠也，父子弟兄之不慈孝弟长贞良也，正长之不强于听治，贱人之不强于从事也，民之为淫暴寇乱盗贼，以兵刃毒药水火，退无罪人乎道路率径，夺人车马衣裘以自利者并作，由此始，是以天下乱。此其故何以然也？则皆以疑惑鬼神之有与无之别，不明乎鬼神之能赏贤而罚暴也。今若使天下之人，偕若信鬼神之能赏贤而罚暴也，则夫天下岂乱哉！”

⑦ ［英］爱德华·泰勒：《人类学》（连树声/译，上海文艺出版社1993年第1版，第16章）

⑧ ［德］黑格尔《历史哲学》（王造时/译，上海书店出版社1999年第1版）

⑨ 详见［东汉］王充《论衡·吉验》：“凡人禀贵命于天，必有吉验见于地。见于地，故有天命也。验见非一，或以人物，或以祯祥，或以光气。……”王充举的例子

从传说中的尧舜禹一直到近在他眼前的光武帝刘秀和其他几位东汉时的贵人。

⑩ ［美］费正清：《观察中国》（傅光明/译，世界知识出版社2002年第1版，第115页）

⑪ ［美］弗洛姆：《健全的社会》（孙恺详/译，王馨钵/校，贵州人民出版社1994年第1版，作者前言）

⑫ 可参看钱穆：《中国历代政治得失》（三联书店2005年第2版），第69页：相权低落之反面，即是君权之提升。即以朝仪而言，唐代群臣朝见，宰相得有座位，并赐茶。古所谓“三公坐而论道”，唐制还是如此。迨到宋代，宰相上朝，也一同站着不坐。这一类的转变，说来甚可慨惜。但历史演变，其间也不能尽归罪于一切是黑暗势力之作祟，或某某一二人之私心故意作造出。宋太祖在后周时，原是一个殿前都检点，恰似一个皇帝的侍卫长。他因缘机会，一夜之间就做了皇帝，而且像他这样黄袍加身做皇帝的，宋太祖也并不是第一个，到他已经是第四个了。几十年中间，军队要谁做皇帝，谁就得做。赵匡胤昨天还是一殿前都检点，今天是皇帝了，那是五代乱世最黑暗是表记。若把当时皇帝来比宰相，宰相却有做上一二十年的。相形之下，皇帝反而不像样。……现在若要拨乱反正，尊王是首先第一步。而且皇帝的体统尊严不如宰相，也易启皇帝与宰相之间的猜嫌。据说当时宰相为了避嫌起见，为了表示忠诚拥戴新皇帝起见，所以自过谦抑，逊让不坐，这样才把政府尊严皇帝尊严渐渐提起，渐渐恢复了。

⑬ 《宋史·范质传》

⑭ （雍正）《朱批谕旨·田文镜奏折》七年六月十五日：“但尽臣节所当为，何论君恩之厚薄。”［转引自秦晖：《传统十论》（复旦大学出版社2005年第1版，第179页）］

⑮ 《韩非子·忠孝》：夫为人子而常誉他人之亲曰：“某子之亲，夜寝早起，强力生财以养子孙臣妾”，是诽谤其亲者也。为人臣常誉先王之德厚而愿之，是诽谤其君者也。非其亲者知谓之不孝，而非其君者天下此贤之，此所以乱也。故人臣毋称尧、舜之贤，毋誉汤、武之伐，毋言烈士之高，尽力守法，专心于事主者为忠臣。

⑯ 爱德华·泰勒：《人类学》（连树声/译，上海文艺出版社1993年第1版）

⑰ 爱德华·泰勒：《人类学》（连树声/译，上海文艺出版社1993年第1版）

⑱ 《汉书·食货志》：汉兴，接秦之敝，诸侯并起，民失作业而大饥馑。凡米石五千，人相食，死者过半。高祖乃令民得卖子，就食蜀、汉。

⑲ 江绍原著、陈泳超整理：《民俗与迷信》（北京出版社，2003年第1版，第126-128页）“中国民间婴孩杀害的原因”（原载《新女性》四卷9期，1929年9月1日）。西山荣久归纳的十三条原因是：（1）迷信——举《史记·孟尝君列传》及《癸辛杂识》不举五月五日子为例。（2）怀孕时有奇特的故事——举例：《诗经·大雅·生民》篇后稷之被弃；《指月录·五祖弘忍传》生后之被抛于浊港中。（3）孝道——郭世道瘗儿养母；《明史·孝义列传》中《沈德四传》，江伯儿母疾愈，杀儿还愿。（4）为自己的利益以媚人——易牙杀子为菜以献齐桓公。（5）一时偏激的情感。（6）家庭不和。（7）妻妾间的妒忌。（8）战乱时。（9）男女间的失伦。（10）儿女的身体不完备——未举例，只云“这是中国各地通行的”。（11）子女过多。（12）迫于饥饿。（13）虑一家将来的负担。

——说点儿闲话：写此文时，正值社会上废除中医之声又起，网络之上论辩正酣，不知有人想起没，这位江绍原前辈是反中医的一位先驱，他认为中医处在医学发展的“玄学阶段”。好几十年过去了，大家又开始以新热情论辩老问题了。

⑳ “道法自然”，这个“自然”并非现代人所谓的“大自然”，而是约略等于“自然而然”，比如王充在《论衡·自然》里的用法：天地合气，万物自生，犹夫妇合气，子自生矣。万物之生，含血之类，知讥知寒。见五谷可食，取而食之；见丝麻可衣，取而衣之。或说以为天生五谷以食人，生丝麻以衣人。此谓天为人作农夫、桑女之徒也。不合自然，故其义疑，未可从也。试依道家论之。

㉑ ［法］莫斯科维奇《群氓的时代》（许列民、薛丹云、李继红/译，江苏人民出版社，2003年第1版，第236页）

㉒ 弗洛姆的这段话很有参考价值：“那种认为孩子在爱其他人之间，先‘爱’自己的父母的想法，应当被看成是想当然的幻想。对这个年龄的孩子来说，父母是依赖和恐惧的对象，而不是爱的对象。就其性质而言，爱的基础是平等和独立。如果我们把对父母的爱与充满深情然而却是被动的依恋与习惯上的畏惧性的顺从区别开来，那么，对父母的爱（如果要发展的话）则是在后期而不是在童年才得到发展，虽然（在有利条件下）我们可以在较早的年龄发现这种爱的萌芽……”［美］弗洛姆：《健全的社会》（孙恺详/译，王馨钵/校，贵州人民出版社1994年第1版，第31页注释3）

㉓ 《圣经》NLT版《马太福音》第17章第25-27节：25 “Of course he does，” Peter replied. Then he went into the house to talk to Jesus about it. But before he had a chance to speak，Jesus asked him， “What do you think，Peter? Do kings tax their own people or the foreigners they have conquered?"

26 "They tax the foreigners," Peter replied. "Well, then," Jesus said, "the citizens are free!

27However, we don't want to offend them, so go down to the lake and throw in a line. Open the mouth of the first fish you catch, and you will find a coin. Take the coin and pay the tax for both of us."

㉔ 见［意］托马斯·阿奎那：《阿奎那政治著作选》（马清槐/译，商务印书馆，1982年第1版）"彼得·朗巴德《嘉言录》诠释"。原译本中的"第一点"为：据说基督徒不得不服从世俗的权力，特别是暴君。因为《马太福音》第十七章第二十五节里说："既然如此，儿子就可以不受拘束了。"可是，如果在所有的国家，当今的君主的儿女可以不受拘束，那么，一切国王都要受其支配的上帝的儿女也应当可以不受拘束了。基督教徒已经成为上帝的儿女，像我们在《罗马人书》第八章第十六节里读到的："圣灵与我们的心同证我们是神的儿女。"因此基督教徒到处都是不受拘束的，从而也就不必服从世俗的权力。

——现据《圣经·马太福音》，把"不受拘束"改为"不纳税"。

㉕ ［意］托马斯·阿奎那《阿奎那政治著作选》（马清槐/译，商务印书馆，1982年第1版，第2章）

㉖ ［英］梅因：《古代法》（沈景一/译，商务印书馆1959年第1版，第71页）

㉗ 洛克的论辩是主要针对罗伯特·菲尔麦爵士，洛克在《政府论》里罗列过后者的许多观点，我们可以看一下第八节和第九节的内容：8. 现在让我们努力找寻一下，看看散见于他的著作中各处的关于这个"父亲的威权"的说明都是些什么。当他最初讲到亚当具有父权的时候，他说："不独是亚当，就连后继的先祖们，依据作为父亲的权利，对他们的子孙也享有王权。""亚当根据神命而取得的这种支配全世界的权力以及其后的先祖们根据下传给他们的权利而享有的这种权力，是与创世以来任何君主的绝对统治权同样的广泛。""生杀之权、宣战媾和之权都为他掌握。""亚当和先祖们具有生杀的绝对权力。""君王们根据亲权继承对最高权限的行使。""王权既是依据上帝的法律而来，就不受任何低级法律的限制，亚当是众人之主。""一个家庭的父亲只凭自己的意志而毋需根据其它任何法律来进行统治。""君主的地位优于法律。""君王的无限管辖权已在《撒母耳书》中充分地说明。""君王高于法律。"为着上述目的，请看看还有许许多多是我们的作者借波丹的话发表出来的："毫无疑义，君主的一切法律、特权和授与，如果继位的君主不以明白表示同意或不以容忍的形式加以批准，那就只能在原来的君主在世时发生效力，特权尤其是如此。""君王制定法律的理由是这样的——当君王或忙于战争，或为公务所羁，不

能使每个私人都和他们本人接触，来请示他们的意志和愿望，这时候就有必要创立法律，使每个臣民都可以从法律的解释中知道他的君主的愿望。”“在一个君主制的国家中，君王必须超出法律之上。”“一个完善的王国，就是君王依照其个人的意志进行统治的王国。”“不论是习惯法或成文法都不会，也不可能缩小君王们根据作为父亲的权利而统治其人民的一般权力。”“亚当是他的家族里的父亲、君王和主人；在起初，作为一个儿子、一个臣民和一个仆人或是一个奴隶，本来是一回事。父亲有处理或出卖他的儿女或奴仆的权力，因此我们看到《圣经》上最初统计货物时，男仆和女仆都象其他的货物一样，是作为所有者的财物和资产计算的。”“上帝也授予父亲以一项权力和自由，使他可以把支配子女的权力转让与他人；因此我们发现在人类历史初期，出卖和赠与儿女很为盛行，那时候，人们把他们的奴仆当作一种占有物和继承品，如同其他的货物一样，我们也看到古代经常流行阉割和使人成为阉宦的权力。”“法律不过是具有至高无上的父权者的意志。”“上帝规定亚当的最高权力应该是无限制的，其范围与基于他的意志的一切行为一样广大，亚当如此，其他一切具有最高权力的人们也是如此。”9. 我之所以引用我们的作者自己的这些话来烦扰读者，是因为在那里可以见到散见于他的著作中的他自己对于他的所谓“父亲的威权”的说明，他认为这种威权最初授与亚当，其后按理应属于一切君主。这种“父亲的威权”或“作为父亲的权力”，照我们的作者的意思，就是一种神圣的、不可变更的主权，一个父亲或一个君主对于他的儿女或臣民的生命、自由和财产据此享有绝对的、专断的、无限的和不受限制的权力，从而他可以任意取得或转让他们的财产，出卖、阉割和使用他们的人身——因为他们原来全都是他的奴隶，他是一切的主人和所有者，他的无限的意志就是他们的法律。

——［英］洛克：《政府论》（瞿菊农、叶启芳/译，商务印书馆1982年第1版，第8–9页）

㉘ 《资治通鉴》第36卷：王恽等八人使行风俗还，言天下风俗齐同，诈为郡国造歌谣颂功德，凡三万言。闰月，丁酉，诏以羲和刘秀等四人使治明堂、辟雍，令汉与文王灵台、周公作洛同符。太仆王恽等八人使行风俗，宣明德化，万国齐同，皆封为列侯。时广平相班穉独不上嘉瑞及歌谣；琅邪太守公孙闳言灾害于公府。甄丰遣属驰至两郡，讽吏民，而劾“闳空造不祥，穉绝嘉应，嫉害圣政，皆不道。”穉，班婕妤弟也。太后曰：“不宣德美，宜与言灾者异罚。且班穉后宫贤家，我所哀也。”闳独下狱，诛。穉惧，上书陈恩谢罪，愿归相印，入补延陵园郎；太后许焉。

㉙ ［清］王夫之《读通鉴论》“梁武帝第十七”。秦晖：《传统十论》（复旦大学出版社2005年第1版，第187页）

㉚ 详见［德］约翰·凡·安德里亚：《基督城》（黄宗汉/译，高放/校，商务印书馆1991年第1版）

㉛ ［意］康帕内拉：《太阳城》（陈大维、黎思复、黎廷弼/译，商务印书馆1980年第2版，第18页，第20页）

㉜ 详见［法］德尼·维拉斯：《塞瓦兰人的历史》（黄建华、姜亚洲/译，商务印书馆1986年第1版）

㉝ 详见［法］摩莱里：《自然法典》（黄建华、姜亚洲/译，商务印书馆1985年第1版）

㉞ 详见［英］温斯坦莱：《温斯坦莱文集》（任国栋/译，商务印书馆1965年第1版）。另外，温斯坦莱也曾经痛心疾首地谈到过革命或改革前后的“名词魔术”，比如在本书的第93页：人民说，如果看看诉讼程序，就会发现事情同国王统治时期一模一样，只是改了改名字罢了，仿佛英国的老百姓交税、提供宿营地、流出自己的鲜血不是为了改革法律，而只是为了给它起一个新的名称，把国王法律改为国家法律似的。因此，人民失望的情绪增加了，诉讼事件比以前还要来得多。于是，就形成这样的情况：一只手用剑推翻了王权，另一只手又借助于旧的国王法律恢复了君主制。

㉟ 详见［英］詹姆士·哈林顿：《大洋国》（何新/译，商务印书馆1963年第1版）

㊱ ［美］贝格尔：《神圣的帷幕——宗教社会学理论之要素》（高师宁/译，上海人民出版社，1991年第1版，第35页）

㊲ 《汉书·高帝纪》：二月，至长安。萧何治未央宫，立东阙、北阙、前殿、武库、大仓。上见其壮丽，甚怒，谓何曰：“天下匈匈，劳苦数岁，成败未可知，是何治宫室过度也！”何曰：“天下方未定，故可因以就宫室。且夫天子以四海为家，非令壮丽亡以重威，且亡令后世有以加也。”上说。自栎阳徙都长安。置宗正官以序九族。夏四月，行如雒阳。

㊳ ［清］王夫之《读通鉴论》“汉高祖第十三”：“萧何曰：‘天子以四海为家，非壮丽无以示威。’其言鄙矣，而亦未尝非人情也。游士之屦，集于公卿之门，非必其能贵之也；蔬果之馈，集于千金之室，非必其能富之也。释、老之宫，饰金碧而奏笙钟，媚者匍伏以请命，非必服膺于其教也，庄丽动之耳。愚愚民以其荣观，心折魂戢而茨其异志，抑何为而不然哉！特古帝王用之之怀异耳。”

王夫之随即又谈到古代圣王搞形式主义并非愚民，而是必要的道德手段：“古之帝王，昭德威以柔天下，亦既灼见民情之所自戢，而纳之于信顺已。奏九成于圜丘，因以使之知天；崇宗庙于七世，因以使之知孝；建两观以县法，因以使之知治；营灵台以候气，因以使之知时；立两阶于九级，因以使之知让。即其歆动之心，迪之于至德之域，视之有以耀其目，听之有以盈其耳，登之、降之、进之、退之、有以诒其安。然后人知大美之集，集于仁义礼乐之中，退而有以自惬。非权以诱天下也；至德之荣观，本有如是之洋溢也。贤者得其精意，愚不肖者矜其声容，壮丽之威至矣哉！而特不如何者徒以宫室相夸而已。不责何之弗修礼乐以崇德威，而责其弗俭。徒以俭也，俭于欲亦俭于德。萧道成之鄙吝，遂可与大禹并称乎？”

㊴ 我们不妨以谨慎的逻辑来参考一个经典的解答：

作为《中国历史地图集》的主编，谭其骧曾在1981年的“中国民族关系史学术座谈会”上面对这样一个问题：“你们在编绘《中国历史地图集》时是怎样划定各个历史时期的中国的范围的；也就是说，对历史上同时存在的许多国家地区和民族，你们是如何区别中外的？哪些算中国，哪些不算，标准是什么？”

谭其骧的回答是：

我们是如何处理历史上的中国这个问题呢？我们是拿清朝完成统一以后，帝国主义入侵中国以前的清朝版图，具体说，就是从十八世纪五十年代到十九世纪四十年代鸦片战争以前这个时期的中国版图作为我们历史时期的中国的范围。所谓历史时期的中国，就以此为范围，不管是几百年也好，几千年也好，在这个范围之内活动的民族，我们都认为是中国史上的民族；在这个范围之内所建立的政权，我们都认为是中国史上的政权，简单的回答就是这样。超出了这个范围，那就不是中国的民族了，也不是中国的政权了。

为什么作出这样的决定？我们的理由是这样：

首先，我们是现代的中国人，我们不能拿古人心目中的“中国”作为中国的范围。……这不是说我们学了马列主义才这样的，而是自古以来就是这样的，后一时期就不能拿前一时期的“中国”为中国。……

第二个问题。我们既不能以古人的“中国”历史上的中国，也不能拿今天的中国范围来限定我们历史上的中国范围。我们应该采用整个历史时期，整个几千年的历史发展所自然形成的中国为历史上的中国。我们认为十八世纪中叶以后，1840年以前的中国范围是我们几千年来历史发展所自然形成的中国，这就是我们历史上的中国。至于现在的中国疆域，已经不是历史上自然形成的那个范围了，二是这一百多年来资本主义列强、帝国主义侵略宰割了我们的部分领土的结果，所以不能代表我们历史上的中国的疆域了。（谭其骧：《长水粹编》，河北教育出版社，2000年第1版，第3–7页）

另外参看顾祖成编著《明清治藏史要》（西藏人民出版社，齐鲁书社1999年第1版）第4页，这也是个很有代表性的观点：“在中国‘多元一体格局’数千年历史演进过程中，边疆各少数民族及其建立的地域性政权，不管处在什么历史演进阶段，也不管当时是否纳入中央政权的直接管辖，都是中国统一多民族国家历史演进中不可分割的组成环节，都是中国历史的一部分……”

可以拿来并观的是雍正皇帝在《大义觉迷录》里关于“夷夏之防”给自己作的辩

解："在逆贼之意，徒谓本朝以满洲之君入为中国之主，妄生此疆彼界之私，遂故为讪谤诋讥之说耳。不知本朝之为满洲，犹中国之有籍贯。舜为东夷之人，文王为西夷之人，曾何损于盛德乎？"

㊵ 《孟子·梁惠王下》：王曰："寡人有疾，寡人好货。"对曰："昔者公刘好货；诗云：'乃积乃仓，乃裹糇粮，于橐于囊。思戢用光。弓矢斯张，干戈戚扬，爰方启行。'故居者有积仓，行者有裹粮也，然后可以爰方启行。王如好货，与百姓同之，于王何有？"王曰："寡人有疾，寡人好色。"对曰："昔者大王好色，爱厥妃。诗云：'古公亶甫，来朝走马，率西水浒，至于岐下。爰及姜女，聿来胥宇。'当是时也，内无怨女，外无旷夫。王如好色，与百姓同之，于王何有？"

㊶ ［汉］贾谊《新书·时变》："商君违礼义，弃伦理，并心于进取，行之二岁，秦俗日败。秦人有子，家富子壮则出分，家贫子壮则出赘。假父耰鉏杖彗耳，虑有德色矣；母取瓢碗箕帚，虑立谇语。抱哺其子，与公并踞。妇姑不相说，则反唇而睨。其慈子嗜利，而轻简父母也，念罪非有伦理也，其不同禽兽懃焉耳。然犹并心而赴时者，曰功成而败义耳。蹶六国，兼天下，求得矣，然不知反廉耻之节，仁义之厚，信并兼之法，遂进取之业，凡十三岁而社稷为墟，不知守成之数，得之之术也。悲夫！"

㊷ 《史记·商鞅列传》："行之十年，秦民大说，道不拾遗，山无盗贼，家给人足。民勇于公战，怯于私斗，乡邑大治。"

㊸ ［宋］苏轼《东坡志林》"司马迁二大罪"："商鞅用于秦，变法定令，行之十年，秦民大说，道不拾遗，山无盗贼，家给人足。民勇于公战，怯于私斗。秦人富强，天子致胙于孝公，诸侯毕贺。苏子曰：此皆战国之游士邪说诡论，而司马迁闇于大道，取以为史。……"司马迁称赞桑弘羊"不加赋而上用足"，苏轼在这里拿来当靶子批，又拿出司马光的名言，明显是针对王安石的。但依现在看来，苏轼（和司马光）在本文中暴露了不懂经济的弱点，司马迁称赞桑弘羊的那句话无疑是站得住脚的。那么，其他的事情谁对谁错呢？

㊹ 《论语·子路》：叶公语孔子曰："吾党有直躬者，其父攘羊，而子证之。"孔子曰："吾党之直者异于是：父为子隐，子为父隐，直在其中矣。"

㊺ 事见《汉书·董仲舒传》：仲舒治国，以《春秋》灾异之变推阴阳所以错行，故求雨，闭诸阳，纵诸阴，其止雨反是；行之一国，未尝不得所欲。中废为中大夫。先是辽东高庙、长陵高园殿灾，仲舒居家推说其意，草稿未上，主父偃候仲舒，私见，嫉之，窃其书而奏焉。上召视诸儒，仲舒弟子吕步舒不知其师书，以为大愚。于是下

仲舒吏，当死，诏赦之，仲舒遂不敢复言灾异。

㊻ 详见钱穆：《秦汉史》（三联书店2004年第1版），《中国历代政治得失》（三联书店2001年第1版）

㊼ ［清］赵翼《廿二史箚记》“永乐中海外诸番来朝”条：盖皆海外小国，贪利而来。是时内监郑和奉命出海，访建文踪迹，以重利诱诸番，故相率而来。

㊽ ［法］莫斯科维奇：《群氓的时代》（许列民、薛丹云、李继红/译，江苏人民出版社，2003年第1版，第17页）：人们通常都认为，哪里出现了无政府状态，哪里就会混乱一片。无政府这个词的准确含义就是缺乏权威，无论是一个人的权威，还是一个政党的权威。这是一种对事物的错误观点。但是，无论哪一类领袖，都会利用无政府状态来增强自身的权力，并借此削弱他的竞争者。他运用的手段就是把社会制度和社会生产重建在更加坚实的基础上。这方面的成功使他能够集合民众，使他们把他的奋斗视为自己的奋斗，并且要求他们作出必要的牺牲。

第一种牺牲就是放弃对权力的控制，放弃自由所带来的满足。这样做的目的就是要帮助他，帮助那些亲近他的人以及他的追随者，使他们能够更好地发号施令，而民众自己则能更好地服从他们。这样做也是为了用最简捷的方式达到目的。领袖就是这样通过使用权宜之计以及一些非法手段来加快夺取权力的步伐。民众们也对监视、怀疑以及压迫等非正常的程序表示信任，予以授权和赞同。同样的事情也发生在其他领域中。最初，原则得到了尊重，但随后就被弃之一边。看是看起来，这好像只是权宜之计，但最终领袖却永远地抛弃了职责。就像历史已经见证的那样，拿破仑抛弃了立法大会，斯大林抛弃了苏维埃。

与所有这些阴谋诡计紧密联系的，就是以领袖为核心，刻意地宣传并贯彻那些把他带上权力顶峰的思想理论。没有这些理论，所有的老虎都是纸老虎，所有的权力也都不过是昙花一现。每一场选举，日常生活中的所有活动，如工作、恋爱、追寻真理、阅读报刊，等等，都变成了投给领袖的无数信任票。结果，领袖的权力，无论是来自民众的同意，还是得之于军事政变，似乎都依赖于普遍的选举权。换句话说，就是都具有某种民主的形式。我们应该记得，甚至希特勒和斯大林成为政府首脑也是通过了适当的选举。但他们随后就诉之于政变。总之，在所有此类情况下，社会无政府状态被消除了，取而代之的是暴力和服从。

东方人所谓的人格崇拜以及西方人所谓的权力的人格化，尽管差异巨大，但是它们都不过是同一种交易的极其不同的变种而已。人们每天都在放弃他们行使主权的职责，并在每一个民意测验和每一次选举中批准领袖们的行动。而对于领袖而言，他们所争取的就是每天都可以行使他自以为拥有，但却从来没有明确赋予他的权力。勒庞（Le Bon）所谓的“民众的领袖们”都能娴熟地进行这种交易，并确保其条款被人们诚心诚意地接受。民众们的这种做法，结果是完全印证了政治社会的一个基本原则，那就是民众“理而不治”（the mass reigns but does not rule）。

㊾ 郑振铎：《汤祷篇》（收录于《二十世纪中国民俗学经典·神话卷》，社会科学文献出版社2002年第1版，第87页）

㊿ 郑振铎：《汤祷篇》（收录于《二十世纪中国民俗学经典·神话卷》，社会科学文献出版社2002年第1版，64–66页）

51 郑振铎：《汤祷篇》（收录于《二十世纪中国民俗学经典·神话卷》，社会科学文献出版社2002年第1版，86–87页）

52 虽然复杂，却未必是古人之道。参考丁山：《古代神话与民族》（商务印书馆2005年第1版，第192页）：求雨之法，《春秋繁露·求雨篇》详矣！然而非古也。《礼记·檀弓》：“岁旱，穆公召县子而问然。曰：天久不雨，吾欲暴尪而奚若？曰：天久不雨，而暴人之疾子，虐，毋乃不可与，然则吾欲暴巫而奚若？曰：天则不雨，而望之愚妇人，于以求之，毋乃已疏乎？”《左传》僖廿一年：“夏，大旱。公欲焚巫尪。臧文仲曰：非旱备也。修城郭，贬食省用，务穑劝分，此其务也。巫尪何为？天欲杀之，则如勿生；若能为旱，焚之滋甚。”……

53 汉人对龙的观念，在王充《论衡·龙虚》中记载甚详。不过王充是两千年前的打假斗士，花大力气把龙的种种传说一一驳斥。如果王充生在当代，一定不能上论坛，一上论坛必死无疑。^_^不过，对于董仲舒求雨的这套办法，王充倒是持肯定态度的，认为这是有唯物主义的依据。

54 阎云翔：《试论龙的研究》（收录于《二十世纪中国民俗学经典·信仰民俗卷》，社会科学文献出版社2002年第1版，第202页）

55 阎云翔：《试论龙的研究》（收录于《二十世纪中国民俗学经典·信仰民俗卷》，社会科学文献出版社2002年第1版，第202页）

56 阎云翔：《试论龙的研究》（收录于《二十世纪中国民俗学经典·信仰民俗卷》，社会科学文献出版社2002年第1版，第197–198页）

57 ［东汉］王充《论衡·道虚》：“龙不升天。黄帝骑之，乃明黄帝不升天也。龙起云雨，因乘而行；云散雨止，降复入渊。如实黄帝骑龙，随溺于渊也。”

58 详见樊恭炬：《祀龙祈雨考》（收录于《二十世纪中国民俗学经典·信仰民俗

卷》，社会科学文献出版社2002年第1版）。至于龙，相关专论极多，就不列举了。

⑸⁹ 见闻一多：《伏羲考》

⑥⁰ 周作人：《再求雨》，收录于《周作人文类编》第6卷（钟叔河/编，湖南文艺出版社1998年第1版，第226页，本文原载1927年7月刊《语丝》140期，收入《谈虎集》）

⑥¹ 既然是六月底的事情，那就看看《春秋繁露·求雨》对夏天求雨的规定吧："夏求雨，令县邑以水日，家人祀灶，无举土功，更火浚井，暴釜于坛，臼杵于术，七日为四通之坛于邑南门之外，方七尺，植赤缯七，其神送尤，祭之以赤雄鸡七、玄酒，具清酒、膊脯，祝斋三日，服赤衣，拜跪陈祝如春辞。以丙刃日为大赤龙一，长七丈，居中央，又为小龙六，各长三丈五尺，于南方，皆南乡，其间相去七尺，壮者七人，皆斋三日，服赤衣而舞，司空啬夫亦斋三日，服赤衣而立之，凿社，而通之闾外之沟，取五虾蟆，错置里社之中，池方七尺，深一尺，具酒脯，祝斋，衣赤衣，拜跪陈祝如初，取三岁雄鸡豭猪，燔之四通神宇，开阴闭阳如春也。季夏祷山陵以助之，令县邑十日壹徙市于邑南门之外，五日禁男子无得行入市，家人祠中霤，无举土功，聚巫市傍，为之结盖，为四通之坛于中央，植黄缯五，其神后稷，祭之以母五，玄酒，具清酒、膊脯，令各为祝斋三日，衣黄衣，皆如春祠。以戊己日为大黄龙一，长五丈，居中央，又为小龙四，各长二丈五尺，于南方，皆南乡，其间相去五尺，丈夫五人，皆斋三日，服黄衣而舞之，老者五人，亦斋三日，衣黄衣而立之，亦通社中于闾外之沟，虾蟆池方五尺，深一尺，他皆如前。"

⑥² 江绍原：《端午竞渡本意考》（收录于《二十世纪中国民俗学经典·社会民俗卷》，社会科学文献出版社2002年第1版）

⑥³ 还可参考［东汉］王充《论衡·解除》：解逐之法，缘古逐疫之礼也。昔颛项氏有子三人，生而皆亡，一居江水为虐鬼，一居若水为魍魉，一居欧隅之间主疫病人。故岁终事毕，驱逐疫鬼，因以送陈、迎新、内吉也。世相仿效，故有解除。夫逐疫之法，亦礼之失也。行尧、舜之德，天下太平，百灾消灭，虽不逐疫，疫鬼不往。行桀、纣之行，海内扰乱，百祸并起，虽日逐疫，疫鬼犹来。……

⑥⁴ 见李亦园《寒食与介之推》引汉代蔡邕的《琴操》和晋代陆翽的《邺中记》。

另见［唐］欧阳询《艺文类聚·职官部六·刺史》：周举为并州刺史，太原旧俗，以介子推焚骸，有龙忌之禁，辄一月寒食，莫敢烟爨，老小不堪，岁岁多死者，举既到州，乃作吊书，以置子推之庙，言盛冬去火，残损人命，非贤者之意，以宣示愚民，使还温食。

⑥⑤ ［东汉］王充《论衡·四讳》：四曰讳举正月、五月子。以为正月、五月子杀父与母，不得。已举之，父母祸死，则信而谓之真矣。夫正月、五月子何故杀父与母？人之含气，在腹肠之内，其生，十月而产，共一元气也。正与二月何殊，五与六月何异，而谓之凶也？世传此言久，拘数之人，莫敢犯之。弘识大材，实核事理，深睹吉凶之分者，然后见之。……实说，世俗讳之，亦有缘也。夫正月岁始，五月盛阳，子以生，精炽热烈，厌胜父母，父母不堪，将受其患。传相放效，莫谓不然。有空讳之言，无实凶之效，世俗惑之，误非之甚也。

⑥⑥ ［英］亚当·斯密：《道德情操论》（蒋自强、钦北愚、朱钟棣、沈凯璋/译，胡启林/校，商务印书馆1997年第1版，第265–266页）

⑥⑦ 《国语·周语上》

⑥⑧ 《墨子·尚贤》

⑥⑨ 详见郭沫若：《金文丛考·汤盘孔鼎之扬榷》（收录于《中国现代学术经典·郭沫若卷》，河北教育出版社1996年第1版）

⑦⓪ 例子很多，比如《汉书·天文志》：春秋二百四十二年间，日食三十六，彗星三见，夜常星不见，夜中星陨如雨者各一。当是时，祸乱辄应，周室微弱，上下交怨，弑君三十六，亡国五十二，诸侯奔走不得保其社稷者不可胜数。

⑦① ［清］汪中《述学》“释三九（上）”：一奇，二偶，一二不可以为数，二乘一则为三，故三者，数之成也。积而至十则复归于一。十不可为数，故九者数之终也。于是先王之制礼，凡一二所不能尽者，则以三为之节，三加、三推之属是也。三之所不能尽者，则以九为之节，九章、九命之属是也。此制度之实数也。因而生人之措辞，凡一二之所不能尽者，则约之以三以见其多，三之所不能尽者，则约之以九以见其多。此言语之虚数也。实数，可稽也；虚数，不可执也……

⑦② 杨伯峻：《论语译注》（中华书局1980年第2版，第3–4页）

⑦③ 详见杨伯峻：《春秋左传注》前言（中华书局1990年第2版）

⑦④ 古人居然有把三十六次中的三十五次都推算出来的，也不知是真是假。关于这位高人的记载见于［宋］沈括《梦溪笔谈·技艺》，历法天才、数学天才卫朴演算《春秋》日蚀，打破了唐代高僧一行保持的“二十九次”的最高纪录，达到惊人的三十五次，惟一那一次没算出来的还怀疑是《春秋》记载有误：“淮南人卫朴精于

历术，一行之流也。《春秋》日蚀三十六，诸历通验，密者不过得二十六七，唯一行得二十九；朴乃得三十五。唯庄公十八年一蚀，今古算皆不入蚀法，疑前史误耳。自夏仲康五年癸巳岁，至熙宁六年癸丑，凡三千二百一年，书传所载日食，凡四百七十五。众历考验，虽各有得失，而朴所得为多。朴能不用算推古今日月蚀，但口诵乘除，不差一算。凡'大历'悉是算数，令人就耳一读，即能暗诵；'傍通历'则纵横诵之。尝令人写历书，写讫，令附耳读之，有差一算者，读至其处，则曰：'此误某字'。其精如此。大乘除皆不下照位，运筹如飞，人眼不能逐。人有故移其一算者，朴自上至下，手循一遍，至移算处，则拨正而去。熙宁中，撰《奉元历》，以无候簿，未能尽其术。自言得六七而已，然已密于他历。"——如果照杨伯峻的说法来看，这位天才卫朴倒很可能是个骗子，况且，他没算出的那个庄公十八年日蚀，《元史》提到过《春秋》可能把月份写错了（杨前辈说搞错的大概是《元史》）。

(75) 详见杨伯峻：《春秋左传注》前言（中华书局1990年第2版）

(76) 《说苑·君道》：楚庄王见天不见妖，而地不出孽，则祷于山川曰："天其忘予欤？"此能求过于天，必不逆谏矣，安不忘危，故能终而成霸功焉。

(77) 《春秋感精符》曰："鲁哀公时，政弥乱绝，不日食。政乱之类，当致日食之变，而不应者，谴之何益，告之不悟，故哀公之篇绝无日食之异。"

(78) 郑振铎：《汤祷篇》（收录于《二十世纪中国民俗学经典·神话卷》，社会科学文献出版社2002年第1版，第87页）

(79) 可资参考的是尹振环：《楚简老子辨析——楚简与帛书〈老子〉的比较研究》（中华书局2001年第1版，第11页）：武汉之罗浩、李若晖先生，将已知《老子》按时期分为四类：

（1）郭店楚简《老子》为形成期《老子》；

（2）战国末西汉初之帛书《老子》为成型期《老子》；

（3）汉、唐严遵《指归》本、河上公本、《想尔》本、王弼本、傅奕本为定型期本《老子》。

（4）嗣后为流传期本《老子》。

这种划分比较科学，基本正确，但是（3）、（4）两类还必须加上"变形"二字，即定型期变形《老子》与流传期变形《老子》因为帛书《老子》已经证明了其后诸今本《老子》已经变了形，而楚简《老子》又进一步证明了这种变形：

第一，篇次被颠倒；

第二，篇名不符实；

第三，约四分之一的分章不符古意；

第四，章序被调整、颠倒，因而章序混乱；

第五，约有近140句文句被篡改。

⑧⓪ 楚简文字极难辨认，异体字、通假字等等极多，对一些地方的认读与断句专家们仍有争议，但本文到底不是《老子》专论，所以尽量从简。对楚简释文主要依据尹振环《楚简老子辨析——楚简与帛书〈老子〉的比较研究》（中华书局2001年第1版）和聂中庆《郭店楚简〈老子〉研究》（中华书局2004年第1版），下同。

⑧① 关于五行的由来与发展，前辈们的论述很多，我就只举一家之言好了——齐思和《中国史探研》（中华书局1981年第1版），其中又“五行说之起源”，摘引片断：

……迟至春秋之时，五行之说，已甚普遍，此则可以以《左传》、《国语》证之。《左传》、《国语》记载当时言论，涉及五行者甚多，如：

（襄公二十七年传）天生五材，民并用之，废一不可。

（昭公二十五年传）则天之明，因地之性，生其六气，用其五行。气为五味，发为五色，章为五声。

（昭公二十九年传）故有五行之官，是谓五官。实列受氏姓，封为上公，祀为贵神。社稷五祀，是尊是奉。木正曰句芒，火正曰祝融，金正曰蓐收，水正曰玄冥，土正曰后土。

（昭公三十一年传）庚午之日，日始有谪。火胜金，故弗克。

（昭公三十二年传）故天有三辰，地有五行。

（哀公九年传）子，水位也，……水胜火。

（《周语》下）天六地五，数之常也。

（《鲁语》）及地之五行，所以生殖也。……非是不在祀典。

（《郑语》）故先王以土与金、木、水、火，杂以成百物。

以上所举各条，除昭公二十九年传一条，有汉人窜乱痕迹，前人已有定论，不足为据外，余可信为春秋时之言论。观其所论，亦不过以五行为与人生关系最密切之五种实物而已，非有玄渺之哲理，存乎其中也。先民计数，源于屈指可数，手有五指，故数穷于五。罗马数字，至五而循环，吾国字码亦然，先民计数法，犹可藉是而考见。刘师培以“一二三四五，皆有古文，而六字以上，即无古文，以此为上世原人只知五数之证”（《太炎文录》卷二引）此虽未必，要先民计数，喜以五为单位，则可断言也。古人计数既以五为单位，故遇事物，多以五称之，取其整齐而便记忆。

——另外看看不同的意见。唐兰：《中国文字学》（上海古籍出版社2001年第1版）第53页：“……由此可见古代数目字本是以‘四’进和‘八’进做单位，而不用‘五’，所以‘九’字就是从象龙蛇形的字借用了。‘十’字用‘一’字竖起来，和‘廿’等，又是四进。……这种记数的方法，最初可能和绳子有些关系，假如用一根骨筹而把绳子横绕，一道代表‘一’，到四道代表‘四’，于是用两道作交叉形来代表‘五’，歧出形来代表‘六’，十字形来代表‘七’，分开的两道斜线代表‘八’。假如直绕呢，一道就代表‘十’……”

㉜《汉书·眭两夏侯京翼李传》：眭弘字孟，鲁国蕃人也。少时好侠，斗鸡走马，长乃变节，从嬴公受《春秋》。以明经为议郎，至符节令。孝昭元凤三年正月，泰山、莱芜山南匈匈有数千人声，民视之，有大石自立，高丈五尺，大四十八围，入地深八尺，三石为足。石立后有白乌数千下集其旁。是时，昌邑有枯社木卧复生，又上林苑中大柳树断枯卧地，亦自立生，有虫食树叶成文字，曰“公孙病已立”，孟推《春秋》之意，以为“石、柳，皆阴类，下民之象；泰山者，岱宗之岳，王者易姓告代之外。今大石自立，僵柳复起，非人力所为，此当有从匹夫为天子者。枯社木复生，故废之家公孙氏当复兴者也。”孟意亦不知其所在，即说曰：“先师董仲舒有言，虽有继体守文之君，不害圣人之受命。汉家尧后，有传国之运。汉帝宜谁差天下，求索贤人，禅以帝位，而退自封百里，如殷、周二王后，以承顺天命。”孟使友人内官长赐上此书。时，昭帝幼，大将军霍光秉政，恶之，下其书廷尉。奏赐、孟妄设袄言惑众，大逆不道，皆伏诛。后五年，孝宣帝兴于民间，即位，征孟子为郎。

㉝［法］勒庞：《乌合之众——大众心理研究》（冯克利/译，中央编译出版社2000年第1版）。另外，哈耶克在《通往奴役之路》（王明毅/译，社会科学出版社1997年第1版）的第十一章里也仔细讲过类似的观点，对大众心理的了解与操作确是一项重要的政治能力，对此后文还会论及。

㉞ 见《温斯坦莱文选》中译本序（商务印书馆1965年第1版，任国栋/译）

㉟ 见温斯坦莱《自由法·给英吉利共和国军队将军奥利弗·克伦威尔阁下的信》及《自由法·致友好的没有偏见的读者》第六章（《温斯坦莱文集》，商务印书馆1965年第1版，任国栋/译）

㊱［法］勒庞：《乌合之众——大众心理研究》（冯克利/译，中央编译出版社2000年第1版）

㊲［德］曼海姆：《重建时代的人与社会——现代社会结构的研究》（张旅平/译，三联书店2002年第1版，第50页）。详见该书第一部分的5–10章。

㊳［法］涂尔干：《宗教生活的基本形式》（渠东、汲喆/译，上海人民出版社1999年第1版，第276–277，280页）。这两段引文仅仅谈及了问题的一小部分，涂尔干的详细论述请看该书第二卷，当然，最好是全书都看。^_^

第四章　黄老，老庄，申韩，谁是真道家?

（一）

乐毅是忠还是奸？——听文天祥讲爱情故事——海南人民的分裂运动或独立运动——乐毅后人的故事

现在我们该来谈谈前边问到的第一个问题了：汉朝初年奉行“黄老之术”，难道其内容当真是我们心目中的道家思想吗？难道就真是先秦时代的老庄之道吗？勒庞说：“词语只有变动不定的暂时含义，它随着时代和民族的不同而不同”。那么，进一步问个问题：如果儒非儒、道非道，它们的差异究竟是在什么地方？又为什么有了儒家取代道家的这次思想嬗变？

前边讲过，读书切莫以经解经，更不可刻舟求剑，如果我们真拿现在的《老子》和黄帝的什么书来了解汉朝初年的无为之治和黄老之术，是很容易看错事情的。

先从文本来说，汉朝的《老子》有马王堆帛书本可以参考，和如今的通行本字句差异不大，但分章大为不同，和战国楚简本则差异极大。从文本引出的另外一个问题是：《老子》里边不少话都很难理解，我们现在倒不必费力不讨好地去追求什么“正解”，而仅要知道汉朝人到底是怎么理解《老子》的。至于黄帝之书，近年也有考古发现——当然了，这些东西都只是托名于黄帝罢了，不大可能是他老人家（如果真有他老人家的话）亲自写的。

说到道家思想，迎面而来的一个问题是：谈道家一般都是老庄并称，为什么在汉朝这时候却通称黄老呢？黄帝是怎么变成道家人物的？庄子却又跑到哪里去了？

诸多问题，我们先从一个看似与此事毫无瓜葛的人物谈起。

这个人，就是乐毅。

乐毅在中国是个家喻户晓的人物，他和管仲齐名，是诸葛亮的偶像。当年燕昭王高筑黄金台，高薪延揽外国人才，乐毅正是这些人才中的佼佼者。他为燕昭王带兵攻打齐国，连下齐国七十余城，战功极其显赫。

齐国被打得只剩下两座城池了，可说来奇怪，乐毅统雄兵摧枯拉朽，七十多座城池都顺利拿下了，怎么偏偏剩下两座拿不下来呢？——这是历史上一个著名的问题，个中原委，如果抛开严谨的历史考据的话，那么，用黄老思想可以解释，用儒家思想也可以解释，比如，一度很流行的解释大约当属苏轼的《乐毅论》，说乐毅要以仁义感化齐国民众……从中进一步推想，乐将军既可能是满腔儒者胸怀，也可能是一肚子黄老权谋。直到清代，崔述起而辩驳，以扎实的考据斥苏轼之非，乐毅的包袱这才算是卸了，“自然而然地”剩两座城池没拿下来。[①]按照《史记》的说法，正在这个时候，燕昭王去世，太子即位，是为燕惠王。这对齐国的残余势力来说称得上是个咸鱼翻身的机会，于是，齐国田单派人施展反间计，使燕惠王撤换了乐毅，后来就有了那场著名的火牛阵，田单随后一鼓作气地光复齐国。而乐毅呢，见燕惠王诏自己回国，担心回去没有好果子吃，干脆半路一拐弯，跑到赵国去了。

有人可能会骂乐毅：“怎么一点儿委屈都受不了呀，就算祖国母亲真的冤枉你了，你也不应该叛国而去呀！”

——但事实是，人家乐毅本来就是赵国人，赵国才是他的祖国呢。如果再往他的祖辈追溯一下的话，应该算是魏国人。

没有了乐毅的燕国军队被田单打得大败，燕惠王这时候又后悔又生气，还担心乐毅衔恨而去，趁燕国新败之机再带领赵国军队来个趁火打劫，那样的话，跟头可就栽得太大了！燕惠王想来想去：不行，我得拿话将住乐毅！

于是，燕惠王写了封信，派人到赵国送给乐毅，信上说："老乐，我才即位没多久，政治经验还不够，偏听了左右的胡话，有点儿对不住你。可我拍胸脯说，我对你可绝对没有坏心。你再好好想想，当初我老爹对你可够意思，你现在自己跑到赵国去了，给自己打算得倒真不坏，可你对得起我那死去的老爹么！"

看燕惠王的意思，是想让乐毅回去，至少也要让他念念燕昭王的好处——到底乐毅是当世首屈一指的名将，不能为自己所用已经是天大的损失，真要是再为外国效力跟自己作对，那燕国可有吃不了兜着走的时候！

但乐毅就是不回去，他写了一封言辞恳切的长信派人送交燕惠王，②信里先是详细讲述了当初如何被燕昭王重用，如何为燕国立下汗马功劳，然后说道："我听说贤明的君王功业成就之后而不被荒废，名字便会被著录于《春秋》之上；有远见的士人声誉建立之后而能一直保持下去，就会得到后世的称赞。先王（燕昭王）的功绩是足够辉煌的了，在他死后，他的政策也延续了下来，看来他是足以为万世楷模了。"——乐毅最后的话怎么听都像是反话，应该是在讽刺燕惠王的不肖，才即位就把爸爸的功业给毁于一旦了。乐毅紧接着说了一句名言："我听说'能把头儿开好的人不一定也能把尾收好。'（善作者不必善成，善始者不必善终。）"我们常用的成语“善始善终”就是这么来的。乐毅举伍子胥的例子，说伍子胥被吴王阖庐聘为高参，为吴国立下盖世功劳，可等阖庐死了，阖庐的儿子夫差即位了，他不明白伍子胥的本领和功业，所以逼他自杀而毫不后悔，伍子胥也不明白父子两代国君气量大有不同，所以都沉到江里了却还在倔着脾气。

乐毅把话说到这儿，意思已经再清楚不过了，他是在说：“我现在就处在伍子胥的位子上，你爸爸就是阖庐，你就是夫差，我在你爸爸手下就是建功立业的大将，可落到你手里就很可能小命不保。”燕惠王肯定看得懂乐毅的意思，不知心里得怎么生气呢。

乐毅接着说：我心中的上策是，既为国君效了力，自己也能平安无事。可如果我遭到诽谤，败坏了先王的名誉，这可是我最为忧虑的事情。至于冒着不测之风险，靠侥幸来牟利，这就是道义上说不过去的了。

——乐毅这番话还是比较含蓄，如果挑明了说，大意就是：有了伍子胥的前车之鉴，我可不打算有样学样。我的人生观是：我很愿意为君王效力，但结果得是双赢——君王得好处，我也得好处，至少也要君王得好处而我没坏处。我能打仗这不假，可要让我英雄流血又流泪，这我可不干！

乐毅接下来又有名言要贡献给大家了：“我听说古代的君子，绝交的时候不数落对方的不是；忠臣离开祖国，就算受了冤枉也不洗刷自己的名声。（古之君子，交绝不出恶声；忠臣去国，不洁其名。）我乐毅也是受过高等教育的，自然明白这些道理。那么，我之所以还是要给您写这封信，是怕您听信了左右的谗言，继续对我误会下去。”

——也许真是这封信的作用，乐毅和燕惠王虽然“绝交”了，但还算没把脸皮彻底撕破。乐毅继续留在了赵国，而燕惠王则善待乐毅留在燕国的家人，封乐毅的儿子乐间为昌国君，后来乐毅也常回家看看，往来于燕赵之间，燕国和赵国都以客卿相待，乐毅最后则是死在了赵国。

乐毅的态度非常耐人寻味，他的信里虽然又说君子、又说忠臣，可要以后世的眼光看来，别说忠臣，他可比奸臣都奸！而且，这里还有一问：乐毅说“忠臣离开祖国，就算受了冤枉也不洗刷自己的名声”，可见这是当时流行的一句格言，能够代表当时人们的普遍认识（至少也是有一定代表性的思想认识），可我们再以后世的眼光关照一下，却只觉得不是滋味：既然是忠臣，哪能受了委屈就随便离开祖国呢？就算被冤死也得心甘情愿地受死才是呀，说不定哪天皇帝明白过来了，或者继任的皇帝明白过来了，还有平反昭雪的机会。反正，世上没有不是的父母，也没有不是的皇帝，皇帝办的错事那都是因为受了奸臣的蒙蔽，罪在奸臣而不在皇帝。乐毅虽然以忠臣自命，但显然不是一个忠臣。——原因何在呢？前文讲过：封建时代的“忠”和专制时代的“忠”并不是同样的意思呀。

前文讲过的话题这里再借着乐毅来多谈一谈。说到尽忠死节，人们往往将之归于孔孟之道的儒家教育成果，其实孔孟思想里根本没有这套观念。当年，文天祥在元大都的监狱里写下了千古传唱的《正气歌》，其中有“三纲实系命，道义之为根”，所谓“三纲”，这才是汉代以后两千年专制历史上的所谓儒家正统思想，是谓“君为臣纲，父为子纲，夫为妻纲”，这是董仲舒提出来的，别怪到孔孟头上。

孔子确实也讲过“忠”，见于《论语》的，摘录典型的几条，比如：

曾子曰：“吾日三省吾身：为人谋而不忠乎？与朋友交而不信乎？传不习乎？”（《论语·学而》）

曾子这里的“忠”，明显是说为人办事有没有尽到责任。比如说，领导派你给加西亚送信去，你半途不能偷奸耍滑；只要你认认真真地把事情办圆满了，那就是“忠”了。

季康子问：“使民敬、忠以劝，如之何？”

子曰：“临之以庄则敬，孝慈则忠，举善而教不能，则劝。”（《论语·为政》）

权力人物季康子向孔子询问：“我想使人民严肃恭敬、认真办事、勤勉努力，该怎么做才好呢？”

孔子回答说：“你能做到庄重严肃地对待人家，人家自然也就对你恭敬；你能做到敬老爱幼，人家自然会对你的政令尽心竭力去执行；你能把好人提拔起来，把能力不足的人培养成才，人家自然会勤勉努力。”

这里的“忠”依然是认真办事、尽心竭力的意思，而且，孔子提出的“忠”是相对的：领导“孝慈”，人民才“忠”。也就是说，这个“忠”可绝对不是主子说什么就是什么，不是无条件的。

定公问：“君使臣，臣事君，如之何？”孔子对曰：“君使臣以礼，臣事君以忠。”（《论语·八佾》）

鲁定公问孔子：“君主使用臣子，臣子侍奉君主，各应如何才好？”

孔子回答说：“君主使用臣子要合乎礼的规范，臣子侍奉君主要认真负责。”

子张问曰：“令尹子文三仕为令尹，无喜色；三已之，无愠色。旧令尹之政，必以告新令尹。何如？”

子曰：“忠矣。”

曰：“仁矣乎？”

曰：“未知，焉得仁？”（《论语·公冶长》）

子张问孔子：“令尹子文三次做令尹的官，也没见他有什么高兴的表情，三次被罢官，也没见他面露怨恨。每次罢官的时候，他都会把交接工作搞好。您说这人怎么样？”

孔子说：“算得上‘忠’了。”

子张问：“那他算得上‘仁’吗？”

孔子说：“这我可就不知道了，不过，他还算不上‘仁’吧？”

——看来在孔子那里，“仁”是最高的标准，“忠”比“仁”低着一头。而且，无论如何，这个“忠”也没有后世“君要臣死，臣不得不死”的那个意思，用现在的话说，无非只是敬业尽责罢了。更要紧的是，“忠”并非臣子单方面的付出，“君使臣以礼，臣事君以忠”，相反，如果君使臣不以礼，那么臣事君也就自然没必要去忠。

再来回顾一下乐毅的人生观：“我很愿意为君王效力，但结果得是双赢——君王得好处，我也得好处，至少也要君王得好处而我没坏处，我能打仗这不假，可要让我英雄流血又流泪，这我可不干！”乐毅眼里的君臣关系更像是雇主和雇员的关系，如果我们拿专制时代里君臣关系几乎等同于主人和狗的关系的那种标准来衡量先秦人物们，那只能觉得满大街都是奸臣了，就连孔孟也不例外。

但我们得承认的是，这种“你敬我一尺，我敬你一丈”的关系才合乎人之常情，毕竟没有几个人是天生的贱骨头，任凭别人怎么打你、骂你、侮辱你，你还能始终不二地效忠到底，甚至在这种受虐的过程中还能品味出自我牺牲的伟大快感。人总是本能地寻求公平的，而公平，在可敬的罗尔斯那里，等同于正义。如果我们把问题放到这个高度来看的话，反过来一想：无条件的效忠竟然是不正义的！在两千年的专制社会里，这种不正义的行为竟然成了官方宣传下的最最高尚的道德品质。如果这个专制时代的标准对封建时代也有追溯力的话，那么，伍子胥就是个不可原谅的大坏蛋了——楚王杀光你全家那又如何，再怎么着你也不能叛国呀，更不能带着外国兵杀回祖国复仇呀！

有那么多的人至今还站在伍子胥的一边，我也不知道该高兴还是该生气，嗯，站在伍子胥的一边不就等于站在小山智丽的一边吗？

那么，我们说这种“你敬我一尺，我敬你一丈”的关系才合乎人之常情，也许合乎的是那些文化程度不高的人的“人之常情”吧，或者说，这是符合人类的天性的，而要求单方面无条件的效忠却违背人性，所以才需要有力的宣传手段来给国民们灌输这种思想，使之变成人们心中的“常识”。

人性毕竟是根深蒂固的东西，其实，我们再来仔细看看文天祥，他的思想里边也并非十成十地灌满了“三纲实系命”。——在南宋政权大厦将倾的当口，文天祥被任命为右丞相。他虽然始终主战，但太皇太后决定投降，他也反抗不得。据《宋稗类钞》，在赴元军大营谈判之前，文天祥召集幕僚议事，其间他给大家讲了一个故事：“有个叫刘玉川的人，和一个妓女发生了惊天动地的爱情，两个人山盟海誓，情比金坚。恋爱中的妓女再也不去接客了，全心全意地侍奉情郎刘玉川。不久之后，刘玉川金榜题名，被授予了官职，这就要赴任去。那个妓女自然为情郎高兴，一心追随，刘玉川也答应了她要带她一同赴任。可刘玉川嘴里这么说，心中却暗有打算，他巧做安排，用毒酒置妓女于死地，然后独自上任去了。——各位，你们应该不会拿刘玉川当榜样吧？”

文丞相这个故事说得极好，拿这个故事来比喻臣节，其中暗示的是：君臣关系近似于男女之间两情相悦，只有双方都瞧对方顺眼，这才能走到一起，然后，投之以桃李，报之以琼瑶，关系是相互的。如果人家对你投之以琼瑶，你对人家报之以毒药，那就太丧心病狂了。

可是，如果人家对你投之以毒药，你还应不应该对人家照样报之以琼瑶呢？这文天祥就没有说了。

有人可能会说：“即便抛开忠君不谈，人家文丞相那到底也是爱国呀！为了祖国的主权完整，为了领土不受侵犯，这种爱国情怀可比忠君伟大得多！”

——文天祥的“忠君”确曾受过质疑：宋朝皇帝都已经作了俘虏了，甚至公开劝说文天祥投降蒙元，但文天祥拒不从命。蒙元将领问他：“你不听你们皇帝的话，自己还跑去另立皇帝，你能算忠臣么？”

文天祥的回答是：“我的皇帝已经作了俘虏，这种时候，社稷为重，君为轻，我另立皇帝，为的是宗庙社稷，所以我当然是忠臣！”③

文天祥这里谈到了孟子的名言，把社稷摆在了皇帝的前面，后来的于谦在北京保卫战的时候也是这么做的，不然的话，面对一个做了俘虏的明英宗，难道还举国投降了不成？但是，无论是文天祥还是于谦，他们心中的“社稷”却绝对不是现代“国家”的概念，而是赵宋私天下和朱明私天下的概念，这从文天祥把“宗庙”和“社稷”一起来说就可以看得出来了——但我们要留心的是，这里的“社稷”已经被偷换概念了，不是孟子当初所谓的那个“社稷”了。如果追溯到春秋以前，宗庙和社稷是“赵家村”全村共同的，而在秦汉以后的专制社会里，宗庙和社稷虽然还是原来的名称，但实质内容却早就变了，变成皇帝这一户人家的私家宗庙和社稷了。所以，对于这时候的文天祥来说，并不是国家主权高于赵宋皇帝，而是整个赵姓家族的统治合法性和江山所有权高于某一位特定的赵姓皇帝。

别把古人想得那么现代，古代知识分子确实有很多都是“以天下苍生为己任”，但主权与领土神圣不可侵犯云云可都是非常现代的观念呀。

文天祥的例子讲了讲主权，顺便就再来讲讲领土。现代人讲到国家领土，理所当然认为那是寸土必争、一寸山河也不该放弃的，可古人却没有这种观念，在他们看来，值钱的地盘当然该要，可不值钱的地盘大可以放弃，一切都是以利益为导向的。当然，找理由的时候有时还是要拿官方学术经典来做文章的。

举个小例子：汉元帝的时候，海南岛土著又造反了，朝廷很是头疼。说起来，海南岛原本不是汉朝的地盘，直到汉武帝的时候才给扩张进来，可民风强悍的海南岛人民坚决不作“汉奸顺民”，屡屡杀掉汉朝政府派去的官员，公然造反也不是一次两次了。

汉元帝烦透了：这大老远的，要不要派军队去镇压啊？

这时候，有个叫贾捐之的儒家知识分子建议说：“照我看，海南岛那破地方咱们就别要了。”

——我们现在很难想象一个国家大臣会堂而皇之地提出这种建议吧？汉元帝还不三下五除二砍了他的脑袋！

可汉元帝不但没生气，还一本正经地问他：“你这意见在典籍当中可有什么依据没？”

——汉元帝的这个问题也够让我们现代人吃惊的，难道说，如果真在书上有依据，就当真把这么一大片国土放弃了不成？

贾捐之的回答是一篇斐然长文，《汉书》有录，《资治通鉴》也有节选，大意是说：“当然是有依据的。尧舜禹这三位都是超级大圣王，可从《尚书·禹贡》载明的疆域来看，他们的地盘还远没咱们现在大呢。圣王们对远方夷狄的态度是：如果他们自愿前来归顺，那就收留他们，如果不来归顺，那也不勉强。秦始皇不学尧舜禹的榜样，专门开疆拓土，结果搞得偌大个秦帝国很快就土崩瓦解。咱们现在呢，海南岛乃是化外之地，犯不上立什么郡县。我的意见是：在现在的疆域里，凡是不和我们华夏文明相类的地方，凡是《尚书·禹贡》和《春秋》里没有记载的地方，咱们干脆都不要了，您就下命令吧，把这些地方的政府机关全部裁撤，官员全部撤回。”④

——咱们现代人肯定少不了骂贾捐之是汉奸、卖国贼的，一口气骂到他祖宗八代，可是，骂祖宗的时候千万要记住，这位贾捐之的祖爷爷就是贾谊。^_^

无论如何，在汉元帝当时，贾捐之的意见还真是个正经的意见，更要命的是，汉元帝居然采纳了他的意见，海南岛就这么不要了。——这种事不单汉朝有，其他时候也有，比如我在《孟子他说》第一册里边提到朱元璋开过一张“不征之国”的单子，中心思想是“大财主不抢盐碱地”；这种事情不单中国有，外国也有，罗马的奥古斯都皇帝在去世的时候，“元老院公开宣读了他的遗嘱。他作为一项宝贵遗产留给他后来的继承人的是，建议他们永远只求保守住似乎是大自然为罗马划定的战线和疆界之内的那一片土地：西至大西洋边；北至莱茵河和多瑙河；东至幼发拉底河；南边则直到阿拉伯和非洲的沙漠地带。”而在能征惯战的图拉真皇帝之后，“哈德良继位后的第一件事是放弃图拉真在东部占领的一切土地。他让帕提亚人重新选举了自己的独立自主的君王，从亚美尼亚、美索不达米亚和亚述诸省撤回了罗马派去的驻军；同时，按照奥古斯都的设想，再次划定以幼发拉底河作为帝国的边界。”⑤

我们甚至可以在古罗马的这段历史上看到和儒家思想所鼓吹的感化型仁政异曲同工的地方：“罗马的名字在地球最边远地区的

民族中也受到了极大的尊敬。最凶悍的野蛮人也常把他们自己之间的争端提请罗马皇帝裁决；据当时的历史学家记载，他们还看到，有一些外国使臣以作为罗马子民为荣，曾自己提出愿意归顺，却遭到了拒绝。”更有意思的是，十九世纪的法国人埃蒂耶纳·卡贝，这位被马克思誉为“最有声望然而也最肤浅的共产主义代表人物”，在他虚构的《伊加利亚旅行记》当中把他心目中的那个乌托邦共和国的对外政策居然也作了类似的描述：“……还定下一条重要原则，那就是：尽可能不去干涉邻国的事务，让他们自己去处理自己的事情，不要企图加速共产制度在各个国家的建立，而是相信只要这种制度在伊加利亚试验十分成功，就能对所有其他民族都有好处；反过来，要是别的国家急急忙忙地试验，试验效果又不好的话，反而会对伊加利亚的试验不利。……我们并不去鼓励邻国加速他们的步伐，恰恰相反，我们甚至还会运用我们的影响来劝说邻国首脑稍微节制一下他们的热情。……我们的影响是巨大的，因为我们从来不企图征服任何国家，我们甚至不愿意接受一个位于我们国境之内的小小的民族要求与我们合并的建议。后来是因为他们在很多年里一再地请求，而且其他的邻国也主动地表示了同意之后，我们才满足了他们的愿望，但同时又声明我们绝不再答应类似的合并。”⑥——看来卡贝并不像我们熟悉的那些前辈们满怀拯救世界人民于水深火热之中的伟大情怀，他的乌托邦倒更像是儒家风格的共产主义，赞同和平演变而非输出革命。这种种的事例常常让我困惑，嗯，好比说，在那个完全没有孝道传统的西方世界里，难道不孝儿孙的比例真比我们中国要多吗？至于其他……

还是赶紧把话题拉回到乐毅身上好了。

乐毅不是已经在前文里死掉了么？——不错，可咱们还得接茬儿说说他的后人。《史记·乐毅列传》继续讲道：乐毅的儿子乐间被燕惠王封为昌国君，在燕国一住就是三十年。后来，燕王喜听信了宰相栗腹的主意，打算攻打赵国，于是来向乐间询问意见。乐间一来是将门虎子，二来老家就在赵国，确实是有发言权的。乐间说："赵国是个'四战之地'，四面八方都是强敌，毫无天险可守，国家经常打仗，老百姓都是战争高手，咱们可别去招惹人家！"

忠言一贯逆耳，燕王喜执意要战，谁也阻拦不了。燕国和赵国在地理上距离很近，大体来说，燕国就是现在的北京一带，赵国就是现在的河北邯郸一带。赵国很快迎战，领兵的统率就是大名鼎鼎的廉颇。

廉颇出征，燕国理所当然地吃了败仗，栗腹和另一位高级将领乐乘作了赵国的俘虏。（《战国策》说，乐乘是赵国的将军。）[7]这位乐乘是乐间的同宗，两人的关系看来很近，乐间听说乐乘被捕，干脆就跑到赵国去了。燕王喜这时候才后悔没听乐间的话，又听说乐间跑到赵国去了，心里越发不是滋味，于是写了一封信，派人送给乐间——真仿佛历史在重演啊。

燕王喜在信上说："商纣王的时候，大贤人箕子屡屡进谏，不被纣王采纳，可他还是继续劝谏，期望哪天老天爷开眼，能让纣王听自己一次；商容更惨，不但不被信用，还屡屡遭到侮辱，可即便这样，他仍然希望纣王能够变好。后来国家越来越乱，人心涣散，监狱里的囚犯全跑出来了，局面实在无法收拾了，箕子和商容这才放弃了劝谏，双双隐退。你瞧瞧，虽然商纣王是个头号暴君，可箕子和商容却不失忠圣之名。为什么呢，因为他们是在发现商纣王实在无可就药、国事实在不可为之后才不得不放弃了劝谏的。现在呢，我虽然算不上个好领导，可我比商纣王总要强上一些吧？燕国虽然也有些纷乱，可总比商纣王那时候的世道强上一些吧？你的忠言就算一点儿都没被我认真听过，可你在燕国也不至于会有箕子和商容那种遭遇吧？我觉得你就这么离开燕国了，可不大厚道呀！”

这封信说得倒也有些道理，另外，《史记》里记载的信件内容虽然只有这短短一段，可《战国策》里却是一封长信，言辞恳切，足以和燕惠王致乐毅的那封信相提并论了。但乐间和乐乘就是不原谅燕王喜，说什么也不回去，赖在赵国不走了。赵国对他们也不错，封俘虏乐乘为武襄君。（《史记·乐毅列传》）

到了第二年，风水轮流转，轮到赵国攻打燕国了，领军大将除了廉颇之外，还有一位就是乐乘。赵国军队包围了燕国的首都，燕国以重礼求和，赵国这才退兵。

又过了五年，赵孝成王去世，赵悼襄王想以乐乘来代替廉颇。廉颇不干了，打跑了乐乘，自己也跑到魏国去了。又过了十六年，赵国就被秦国给灭掉了。

说到这里，肯定有人不大理解：“廉颇这是怎么了？！在《将相和》里边他可不是这样的呀，怎么领导一撤他的权力，他居然造反了，居然还叛逃了！”

——这还真是个问题。的确，我们小时候都学过《将相和》这篇文章，可小孩子那么学倒也罢了，长大以后眼光就得变一变了。

我查了一下近年小学六年级的某份语文教案，对这一课的授课计划里有这么一条：“激趣导入，板书课题。课前同学们齐唱《黄河颂》。听到同学们雄壮有力、气壮山河的歌声，我情不自禁地想起历史上无数可歌可泣的爱国故事。今天，我们要学的新课《将相和》，就是一个流传千百年的动人故事。”归纳中心思想是：“本文通过记述将相由和到不和又到和好的故事，表现了蔺相如不畏强暴、机智勇敢的精神，以国家利益为重，顾大局、识大体的高尚品质；表现了廉颇以国家利益为重，勇于改过的精神，赞扬了将相爱国的好品质。”

现在我们应该知道了，这种说法犯了两个错误：一是断章取义，二是拿现代观念套在古人身上。我们如果查到《史记》“将相和”这段内容的原文，往后继续看去，就会看到多年之后赵国新任领导人要以乐乘来取代廉颇的位置，廉颇不干了，火拼乐乘——《廉颇蔺相如列传》的原文说：“廉颇怒，攻乐乘，乐乘走”，《乐毅列传》的原文说“廉颇攻乐乘”，用的都是一个“攻”字，看来还不是单挑，而是大规模武装械斗。

廉颇犯了这么大的事，就逃到魏国去了，可在魏国一直郁郁不得志，后来赵国想要迎回廉颇，遂有了“廉颇老矣，尚能饭否”的故事，再后来，楚国悄悄把廉颇聘走，老将军便在楚国为将。——把上下文全部联系起来看，会发现，当初将、相之所以能“和”，少不了一个至关重要的条件：赵王重用他们。

这就好像现代公司里的人事关系一样，两位高管闹了矛盾，但总裁对他们都不错，结果一位高管思想觉悟更高，认识到只有团结合作，才能把公司搞好，这种态度感动了另一位高管。这种精神我们可以称之为“忠”，但这个“忠”是前文所讲的先秦观念的“忠”，并不是像后世观念那样要么对君主无条件效忠，要么对国家无条件效忠。相反，这种“忠”是有条件的，更像是职业经理人的职业操守，或者就像郎咸平经常挂在嘴边的那个信托责任。而当“忠”的前提条件消失了之后，“忠”的行为也就顺理成章地可以不复存在了。

有人可能会责怪廉颇：“就算赵国领导人和赵国政府对不起你，你也不应该叛国而去呀！”

——这还是拿现代观念来套古人。

（二）

乐毅一家人与早期的道家传承——河上丈人与安期生——曹参的转型

该是把扯开来的话题收回来的时候了，呵呵，还记得乐毅是谁吗？

我们再来看两任燕国国君给乐毅父子的两封书信，就会发现：国君是责怪乐毅父子也好，撇清自己也好，并没有拿爱国主义来说过事。信中表现的是一种自由人的自由联合的精神，而申饬对方和央告对方的时候，依据都是：我，或者我爹，对你一直不错！我对你好，你也应该对我好。我虽然错怪了你，但看在我（或者我爹）一直对你很好的份儿上，希望你能够原谅我。

这种有条件的“忠”才是当时社会的流行观念，如果我们非要拿现代观念来套在廉颇身上的话，面临的难题就是：如果“将相和”里的廉颇表现出来的是爱国主义情怀，那么，攻乐乘、投奔魏国和楚国的廉颇难道就成了“汉奸”（赵奸）不成？——顺便一提，“汉奸”也是一个现代概念，整个儿“二十四史”里根本就没这个词，直到《清史稿》里才出现了“汉奸”，它的意思其实是“汉人里的奸民”。⑧

所以呢，两千多年前的乐毅一家人算不上“燕奸”，廉颇也算不上“赵奸”。但现代的我们更愿意接受我们愿意接受的说法，就拿廉颇的赵国来说吧，电影《英雄》里表现赵国人在秦军的箭雨之下依然镇定地学习书法，赵国的文化精神似乎于此可见一斑。我们也许会觉得：这些赵国人应该是受到过儒家的诗礼熏陶吧？

——事实上，那年头还没有正经的书法，不过呢，电影里表现的这一幕在剧情时间设定的几十年之后，在另外一个地方，还当真发生过的。

我们先要知道，赵国也好，燕国也好，都没有太多的儒家传统，真正儒家的大本营是在鲁国，影响所及直到临近的齐国，这就构成了所谓的“齐鲁文化”。汉高帝刘邦灭了项羽，即将统一天下，天下各地败的败、降的降，望风披靡。但是，鲁国却死硬到底，鲁国人虽然也看到大势已去，可死活就是不降。现实是残酷的，没多久，刘邦指挥大军攻打鲁境，那重兵的重重围城便如同泰山压卵一般，人们仿佛已经嗅到浓郁的血腥气了。可就是这个时候，刘邦突然一愣：“这，是什么声音？”

从被围的城墙里，飘荡出悠扬的音乐。刘邦很纳闷：怎么着，不会是要对我搞个“四面汉歌”吧？

奏乐的都是城里的儒生，而他们所奏的音乐正是儒家所谓“礼乐”的“乐”。

当初，《论语》里记载孔子到武城，听到有弦歌之声，笑道：“这种小地方也一本正经地搞礼乐政治，这不是杀鸡用牛刀么？”（“杀鸡焉用宰牛刀”这句在评书里被用烂了的俗语其实是出自《论语》孔子之口的。）

武城的领导人是孔子的学生子游，他见老师取笑自己，当即反驳说：“当年我听老师您说过：‘君子学了道就会关怀别人，小人学了道就容易被使唤。’”

孔子马上对同行的其他弟子说：“子游说的对，我方才那是开玩笑！”⑨

——所以，在那个年代，不是书法，而是礼乐，代表着儒家精神。城里的儒生们面对着刘邦的大军压境，从容不迫地吹拉弹唱，那心情，也许就像泰坦尼克沉没时的那些提琴手吧？

流氓出身的刘邦虽然一贯看不起儒生，虽然拿儒生的帽子当过尿壶，可这时候站在城外听音乐，却受到了一次崇高的精神洗礼，不愿意强行攻城了。

和平的解决之道是：刘邦派人挑着项羽的人头给城里人看，告诉守城的人“你们的老板已经完蛋了”。城里人这才断了念想，开城投降了。

——大家记住哦，这是楚汉相争时期的鲁地儒家风格。

翻回头来，再说乐毅一家。乐乘被廉颇给赶走了，廉颇也因此而逃到了魏国，两人也许都不知道，这已经到了山雨欲来风满楼的时刻了，国际局势比任何时候都要严峻。——仅仅在十六年之后，秦国就灭了赵国。

又过了二十多年，风云变幻，汉高帝路过赵国，想起当初名动天下的乐毅将军，于是问道："乐毅还有后代没有？"

有人回答说："有位乐叔，是乐毅的后人。"

刘邦于是封乐叔于乐乡，封号为华成君。

刘邦的这种做法正是古风的遗存，我们后文会在春秋二百四十二年中看到很多类似的事情。这位乐叔是乐毅的孙子，对汉朝寸功未立就得了这么大的好处，真是要感谢祖宗了。乐毅的族人里边出名的还有乐瑕公和乐臣公，他们在赵国即将被秦国灭亡的时候逃到了齐国的高密。乐臣公精通黄帝和老子之说，靠着这一肚子学问闻名齐国，成了当地首屈一指的大学者。——大家注意哎，这很可能就是汉初黄老之学的源头。

司马迁在《乐毅列传》的结尾谈到了乐臣公黄老之学的传承谱系：乐臣公的祖师爷叫作河上丈人，这是位神秘人物，我们没有关于他的更多资料，也不知道他的老师是谁。河上丈人教授安期生，安期生教授毛翕公，毛翕公教授乐瑕公，乐瑕公教授乐臣公——看，传到乐臣公这里是第五代。

这位黄老之学的祖师爷河上丈人也就是道家神仙河上公的原型，本来《史记》里只记载了河上丈人这么一个名字而已，更无其他资料，可到了东汉时期，道家鼓吹家谱，编出来河上公传道给汉文帝的一段轶闻，说得有鼻子有眼的，晋代《列仙传》更敷衍出汉文帝拜访河上公，河上公白日升天，传给汉文帝《老子道德章句》，说："我著此书以来已经过了一千七百多年，只传授了三个人，现在你是第四个。"——这个故事里至少有一处细节是真的：《老子》流传下来的各个版本当中还真有一个河上公本。

河上丈人或河上公的一代弟子安期生名头也很响亮，他是位神仙，老家就在齐国。汉武帝的时候方士李少君曾说自己在海上见过安期生，还看见人家吃的枣有西瓜那么大。如果咱们唯物主义一点儿来说，安期生可能真有其人。《史记·田儋列传》提到过一个比较现实的安期生，说他是蒯通的好朋友。这位蒯通是个纵横家，曾经游说韩信三分天下，也算是一代名人。当初，安期生投奔过项羽，为项羽出谋献策，这样看来，他应该是和蒯通一样的人物。

项羽虽然没有采纳安期生的计谋，但可能觉得安期生和蒯通都有两把刷子，便想给两人高升一步，但这两人不肯接受，很快便逃之夭夭。——如果这个说法比李少君和《列仙传》所言更加可信的话，那么，河上丈人的一代弟子看来并非我们心目中"清静无为"的那种道家模样，而是讲权谋、献策略的，更像纵横游说之士。而那位高深莫测的河上丈人，如果真有其人的话，或许会是如传说中鬼谷子一流的人物。还有一点值得留意：安期生是齐国人，而乐瑕公和乐臣公也从赵国搬到了齐国，乐臣公更在齐国以黄老之学闻名。那么，他们这一支是否可以被称为"齐学"以区别于鲁国诗书礼乐的"鲁学"呢？

另外，这河上丈人一系，看来每一代都是单传，到了乐臣公是第五代，而乐臣公再往下传，就传到了盖公（盖，这里是姓，读 gě）。这个时候，楚汉之争结束，天下可算是安定下来了。

在这样的时代大背景之下，正是这位盖公真正使河上丈人一系的黄老之学应用在了实际的政治生活当中，这在很大程度上要归功于汉初的名臣曹参。

在刘邦打天下的时候，曹参是一员勇冠三军的虎将，《史记·曹相国世家》统计曹参的功劳，说他先后攻克过两个诸侯国、一百二十二个县，俘虏诸侯两人、宰相三人、将军六人、大莫敖、郡守、司马、侯、御史各一人。可是，等到江山安定了，曹参就该面临转型问题了。是呀，打打杀杀全都用不上了，乱世之虎将该转型为治世之良臣了。于是，在汉惠帝元年，曹参被任命为齐国丞相，山东七十多座城市的管理重任就交在了他的肩上。曹参想：论打仗我在行，论治国我可没啥经验，怎么办呢？

不会可以学。曹参是个学习型人才，一到齐国，就把当地的长老和读书人都找了来，向他们咨询治理之道。齐国能人多，儒生一下子就来了百十多号，人多力量大，大家集思广益，还能想不出好办法吗？

可是，这一集思广益，却什么也议不出来。问题就在：人多嘴杂，这些儒生们各有一套，各执一词，一百个人就有一百零一个意见。——大家可要牢记这一幕哎，同样的场面今后还会不断上演，尤其是儒生，经常会搞一些人民内部矛盾。

可怜曹参，只听得一个头两个大，拽过旁边一人问道："你说说看，他们谁的意见对？"

那人回答道："他们说的都不对，我跟您讲讲我的意见……"

曹参："我倒——"

平心而论，这可是儒家在政治领域上大展拳脚的千载良机，如果大家意见能够统一，或者说有某种意见能占到压倒性的优势，也许儒学马上就会变成官方学术了，山东一带也很快就会礼乐复兴了。不过呢，在选择哪种儒家方法之前，还有一个先决问题：儒家知识分子自己是否认为现在应该以礼乐治国呢？——嗯，这还真不一定呢。

咦，儒家梦寐以求的不就是礼乐治国吗，怎么连这个最基本的出发点都会有疑问呢？

确实有疑问。儒家强调名分，强调礼仪，什么都要有板有眼、按部就班，所以，如果学得太深入了，脑瓜儿就可能会变得比普通人木讷一些。当初，汉朝第一位官方大儒叔孙通为刘邦准备朝廷礼仪的时候，奉旨行事，到鲁国去招聘儒生。这在当时就等于冷门专业遇上了热门招聘，很多人自然都会欣然而往，但是，偏有这么两个特立独行的家伙大大地不以为然，鄙夷地说道："现在天下初定，死人有好多还没埋，伤者有好多还没得到治疗，哪里是搞礼乐的时候呢！国家积德百年，而后才可以兴办礼乐。"⑩

——这种说法或许就是儒家真正的王道吧，正如《论语》记载孔子之言："如有王者，必世而后仁"，"善人为国百年，可以胜残去杀矣"。⑪（《汉书·刑法志》就曾怀有矛盾的心情引述过这句箴言。）但是，如果真的等上百年，也许确实是条正途，不过眼下这些儒生的就业问题可就不好解决了。这就是儒者们面临的一个长远理想和现实利益的矛盾，至于这矛盾该怎么解决，大家已经用脚投过票了。不过呢，我们先别像叔孙通一样骂这二位仁兄迂腐，因为，从他们说这句话算起，真等到将近百年之后，天下慢慢复苏，到了汉武帝的时候还真就“罢黜百家，独尊儒术”了。

接着说咱们的曹参。曹大人请了百十号儒生，结果却是事与愿违，越议声音越大，越议越没主意。曹参这时候可能已经隐隐觉出儒家不大可靠了，又听说当地有位盖公，通晓黄老之学，于是以重金去请。盖公来了，对曹参说搞政治贵在清静，若能如此，老百姓自然安定。——这是总则，盖公紧接着又讲了不少具体的办法，至于这些具体的办法都是什么，司马迁就没有记载了。

事情就这样决定了，百十号儒生没抵得过一个治黄老之学的盖公。——但这么下结论好像有些不负责任，我们设想一下，如果曹参当时不是只请来一个盖公，而是请来百十号黄老学者，结果会不会也像那些儒生一样呢？换句话说，如果曹参最初不是一下子请来百十号儒生，而是只请来一位儒生，会不会儒学就这么付诸实行了呢？

这些问题我们就只能瞎猜了。

后来，曹参大概是为了表示对人才的尊重，便恭恭敬敬地把正堂让给盖公来住（陈直《史记新证》说明清时称呼官衙为正堂，根子大概就在这儿呢），而后就依照他老人家的法子来治理齐地。就这样过了九年，在曹参在任的这九年时间里，齐地大治，人们都夸曹参是个贤相。

看来盖公果然有一套呀！可是，这里边有个疑点：按照《乐毅列传》里排列的黄老之学的传承谱系，盖公是第六代传人，但是，在《田儋列传》里，第二代传人安期生和蒯通同时，而蒯通在汉朝初年还活着呢，韩信死后他还曾经被刘邦抓了去，险些丢了性命。那么，联系起来一看，第六代传人盖公和第二代传人安期生之间所间隔的时间也太短了吧，于理不合呀！——钱穆在《先秦诸子系年》里考证过这个问题，引《史记》里的一段话说："蒯通善齐人安期生，（《列仙传》："安期生，琅琊阜乡人。"）安期生尝干项羽，项羽不能用其策。已而项羽欲封此两人，两人终不肯受，亡去。及曹参为相，请蒯通为客。"注意最后一句话："及曹参为相，请蒯通为客"，如果和安期生平辈的蒯通曾经在曹参为齐相的时候作过他的客人，安期生岂不是和盖公同时么？这从辈分上论是说什么也讲不通的，真是一团乱麻呀！

不过呢，这又牵出了一个新的疑点（也许只是我自己没搞懂）：钱穆的这段引文里，最后重要的那一句"及曹参为相，请蒯通为客"在《史记》里却根本就不存在，不知他老人家所据为何呀，倒是《汉书》有此一说，蒯通还为曹参举荐过贤人。

不管那么多了，反正我们这时候一定要留意：对所谓河上丈人的黄老之学传承谱系，也许我们应该多打上几个问号才对。

（三）

狱市，黄老之道在政治管理上的一次具体实践

但是，我们把目光集中一下，曹参为齐相和盖公治黄老应该都是相当可靠的事情。那么，难免令人好奇的是：盖公教给曹参的到

底都是些什么招儿呢？黄老之术在政治上的具体应用到底是怎么一番模样呢？

这个问题《史记》没讲，不过呢，它在后文里给我们提供了一条线索：

惠帝二年，萧何卒。参闻之，告舍人趣治行，“吾将入相”。

居无何，使者果召参。参去，属其后相曰：“以齐狱市为寄，慎勿扰也。”

后相曰：“治无大于此者乎？”

参曰：“不然。夫狱市者，所以并容也，今君扰之，奸人安所容也？吾是以先之。”⑫

这段是说：汉惠帝二年，丞相萧何死了。曹参听说了这事以后，安排从人准备行装，说：“我要入朝为相啦！”

没过多久，果然应了曹参的话，曹参临走前叮嘱接班人说：“以齐狱市为寄，慎勿扰也。”（这句话先不翻译，一会儿再说。）

接班人不大理解，问曹参：“治理齐地难道就没有比这更重要的事吗？”言下之意是：您老叮嘱的这事也太鸡毛蒜皮了吧！

曹参说：“你可别不当一回事。狱市是善恶并容的地方，你如果扰乱了它，让坏蛋们到哪里容身呢？所以我才把狱市的问题作为搞政治的首要问题。”

——搞政治切忌只谈大原则，所以，清静无为也好，正心诚意也好，亲贤臣、远小人也好，如果没有具体办法，往往都只会流于空谈。所以呢，我们看汉初的黄老之术，可别一个“无为之治”就算完事了，得看看具体的东西。现在呢，曹参说的这个“狱市”，就是个具体的施政问题，看他把这件事摆得那么重要，应该是盖公教导他的吧？

那么，什么叫“以齐狱市为寄，慎勿扰也”呢？

先来问问：什么是“狱市”呢？

很不幸，曹参相齐的过程中这惟一的一个黄老政治的具体方案却是我们说不清、道不明的一个东西。“狱市”为何，学者们一直都聚讼纷纭，没有定论。

查查《汉书》，这一段照抄《史记》，没什么可参考的，只是旧注引南朝［梁］孟康的《汉书音义》，说：

夫狱市兼受善恶，若穷极，奸人无所容窜；奸人无所容窜，久且为乱。秦人极刑而天下畔，孝武峻法而狱繁，此其效也。

唐人颜师古接着注释说：

老子曰：“我无为而民自化，我好静而民自正。”参欲以道化其本，不欲扰其末。

颜师古这是在说，曹参本着老子以“道”来“化”民的政治思想，而且，只抓宏观调控（化其本），而不去干涉社会生活的具体事务（不欲扰其末），而这一政治思想如果一言以蔽之，就是“我无为而民自化，我好静而民自正”。——《老子》的这句名言真是有着超强的生命力，近在1966年，哈耶克在佩勒兰山协会东京会议的发言上还引述过它呢，也许老子才是阐释“自由秩序原理”最早的前辈呢。^_^

可是，这一切都无助于我们对“狱市”的理解。“狱市”到底是什么？把学者们的意见归纳一下，大致有这么三种答案：一说“狱市”是监狱和集市，曹参认为这两个东西是治理地方的重中之重；二说“狱市”是齐地一个大市场的名字；三说“狱市”是一种市场制度。

三种解释，我也不知道哪个对，现在可能仍无定论。其实“狱”这个字本来不是“监狱”的意思，《诗经·召南·行露》有一句“何以速我狱”，意思是“为什么拉我打官司”，《毛传》在这里解释说“狱”就是“确”，这是从“狱”的字源来说的，“确定”谁理直、谁理亏，这就是法院的工作；再比如《论语·颜渊》孔子说子路“片言可以折狱者，其由也与”，子路的“折狱”自然也不是把别人送进监狱，而是给人家解决纠纷。至于监狱，倒也有叫“狱”的时候，不过一般来说，监狱以前一般叫“鞫”，这个字当动词用的时候有审讯的意思[13]——现在我们说哪个坏蛋“还拘着呢”，有可能就是从“鞫”这儿发展过来的。^_^

不过呢，无论是哪种解释，似乎都和我们熟悉的道家思想不大贴合呀。——如果取“监狱（或法院）和集市”一说，道家怎么会主张刑狱呢？如果取“市场”一说，老子明明鼓吹的是小国寡民的农耕社会，又要“鸡犬之声相闻，老死不相往来”，又要“不贵难得之货，使民不争”，这都和“市场”不挨边吧？

况且，体会曹参的意思，也许是说法院里边关坏人，市场里边迎好人，不可把秩序给搞乱了；或者，他的意思是：好像狱市这个地方鱼龙混杂，藏着不少坏蛋，而且，这里根本就是一个地方政府故意用来让坏蛋落脚的地方，因为，如果对坏蛋管制太严，他们就会炸窝，所以还是宽松些好。——唉，真是不易理解啊。这条线索实在太不明朗了，盖公的黄老之学和曹参的实际应用我们还是得从别处来找找旁证……

话说曹参高升，到中央当总理去了，不知道盖公有没有随行——应该没有，推想原因，也许一是盖公年纪太大，禁不起长途跋涉，二是在长达九年的时间里曹参已经艺成出师了（这样说来，曹参可以算是河上丈人一系的第七代传人）。是呀，九年啦，足够曹参从大一念到博士了。那么，我们看看曹参在担任国家总理期间的所作所为，应该可以想象得出盖公的黄老之术或道家思想了。

曹参接替了名相萧何，俗话说，新官上任三把火，大家全都在等着看曹参这三把火怎么个烧法，可是，等来等去，直等到自己心头冒火、喉咙上火，就是不见曹参的火——别说三把火，一点火星儿都没有。曹参整个儿大甩手，对当初萧何在任时定下的制度一成不变，既没有创新精神，也没有革弊举措。曹参用人的风格也怪，专挑那些不善文辞的忠厚长者，换句话说，也就是专用一些暮气沉沉的老家伙，却把锐意进取的有志青年全部清理个干净（看来应届毕业生就业在两千年前就是个老大难问题），至于曹参自己，却整日喝酒，不理政务，怎么看怎么像消极怠工，或者说尸位素餐。同僚们有看不过的，前来劝说，可还没等开口呢就被曹参拉着一起喝酒去了，根本就腾不出提意见的工夫。

儒家有一个重要道理，就是“上行下效”，从坏的一面说就是“上梁不正下梁歪”——相府职员的集体宿舍就和相府紧挨着，这些职员大概是受了领导那独特气质的感染，一天到晚也都是喝酒唱歌，大呼小叫的，反正纳税人也奈何不了他们。

有人实在看不过了，某天拉着曹参到这些人的宿舍去。这位仁兄本来想得很好，想拿领导来吓吓这些放肆的家伙，另外也让曹参操操心、管理一下。可曹参倒好，这一露面，不但毫无领导的架子，还很能和群众打成一片——他见手下们喝得正欢，自己也加入战团，闹得比谁都凶。

拉曹参去集体宿舍的这位仁兄，他的心态恐怕比之曹参更容易让我们一般人理解。管理的主流思路一直到近现代似乎都是这样的：“如果有什么地方出了错，那就让政府来管理它；如果是管理者出了问题，那就对管理者进行管制。”（布坎南《自由的局限》）而这样的管理思路所产生的结果往往会是：“假如你碰到某种与时代精神背道而驰的中世纪旧机构，它靠加剧其弊端而维持下来，或遇到某种有害的新机构，那就设法挖出那病根：你将发现某项财政措施，原来只是权宜之计，后来却转变为固定的制度。你会看到，为了偿付一天的债务，竟确立了维持几个世纪的新权力机构。”（托克维尔《旧制度与大革命》）

有了这样的一个认识，再来察看每个改朝换代的交接当口，竟会模糊地得出一种古怪的结论：政府越是无所作为，社会生活就恢复得越快，经济增长也就越快。在这样的时代里，与其说我们把社会的迅速发展归功于政府的英明管理，倒不如说应该归功于政府的放任不管？！如果真是这样的话，那么，本着“以民为本”的精神，政府充当好一个“守夜人”而不是“大家长”的角色似乎是更为恰当的。

如此看来，像曹参这样当个甩手掌柜在那个古老的年代里也许算得上是一种既不费力又很讨好的施政方法，虽然曹参从来没向亚当·斯密讨过主意。

曹参无所事事的风格无处不在，手下如果有人犯了错，只要不是阴谋造反和杀人放火之类的，他总是睁一只眼闭一只眼，从来不去深究。就这么着，相府倒也太平无事。

——这些记载全都出自《史记·曹相国世家》，可仔细一看，好像有个前后矛盾的地方：既然曹参选录手下都挑那些忠厚长者，斥退有志青年，这也就是说，集体宿舍里的那些人应该都是（或主要是）忠厚长者才对呀，一群不善文辞的木讷的忠厚长者整天“痛饮狂歌空度日，飞扬跋扈为谁雄”，好像不大对头吧？

此题无解，我们只好放过它去，再往下看。

年轻的汉惠帝见曹参身为国家总理，却整天喝酒取乐，对政务不闻不问——唉，老干部不好使唤呀。正巧，曹参的儿子曹窋也在朝中为官，汉惠帝找来曹窋，嘱咐说：“你回家以后私下问问你爸，他这么怠慢朝政是不是有点儿不像话呀？不过，你可小心，别说是我让你问的哦！”

曹窋领命回家，鹦鹉学舌一番，曹参听后大怒，别看他对外人无比宽厚、无比“无为”，可对自己的儿子，不但有为，而且很有为——曹参抽了儿子二百竹板，怒斥道：“回去侍奉皇上去，做好你的本职工作，天下事不是你小子能插嘴的！”看来曹窋比不得贾宝玉，家里没有贾母制约父权，对这二百竹板也只好咬牙硬撑。

汉惠帝知道了曹窋挨打，心里很不是滋味，在一次上朝的时候干脆和曹参摊了牌："你为什么要打曹窋，他那些话都是我让他说的。"

这事要论起理来还真糊涂得很——站在汉惠帝这边，意思是说："大胆曹参，你打狗也要看主人呀！"站在曹参那边，也有委屈："皇上您再圣明，可清官难断家务事，我打的可是我的亲儿子哎！"

曹参这时候赶紧脱帽谢罪，随即便问了一句奇怪的话："陛下，您自己掂量掂量，您比起您爸爸来，谁更英明神武呢？"

汉惠帝的爸爸就是汉高帝刘邦，曹参这么问好像是故意让汉惠帝下不来台哦。

汉惠帝知道这问题只有一个答案，老老实实地回答说："我哪敢和他老人家相比！"

曹参接着问道："那您再掂量掂量，我和萧何相比，哪个更强呢？"

这问题好像也只有一个答案，汉惠帝倒也坦率，回答说："你好像比萧何差点儿哎。"

汉惠帝的回答全在老狐狸曹参的预料之中，曹参接着说道："这样看来，您不如您的前任，我也不如我的前任，那么，既然咱们的两位前任已经平定了天下，已经把法令制订得非常完善了，您作皇帝的大可以垂拱而治，我们作大臣的也大可照方抓药，这难道有什么不对吗？"

这番说辞果然雄辩，汉惠帝一捉摸，还真是这么个道理，于是点头说道："说的好，你不必再往下说了，我都明白了。"

——这个故事，是汉初政治史上的一段佳话，后来被人归纳为一个成语，叫作"萧规曹随"，"萧"指萧何，"曹"指曹参。

就这样，曹参在国家总理的位置上萧规曹随地坐了三年，死后被谥为懿侯，后来由儿子曹窋继承了侯爵。套用一句老话：曹参虽然死了，但他永远活在人民心中。老百姓怀念曹参，编出歌曲来颂扬他，这可是真正的"歌功颂德"呀：

百姓歌之曰："萧何为法，顜若画一；曹参代之，守而勿失。载其清净，民以宁一。"⑭

老百姓们歌功颂德，歌词的意思是说：萧何制订制度，清楚明白，整齐划一；曹参代萧何为相，一切遵循萧何旧制，以清静之道治国，老百姓得以安宁。

这里引录一段原文，是为了让大家看一看：这就是汉朝初年的老百姓自编的民谣（反正史书上是这么说的）。

如果我们相信司马迁的记载，那么，曹参的影响力实在够大！要知道，汉朝可不同于《诗经》时代，在这个崭新的大一统的版图里，地方政府分为郡、县两级，草民百姓能够接触到的一般最多也只是县级政府，而汉朝中央政府也不具备现代国家的强大宣传力量；再者说，那年头遍地都是文盲，能编出这样一个颂歌来怕也不是易事；如果我们再比较一下《诗经》里边那些民歌性质的"风"，粗略统计一下其中颂歌所占的比例，如果不能心生疑惑，就只能慨叹世事变迁、世风不但没有"不古"，居然还好转起来了。^_^

在《史记·曹相国世家》的结尾处，司马迁照例作了一段评述，说：曹参作汉朝相国，主张清静之法，合乎道家学说。天下百姓在摆脱了秦朝的苛政之后，享受到了由曹参带来的休养生息的无为之治，于是天下人交口称赞。

（四）

两种“无为而治”

但是，如果我们细读《曹相国世家》，就会发现司马迁有偷换概念之嫌。到底什么是“无为之治”？——文中存在着两个截然不同的“无为之治”，一不小心就混淆了。

第一个“无为之治”，就是我们心目中一般惯有的道家思想的应用，政府不搞什么大动作，听任民间社会自由发展，如果说得现代一些的话，就是重农前提下的自由放任主义，政府把自己定位为“守夜人”，只在出现重大社会问题的时候才会采取措施。这种政策是对秦朝反其道而行之的——当初，秦朝常年都在搞大型政府项目，修长城、修驰道、修阿房宫和骊山陵墓、封禅泰山等等，动不动就征调几十万人，老百姓苦不堪言；汉初就不再搞这套了，不过就算想搞，在国力凋敝的大环境下恐怕也搞不起来了，干脆甩手让社会自己去疗伤好了。——这两者的对比似乎在告诉我们：政府越是大有作为，老百姓的日子就过得越惨；政府甩手不管了，老百姓的日子反倒能很快好过起来。再有就是：当社会跌入谷底的时候（比如秦朝末年），只要政府放宽管制，让自由于民，社会就能够迅速得到复苏。

第二个“无为之治”在曹参身上似乎表现得更明显一些，那就是：他的“无为”并非针对社会，而是针对自己——以前的政治是怎么搞的，现在还接着怎么搞，完全照着传统来。老实说，能做到这点也很不容易，因为大家总是习惯于新官上任要做一些与众不同的表现，也好建功立业，就算在我们日常生活的场合，我们恐怕也很难看得惯曹参这种做法——比如，我立志当歌星，发誓要作第二个张国荣，可别人就会说：第二个张国荣有什么意思，你要做，就该做第一个熊逸！可如果我是曹参一党的，我就会挺直腰板说：第一个熊逸有什么好，连第一千个张国荣都比不上，如果我能把张国荣模仿到百分之十，远胜于把熊逸唱出百分之百！

那么，我们看曹参进了中央作了丞相之后，彻头彻尾做了第二个萧何，面对皇帝的不满也自有一套合理的说辞。但是，这里面又有一个难解的问题：曹参的这种做法也就意味着他完全承袭了萧何的政治路线，而如果萧何当初搞的是严刑峻法而不是清静无为，那曹参的“清静无为”表现在施政上岂不变成了和清静无为正好相反的严刑峻法么？

——这还真不是没有可能，再联系一下所谓“汉承秦制”，那么，萧何承袭的是秦朝的政治制度和法律制度，而曹参又承袭了萧何的政治路线，这难道就是说：汉初的“无为而治”和秦制并没有多大区别？这，还哪里有一点儿道家清静无为的影子？

我们先来看看被曹参所承袭的萧何路线到底是个什么路线。《汉书》当中，萧何与曹参同传，传末评价说：天下既定之后，因为老百姓痛恨秦法，萧、曹两人顺应民意，在政策上做了改变，两人同心，于是国家安定。——这样看来，萧何与曹参分明是顺应民意而一改秦制呀。《汉书》这段文字直接抄自《史记》，《史记·萧相国世家》最后的“太史公曰”说老百姓痛恨秦法云云，但因为萧、曹分传，所以这里便没提曹参。

《史记·萧相国世家》说当初刘邦攻入咸阳，一伙人马都冲到秦宫里抢夺金银财宝，唯独萧何“独先入收秦丞相御史律令图书藏之”，清人梁玉绳《史记志疑》谈到这个问题，说《汉书·高帝纪》记载这同一件事时，是说萧何“收秦丞相府图籍文书”，两相对比而知《汉书》脱误“御史律令”，《史记》脱误“文书”，《史记》所说的“图书”其实该作“图籍”，然后梁玉绳引《续古今考》：“（萧）何收丞相御史图籍文书，博士官所职，不遑收取，致为项羽所焚，而后天下无副本。图谓绘画山川形势、器物制度、族姓原委、星辰度数，籍谓官吏版簿、户口生齿、百凡之数，律与令则前王后王之刑法，文书则二帝三王以来政事议论见于孔子之所删定著作……”虽然梁玉绳对此说不以为然，我们也不知道《续古今考》所据为何，但这多少也有一些参考价值。能够确定的是，萧何确实承袭了秦朝的法条律令，这在前文已经讲过，汉初制度决不是一个“约法三章”就可以一带而过的——就拿秦始皇著名的“挟书令”来说吧，和“焚书”基本上是一回事，这项法令直到汉惠帝四年才告废除。从前面讲过的董仲舒“天人三策”和路温舒的《尚德缓刑书》以及其他种种线索来看，汉朝的繁文缛法是相当恐怖的，和秦朝不同的“无为之治”或说“休养生息”似乎更多地体现在政府不再大规模动用民力这一点上——直到汉武帝当政为止。

单从刑法角度来看，《汉书·刑法制》对萧、曹的“无为之治”给出的是“与民休息”的解释，说当初刘邦约法三章，显然对坏人是不够用的，于是萧何从秦法中找了些合用的，作了九章律法。到了汉惠帝和吕后当政的时候，老百姓可算能喘口气了，都想能好好地侍奉老人、拉扯孩子，萧何和曹参相继为相，无为而治，顺应民意，不加扰乱，因此社会复苏，刑罚用得很少。等到汉文帝的时候，更是清静无为的典范，刑罚大大减少，疑罪从无，刑事案件全国一共只有四百起，刑罚简直都快用不上了。直到汉武帝的时候情况才急转直下，繁文缛法与贪官酷吏为患，司法系统一团糟。

我们知道，汉武帝使儒家思想一统江山，彻底打败了黄老之学，可是，从实际政治作为来看，难道说汉武帝时期的政治局面主要是儒家思想的应用成果，正如汉武帝之前的汉初政治局面是黄老之学的应用成果？——很显然，汉朝人眼中的儒家和道家并非我们现代人眼中的儒家和道家，我们如果想作一下了解的话，不能只从儒、道两家的典籍里去做文章，而要看看汉朝人对这两家学说都持什么态度。

《汉书·司马迁传》记载了老太史公司马谈的一份功劳：司马谈忧虑当时学习先秦思想的人不能够了解所学之学的本意而走上背谬之途，便作了一些提纲挈领的文字，其中说道家是：

道家无为，又曰无不为，其实易行，其辞难知。其术以虚无为本，以因循为用。无成势，无常形，故能究万物之情。不为物先后，故能为万物主。有法无法，因时为业；有度无度，因物兴舍。故曰“圣人不巧，时变是守”。虚者，道之常也；因者，君之纲也。群臣并至，使各自明也。其实中其声者谓之端，实不中其声者谓之款。款言不听，奸乃不生，贤不肖自分，白黑乃形。在所欲用耳，何事不成！乃合大道，混混冥冥。光耀天下，复反无名。凡人所生者神也，所托者形也。神大用则竭，形大劳则敝，形神离则死。死者不可复生，离者不可复合，故圣人重之。

司马谈这个总结是相当精辟的，劈头便说：道家提倡“无为”，却又说“无不为”，道家的话总是不易理解，可实行起来却没什么难的。道家之术，理论基础是“虚无”，实践方式是“因循”，没有一定之规，随机应变，因势利导。“虚无”是道的常态，“因循”是君主的纲领。群臣汇集，让他们各自表现，其中名副其实的就是好干部，名不副实的就是不称职的干部。这样一来，好人和坏人自己显形，称职和不称职的人也自己显形，让君主在上边看个清楚，酌情用谁或者不用谁。这样一来，还有什么事情办不成呢？这样的做法是合乎大道的，看似混沌不明，其实金光万丈，复归无名。凡人都有精神和形体两个部分，精神太劳累了就会枯竭，形体太劳累了就会疲惫，精神和形体一旦分离，那人也就从此完蛋了。死者不可复生，精神和形体分离了就不会复合，所以圣人对此是非常重视的。

司马谈这段话，最后的形与神之分我们可以放开不管，对那个理论基础“虚无”也大可以左耳朵进、右耳朵出——这些都是虚的，而实的东西就是那个“以因循为用”和“因者，君之纲也”，也就是说，道家思想在实际的政治运作上所表现出来的核心精神就是“因循”两字。——这时候再看汉初政治，政府建制和法律体系都是因循秦制，就连大儒叔孙通给刘邦制订的朝仪也是因循秦制的，为此他没少受到正牌儒家学者的非议。

看，按照司马谈这一提纲挈领，道家的思想核心既不是小国寡民，也不是自由放任，却是一个“因循”。

绝不止司马谈一个人认识到“因循”的重要性。比如汉哀帝当政的时候，辅政大臣师丹想搞一点儿改革，他给的一个理由是：“盖君子为政，贵因循而重改作，然所以有改者，将以救急也。”[15]是说君子搞政治重在因循，对改革的事千万要慎重，之所以要有改革，那仅仅是为了救急。——这样看来，因循守旧应该是当时政坛上的主流思想，所以想要改革的师丹有必要给自己辩白一下：我可不是要大规模改革哎，我当然知道因循才是王道，但眼下情况有变，只好改革以救急呀。

有人可能起疑了：“不对吧，因循守旧、不喜改革，这不分明是儒家的那一套么？”

也对，而且，司马谈所谓的随机应变、因势利导云云如果出于儒家口中也一样不会让人觉得诧异。——汉成帝的时候，又发生日蚀了，伴随着的还有不少灵异现象，此时正值皇帝宠爱许皇后，可许皇后连生两个孩子都是早夭，于是大家就把天灾应到许皇后身上了。许皇后文化程度比较高，受了委屈不服气，给皇帝写了一封长信申诉，而皇帝则采纳了刘向和谷永的意见来坚定作答。刘向其人前文已经作过一些介绍，他是西汉末期顶尖的一位儒家大师，研究《春秋》极为透彻。皇帝这封渗透了刘向等人专业意见的回复里说了这样一段话：

> 世俗岁殊，时变日化，遭事制宜，因时而移，旧之非者，何可放焉！君子之道，乐因循而重改作。昔鲁人为长府，闵子骞曰：“仍旧贯如之何？何必改作！”盖恶之也。《诗》云：“虽无老成人，尚有典刑，曾是莫听，大命以倾。”（《汉书·外戚传》）

意思是说：世道会变，风俗也跟着会变，以前的东西如果与时代已经格格不入了，那我们就应该与时俱进。——然后是一句和方才师丹差不多的话：“君子之道，乐因循而重改作。”紧接着举例说明，用的是《论语》里的一段：鲁国翻修金库，孔子的学生闵子骞说：“照老样子来就行了，何必改头换面再加工呢？”《论语》在闵子骞这句话的后面还跟了句孔子的评论：“闵子骞这小子平时不大说话，可一说话就说到点子上。”⑯

接下来又引述《诗经》片断，这一段出自《诗经·大雅·荡》，按照《毛诗序》的旧解，全诗是哀叹周厉王的无道。我把相联的前边几句一起引出来，意思就更容易看得明白了：“文王曰咨，咨女殷商。匪上帝不时，殷不用旧。虽无老成人，尚有典刑。曾是莫听，大命以倾。”意思是：周文王说：唉，你们殷商啊，怎么说你们才好呀，你们落到这一步不是上帝的错，都怪你们不用老规矩和元老重臣。虽然老成人没有了，不是还有制度和法规么，可你们就是不用这些，结果国破家亡了不是？

《论语》和《诗经》都是儒家的重要典籍，用这两部典籍来论证因循之道，看来汉朝的儒、道之别未必真有那么鲜明，至少“因循”这个大原则是两家通吃的。

果真如此的话，这又引出来一个要命的问题：“因循”未必就是“清静无为”呀？！

（五）

到底谁才是奴隶?

《汉书·食货志》载董仲舒上书言事：

《春秋》它谷不书，至于麦禾不成则书之，以此见圣人于五谷最重麦与禾也。今关中俗不好种麦，是岁失《春秋》之所重，而损生民之具也。愿陛下幸诏大司农，使关中民益种宿麦，令毋后时。

……古者税民不过什一，其求易共；使民不过三日，其力易足。民财内足以养老尽孝，外足以事上共税，下足以蓄妻子极爱，故民说从上。至秦则不然，用商鞅之法，改帝王之制，除井田，民得卖买，富者田连阡陌，贫者无立锥之地。又颛川泽之利，管山林之饶，荒淫越制，逾侈以相高；邑有人君之尊，里有公侯之富，小民安得不困？又加月为更卒，已，复为正，一岁屯戍，一岁力役，三十倍于古；田租口赋，盐铁之利，二十倍于古。或耕豪民之田，见税什五。故贫民常衣牛马之衣，而食犬彘之食。重以贪暴之吏，刑戮妄加，民愁亡聊，亡逃山林，转为盗贼，赭衣半道，断狱岁以千万数。

这一段里，先是董仲舒研究《春秋》的一个学术成果——《春秋》对别的粮食不予记载，只对麦子和禾格外留心，这两者如果不“成”，就一定记录在案。

什么是“成”？就是“熟”，我们现在把这两个字连在一起来用，叫作“成熟”。至于“禾”，就是小米，《说文》称之为“嘉谷”，可见它在古代地位之高。董仲舒说《春秋》如此记载，想来圣人在五谷之中唯独重视麦子和小米，但如今的情形是：关中民俗不喜欢种植麦子，哎呀呀，这可不符合《春秋》的宗旨哎，请陛下以行政命令使关中百姓改种麦子。

——看来春秋大义真是无所不包，就连在农业上都有一份发言权。董仲舒继续说：古时候政府向老百姓收税，税率不过十分之一，老百姓并不觉得负担重，草民们的财力内足以供养父母，外足以供养君主，下足以养得起老婆孩子，所以大家都还愿意侍奉君主。到了秦朝，风气大变，使用商鞅之法，更改传统制度，废除了土地国有制（井田制），从此民间可以买卖土地，于是土地兼并日益严重，富人置办了数不清的房地产，穷人却连立锥之地都没有。不但如此，富人还垄断了山泽之利，穷奢极欲，结果富人愈富，穷人愈穷，贫富两极分化。这个社会呀，绝大多数的财富都集中在绝少数人的手里，老百姓哪能不穷困潦倒呢？更别提那没完没了的劳役和兵役，老百姓在这方面的负担能有古时候的三十倍之多。田租也高，人头税也高，重点商品政府还搞垄断专卖，赚取暴利，这给老百姓造成的负担能有古时候的二十倍之多。穷人给大地主种地，要给地主上交百分之五十的收成，所以穷人的日子真是猪狗不如啊！这还不够，还没说贪官污吏呢——这些坏东西只顾自己贪好处，随意虐待老百姓，逼得多少老百姓逃亡到深山沟子里去当了强盗啊。严刑峻法也是社会一害，搞得赭衣半道（成语出处），每年审理的案件多达千万件。

——董仲舒咬牙切齿地控诉这万恶的旧社会，紧接着说了一句："汉兴，循而未改。"这可真是了不得的一句话，如果汉朝的"无为而治"是因循秦朝的旧办法，老百姓可能更希望刘家政府能够"有为而治"呢。

无论如何，休养生息确实是休养生息了，汉朝接连几代皇帝并未像秦始皇那样大搞政府工程（虽然也有，但总算少多了），但董仲舒文中提及的土地兼并、贫富两极分化这些问题却也被一道"因循"下去了。这就有几个问题要问，问题一：土地兼并如果当真这么严重，那就必然会产生大量的无地农民，而这些人都到哪里去了，总不能全都做了强盗吧？问题二：汉初明明是中国历史上最为著名的减轻农业税的时期，汉文帝的时候也曾经一度干脆全部免除了农业税，董仲舒凭什么说田租过高，凭什么佃农要交地主百分之五十的收成呢？

回答这两个问题之前，先来交代一下董仲舒此文的写作背景。

董仲舒这次上书正是在汉武帝建立丰功伟绩的大背景之下。我们后人看着汉武帝开疆拓土，战功赫赫，展我大汉雄风，民族自豪感油然而生，可你若当真生活在汉武帝时代，很可能会觉得糟糕透顶。

我们很多人并不知道温和的汉宣帝是何许人也，只对汉武帝崇拜得无以复加；并不知道“仁宣致治”是个怎样的时代，却仰慕明成祖的无上光辉。也许爱德华·吉本在描述古罗马那位“极端好名”的图拉真皇帝时所感叹的一句话直到现代依然适用：“在人类对自身的杀戮者发出的欢呼声仍高于对人类的造福者的情况下，对显赫军功的追求便将永远是最伟大人物的一大罪行。”[17]吉本在这里惟一错误的是：“显赫军功”仅仅是“罪行”的一个方面而绝非全部，其他诸如统治者浩大的面子工程、随心所欲的财政措施，还有特异功能大师屡屡出入皇宫所造成的巨大耗费等等，反正皇帝心意所致大手一挥，几十万、上百万老百姓就得劳师动众、受苦受累。当然，只有在“阅读历史”而非“创造历史”的时候，人们，尤其是伟人们，才容易生出另样的心态——毛泽东《〈伦理学原理〉批语》：“吾人览史时，恒赞叹战国之时，刘、项相争之时，汉武与匈奴竞争之时，三国竞争之时，事态百变，人才辈出，令人喜读。至若承平之代，则殊厌弃之。非好乱也，安逸宁静之境，不能长处，非人生之所堪，而变化倏忽，乃人性之所喜也。”

草民们的所有苦难或许都是理所当然的，因为，正如“他的名姓、他的财富、他的荣誉，全都不过是一位主子的赏赐，那么这位主子便也可以完全公正地收回他赐予的一切。”（爱德华·吉本语）既然休养生息、文景之治全都不过是刘家主子的赏赐，既然全天下都不过是刘家一姓的私产，那么继任的刘家主子便也可以完全公正地收回他的祖父辈赐予草民们的一切。吉本对罗马帝国的议论放在任何帝国之中都是恰如其分的：“这些帝王的一举一动总会得到过当的报酬，这里有他们的成就所必然带来的无边的赞颂，还有他们对自己善德感到的真诚的骄傲，以及看到自己给人民带来普遍的幸福生活而感到的由衷的喜悦。但是，一种公正的但令人沮丧的思绪却为人类这种最高尚的欢乐情绪增添了酸楚的味道。他们必然会常常想到这种完全依赖一个人的性格的幸福是无法持久不变的。只要有一个放纵的青年，或某一个猜忌心重的暴君，滥用那现在被他们用以造福人民的专制权力，直至毁灭它，那整个局势也许就会立即大变了。元老院和法律所能发挥的最理想的控制作用，也许能有助于显示皇帝的品德，却从来也无能纠正他的恶行。军事力量永远只是一种盲目的无人能抗拒的压迫工具；罗马人处世道德的衰败必将经常产生出一些随时准备为他们的主子的恐惧和贪婪、淫乱和残暴叫好的谄佞之徒和一些甘心为之效劳的大臣。”⑱

常见有人拿汉朝和同时代的罗马作对比，对比两者国力的强盛或军事力量的高下，我总觉得吉本这段议论是最值得来作对比的。吉本这十八世纪的深邃洞见中惟一略嫌遗憾的是：所谓“罗马人处世道德的衰败”相对于“经常产生出一些随时准备为他们的主子的恐惧和贪婪、淫乱和残暴叫好的谄佞之徒和一些甘心为之效劳的大臣”恐怕未必仅仅是鸡生蛋的简单因果关系——以我们二百年后的眼光来看，鸡生蛋固然不假，蛋生鸡同样为真，从一个更加宽泛的意义上说，专制体制必然导致道德衰败，必然造成“最坏的人当政”（哈耶克语）的局面。

好了，交代过这些之后，现在我们就来看看问题一：土地兼并如果当真这么严重，那就必然有大量的无地农民，这些人都到哪里去了，总不能全都做了强盗吧？

这个问题很容易理解：那年头的农村，没什么社会保障体系，农民享受不到医疗和养老保险，小农经济的效益从来也都不高，一家人能不挨饿就已经烧高香了，那么，当农民遇到马高蹬短的时候，能有什么办法呢？——比如说，家里有人生病了，或者是孩子考上大学了，反正都是用钱的地方，孩子不上大学倒也无妨，但病人总不能袖手不管吧？可家里惟一值钱的东西就是土地，为解燃眉之急，只好卖地。等度过难关之后，新的难关就出现了：没有土地的农民该如何生活？

想来想去，大约有三条路可走：一是做土匪去；二是投靠地主做佃农；三是卖身为奴。——只要农村的基本问题解决不了，加之土地可以自由买卖，那么，这三条路也就都是顺理成章的了。久而久之，自由农越来越少，而土匪、佃农和奴婢却越来越多，贫富两极分化自然也跟着越来越严重。这个问题，即便是靠自由放任主义的那种我们心目中的道家思想也是解决不了的，如果政府一直“无为”下去，一直放任不管，总有一天会酿成重大的社会危机。因为“无为而治”的自由放任主义的前提是小国寡民加上小国林立，也就是西周及其之前的那种社会形态，而等生产力发展、国家规模发生质变之后，再搞那一套就成了刻舟求剑了。

但是，“无为”虽然不行，“有为”也未必就能搞好。社会背景与当局政策一方面逼迫着穷人卖地，进而卖身，一方面又激励着富人霸占小农的土地和收买小农为奴——尽管政策的本意是要把事情导向相反的方向。

有一篇大家很熟悉的文章，《古文观止》收录过的晁错的《论贵粟疏》，我前边讲的这些问题正是晁错当年忧虑的问题。晁错终于想出了办法，提出了重农抑商的具体措施，主要就是鼓励老百姓多向政府交粮，多交粮不但可以获得爵位，还可以有限地免罪。——看上去很有吸引力哦，多交些粮食就能当爵爷了？！

这得解释一下：汉朝的爵位制度也是承袭秦制而来的，爵位不像我们一般人想象得那样高不可及，事实上，爵位一共有二十个左右的级别，有些时候简直就是全民皆爵。爵位从低到高相应地有不同的好处，比如能免除徭役什么的，商鞅当年就靠这些手段鼓励秦国人种地和打仗，爵位就像是对粮食收成和敌人首级的提成。

晁错提出的这个以粮食换爵位的办法看上去真是一个有利于农民的好政策，可问题是，当时的小农经济效率很低，想要亩产千斤粮根本是不可能的，小农民一家一户再怎么勤劳也就是那么一点儿的收成，不会有多少余粮，哪有可能上交多少来换取爵位呢！

但是，小农做不到，地主却做得到，因为他们土地多，劳动力充足，剥削适度，有规模效益等等。于是，晁错这个本意是明显利农的政策要等真搞起来之后，却只能有利于地主豪强了，而且还鼓励了地主豪强去加大土地兼并和收买奴隶的力度，这与政策的初衷整个儿是背道而驰的。[19]

所以，汉朝的奴隶数量是惊人的。在社会性质上，如果按照中国传统的定义，秦朝是个分水岭，秦以前的周代和商代都是封建社会，秦朝开始变为专制社会，直到清朝。按照新中国的教科书定义，中国的历史分期是原始社会—奴隶社会—封建社会—半封建半殖民地社会—社会主义社会—共产主义社会。在这个新标准的历史分期里，奴隶社会和封建社会的分野到底在哪里，这个问题至少从1920年代就开始有争论了，解放以后仍然被史学专家们继续争论着。其中有一伙专家就认为中国是在魏晋时代才进入封建社会的，而两汉时代应该算作奴隶社会。

汉朝的奴隶来源主要不是从战争中获得的俘虏，而是土地兼并之后无立锥之地的破产农民（我们不妨想想温铁军含蓄提过的那个在农村出现的“人身依附关系”）。汉朝有了发达的商业和工业，所以对奴隶的需求量是很大的，比如开山采矿（当时还不流行私人煤窑），动用的奴隶可能就得成千上万，奴隶主从中大量获利，因此可以傲视王侯。

不止豪族和大地主拥有奴隶，小门小户一样可以有奴隶，比如一个三口之家就可以买个女奴什么的，电影里那些女孩子卖身救父，只要你可以付得起钱，就算你是个小小草民，一样可以买了她。

另一方面，奴隶并不全是苦大仇深的，所谓干的是牛马的活儿，吃的是猪狗的饭，手脚上全是镣铐云云，那是文艺作品有意的加工。当然，奴隶的日子肯定并不好过，但豪门里的奴隶却过得很可能要比一般的自由民舒服一些。那么，是选择贫穷的自由生活，还是选择放弃自由以换取宽裕一些的日子？当面对这个问题的时候，不少人都选择了后者。

不过呢，我们还不能轻下结论，要知道，说了半天“奴隶社会”，可到底什么才是奴隶，却并不是件不言而喻的简单事情。

如果按照亚理士多德在《政治学》里所下的定义，奴隶应该是这样的：

1）任何人在本性上不属于自己的人格而从属于别人，则自然而为奴隶；

2）任何人既然自己成为了一笔财产（一件用品），就应当成为别人的所有物；

3）这笔财产在生活行为上被当作一件工具，这件工具和其所有者是可以分离的。

这真是个耐人寻味的定义呀。我们再考之古希腊给奴隶以自由之身的文件，奴隶被授予下述四项权利使之免除奴隶的身份：

1）该奴隶被赋予了法律地位，使之成为社会内被保障的成员之一；

2）免遭任意的逮捕；

3）有自由选择工作的权利；

4）有自由迁徙的权利。[20]

如果我们反过来推论一下，不符合上述四条之一的人应该被视作奴隶，那么，奴隶社会和封建社会的分野问题就该被重新讨论了。——是呀，“奴隶”是不可一概而论的，日子过得饥一顿、饱一顿的未必就不是“主人”，有好吃好喝的也未必就不是奴隶，梅因就曾经做过仔细的辨别：“罗马法由于受到了‘自然法’理论的影响，把奴隶日益看作为一件财产的趋势得以停止发展，从而凡是深受罗马法律学影响并准许有奴隶的地方，其奴隶的状态从来不是悲惨得难堪的。我们有大量的证据，证明在美国凡是以高度罗马化的路易斯安那州法典为其法律基础的那些州中，黑种人的命运及其前途，在许多重大方面都比以英国普通法为其基础的制度之下的要好得多，因为根据最近的解释，在英国普通法上‘奴隶’是没有真正的地位的，因此也就只能被认为是一种物件。”[21]

梅因所谓的罗马“其奴隶的状态从来不是悲惨得难堪的”，我们还可以找来六世纪罗马查士丁尼皇帝的《法学总论》一同参考——其中虽然规定了“无论哪个民族，主人对于奴隶都有生杀之权”，却同样还有禁止肆意虐待奴隶的规定，甚至准许奴隶“如果认为主人的严酷难以忍受，可以强制主人在公平合理的条件下出卖奴隶，主人可以取得其价金”，从罗马皇帝对相关案件的批复来看，那时候的奴隶确实（也许不是全部）享有着这样的权力。如果我们能像孔子他老人家那样在身边做做“正名”工作的话，或许会发现户口本上的一些男性“户主”说不定经常在家里跪搓板呢。

于是，日本学者木村正雄的一些意见拿到这里来看最是耐人寻味不过：“中国古代……所有的人民基本上被纳入所谓国家生产体之中，作为国家的劳动力而隶属于国家……。人民……不能形成独立的生产体。从而在经济上、政治上、社会上都不能完成自由和独立，基本上作为国家的劳动力，为出生地的户籍所束缚（编户之民），没有迁徙自由（本籍主义），税役等按人头缴纳（直接的、个别的、人头的支配），处于国家的支配、隶属之下（人身支配）。”[22]另外，在对中国充满谬见的《历史哲学》一书当中，黑格尔对这个问题却贡献了一个虽不严密却也精当的意见：“……在中国，既然一切人民在皇帝面前都是平等的——换句话说，大家一样是卑微的，因此，自由民和奴隶的区别必然不大。”[23]

黑格尔在同书的另一段里写道：“……这里要注意的，就是家庭关系的外表性，这几乎等于一种奴隶制度。每个人都可以出卖他自己和子女，每个中国男子都可以购买他的妻妾。只有嫡妻是一个自由的妇人。侧室都是奴隶，遇着抄家充公时得被没收，就像儿童和其他产业一样。”[24]——这依旧是个不够精确的表述，但它的确说明了这样一个基本的道理：一个美好字眼所定义的东西并不一定就像这个字眼本身一样美好。

《礼记·檀弓》预先为黑格尔作了一回注解：

子柳之母死，子硕请具。子柳曰：“何以哉？”子硕曰：“请粥庶弟之母。”子柳曰：“如之何其粥人之母，以葬其母也？不可。”

子柳的亲妈死了，家里要办丧事。需要交代一下：子柳是家里的嫡长子，子柳的爸爸早已经死了，现在亲妈又死了，按礼仪之邦的规矩，子柳就成了家里拿主意的人了。

子柳一母同胞的弟弟子硕来找哥哥，说要置办丧礼用的器具。子柳说：“咱家这么穷，哪儿有钱置办那些东西呀？唉，这年头，死也很辛苦啊！”

子硕倒真有主意：“哥，你能做主，咱们把庶弟的妈给卖了，这不就有钱了么！”㉕

——所谓“庶弟的妈”，就是说子柳的爸爸还有小老婆（不知道有几个），小老婆已经生了儿子，小老婆生的儿子就是子柳和子硕的“庶弟”。现在，子硕要葬自己的亲妈，为了凑丧葬费，就出主意要把庶弟的妈给卖了。

子柳以为不妥：“为了给自己的妈妈凑丧葬费，就把别人的妈妈给卖了，这也太损了，咱可不能这么干！”

——子柳阻止了子硕的损主意，可是，子柳既然在《礼记》里作为正面典型，按照常理判断，子硕那样的做法恐怕才是当时社会的通则。

再来看看问题二：汉初明明是中国历史上最为著名的减轻农业税的时期，汉文帝的时候也曾经一度干脆全部免除了农业税，董仲舒凭什么说田租过高，凭什么佃农要交地主百分之五十的收成呢?

这是个现代社会同样面临的经济问题。那就先讲一个现代社会的例子好了。1990 年，美国加征10%的奢侈品税，征税对象包括游艇、私人飞机、豪华轿车之类的东西，这种加税看上去并没有增加中低收入阶层的负担，而富人多向社会承担一些责任也是理所当然的。可事情的结果是，不但政府的最终征税额远远低于预计水平，而且，倒有不少低收入者呼吁取消这个奢侈品税。这是怎么回事呢?

原因是：奢侈品的需求弹性高，也就是说，需求量对价格的变动非常敏感，而一件奢侈品的销售虽然仅供一位富人（及其少数的家人和朋友）享用，可在它的生产和销售过程中却养活了一大批的工人和职员。

这就是税收的“归宿”和“转嫁”问题，本来想劫富济贫的奢侈品税却“转嫁”到了并不足够富裕的奢侈品的生产者和销售者身上，这些生产者和销售者才是这项新增税收的最后“归宿”。

同理，汉文帝的时候确实一度免除了全部农业税，汉初多数时间对农民也都一直实行很低的税率，但这事和第一个问题有很大的关联：土地兼并导致破产农民变成佃农或奴隶，而政府的税收就不再直接落到他们身上了，而是落到了地主和奴隶主的身上。就拿三十分之一的税率说事吧，政府向地主征的税是三十分之一，但地主向佃农收多少粮食这却是地主说了算的——于是，地主向佃农按自己认为的合适尺度收了百分之五十，向政府上交了三十分之一。

我们来换算一下，政府税收占了大约3%，地主的地租收入占了大约47%，佃农自己剩余50%。而农民如果在土地和收成不变的情况下，如果自己是自由农而不是佃农，那他在向政府上交3%之后，应该剩余97%才对。这就看清了，政府的低税率本意是要照顾农民，可实际执行起来的结果却更多地便宜了地主。拿道家的思想来看，政府如此的低税率，甚至是零税率，实在够得上“清静无为”的标准了，但结果却又一次的事与愿违。

应该承认的是，在以上这两个问题上的“清静无为”确实使社会财富总量获得了相当大的增长，但也造成了严重的贫富两极分化。政策虽然总在强调重农抑商，但“重”既没有重在点子上，“抑”也同样没有抑在点子上，于是，“重”与“抑”的种种“有为”最后全都成了“胡作非为”。

（六）

《管子》，两千年前的前卫经济思想——“礼仪三百，威仪三千”——法礼之辨——国家利益、集体利益、个人利益——善恶与习俗——不相信天堂，但信仰天堂

宽泛来说，重商还是抑商，这也算是儒、道之争的一个焦点问题。儒家始终是坚持以农为本、重农抑商的思想的，而《老子》也

宣扬小国寡民的农耕传统社会之道，只是，我现在要说的道家指的是托名管仲的《管子》。

《管子》一书，现在多认为是齐国稷下学者的作品，其间还有西汉人羼杂的内容，经刘向整理校订。《汉书·艺文志》把《管子》列入道家，而且在顺序上还排在《老子》《庄子》和《列子》之前。但是，唐代张正节的《史记正义》却引《七略》的话，说："《管子》十八篇，在法家。"——这就有趣了，《七略》的作者刘歆正是刘向的儿子，而《汉书·艺文志》又基本是以《七略》为母本的。再往后看，《隋书·经籍志》《旧唐书·艺文志》和《新唐书·艺文志》也都把《管子》列为法家，那么，《管子》到底是道家还是法家呢？也许"分不清楚"才是最接近正确答案的答案。[26]

《管子》有一篇非常独特的"侈靡篇"，专谈奢侈对于治国的重要性，公然宣传要以骄奢淫逸为荣，这在古代社会真是惊世骇俗的思想。（拿到现代来看也够前卫呢！）

《管子》在体裁上设计的是齐桓公和管仲之间的为政问答，"侈靡篇"也不例外：

问曰："古之时与今之时同乎？"

曰："同。"

"其人同乎？不同乎？"

曰："不同。可与政诛。俈尧之时，混吾之美在下，其道非独出人也。山不童而用赡，泽不弊而养足。耕以自养，以其余应良天子，故平。牛马之牧不相及，人民之俗不相知，不出百里而求足，故卿而不理，静也。其狱一踦腓一踦屦而当死。今周公断指满稽，断首满稽，断足满稽，而死民不服，非人性也，敝也。地重人载，毁敝而养不足，事末作而民兴之；是以下名而上实也，圣人者，省诸本而游诸乐，大昏也，博夜也。”

问曰：“兴时化若何？”

“莫善于侈靡；贱有实，敬无用，则人可刑也。故贱粟米而敬珠玉，好礼乐而贱事业，本之始也。珠者阴之阳也，故胜火，玉者阴之阴也，故胜水，其化如神，故天子臧珠玉，诸侯臧金石，大夫畜狗马，百姓臧布帛。不然，则强者能守之，智者能牧之，贱所贵而贵所贱。不然，鳏寡独老不与得焉……”

《管子》这书是出了名的怪字多、错简多，难读难解，我可不敢保证自己的解释就是对的，有些句子我还根本解释不出来，只能说个大意，反正原文在上，谁要不放心可以参考一下。

齐桓公问：“古代的天时和现代的天时是一样的吗？”

管仲说：“是一样的。”

齐桓公问：“那古代的人类社会和现代的人类社会是一样的吗？”

管仲说：“这可就不一样了，我们可以从政务和刑罚这两方面上来看。帝喾（kù）和尧的时代，山里有好多值钱的东西都没人开发，这倒不是因为帝喾他们的执政水平有什么过人之处，而是因为山上的树木用不着砍光就足够用的，河里的鱼用不着捕尽就足够吃的。人们耕田种地，收成足够生活，多余的部分供养天子，所以天下太平无事。放牧牛马的人不会在道上相遇，不同地方的风俗习惯互不相知，人们讨生活也用不着到远处奔波。所以，虽然有官吏却没多少事可做，政务清静简单。至于犯罪的人，让他两只脚分别穿上两只不一样的鞋就算是惩罚了。而到了周公执政的时候，砍断的人手、人脚和人头堆满台阶，可人民还是不驯服。贪生怕死是人的天性，人们之所以铤而走险，是因为日子实在过不下去了。社会发展了，人口增加了，耕地相对减少了，活命越来越不容易了……”

——《管子》这一段的内容和儒家思想针锋相对，它虽然也承认尧舜的上古时代是黄金时代，但认为其原因不是在于尧舜的圣明，而在于当时特殊的社会阶段（地大物博人口少）。至于刑罚，《管子》提到这种“他两只脚分别穿上两只不一样的鞋就算是惩罚”，这叫作“象刑”，儒家知识分子也常常提起，但《管子》这里认为象刑的出现在于客观原因，而儒家一般则认为象刑是出于圣王的仁政，只有荀子这样特立独行的家伙才质疑象刑不可能是上古时代的刑罚。[27]还有一点最为儒家所不容的是，《管子》把儒家鼎力推崇的大圣人周公，也就是那位被传为制礼作乐的周公，说成是一个残暴酷虐的家伙。不过这八成也是实情，因为即便在儒家典籍里，周公制礼虽然是“礼仪三百，威仪三千”，但恐怕同时还制订了同样多数量的刑罚条例。

“礼仪三百，威仪三千”这话出自《中庸》，古代专家一般的解释是：礼仪当中纲领性的东西有三百条，具体细节规定有三千条。如果这样解释的话，“礼仪三百，威仪三千”也就同于《礼记·礼器》中的“经礼三百，曲礼三千”，朱熹的《四书集注》就是把“威仪”解作“曲礼”的。但这个数字很容易让人联想起《尚书·吕刑》中的“五刑之属三千”——要留心的是，这是说割鼻子、砍脚等等这五类重刑的相关法律条文有三千条，可不是说全部的刑法有三千条哦，那些罚钱和抽鞭子之类的小惩罚是不包括在内的——这是西周的事，够吓人的吧。

数字的记载既然相同，其间可能还真有联系。王充《论衡·谢短》说："古礼三百，威仪三千，刑亦正刑三百，科条三千"，照他的话说，古代礼仪是三百项纲领、三千条细则，刑罚也是三百项纲领，三千条细则，所以礼和刑是一一对应的，一个人如果违反了哪一条礼，也就同时触犯了相应的刑，这就是"出于礼，入于刑，礼之所去，刑之所取，故其多少同一数也"。——这是汉人的一种流行看法，礼和刑是一枚硬币的两面，两者在具体条文上都是一一对应的，这就叫"礼之所去，刑之所取，失礼即入刑，相为表里者也"。（《后汉书·袁张韩周列传》）

经学在这里对政治屡屡发生影响，每当刑罚过滥的时候，或许就有慈悲的大臣出面，请求把超出《尚书·吕刑》之外的刑罚条目给撤销掉，皇帝有时候也乐于展示一下自己对子民的关心，对大臣的提议也就欣然恩准了。可话虽如此，《尚书·吕刑》却只是泛泛一提，绝对没有把所谓的三千条给一一列举出来，那么，这些后人又根据什么来实际操作的呢？[28]

是不是有人想到了：礼和刑不是一一对应的么，查查《礼记》什么的不就有参考了？但问题是，《礼记·中庸》的"礼仪三百，威仪三千"也同样只是泛泛说说而已，虽然礼仪规范流传下来不少记载，可哪本书也没有一条条标明序号地列满三千条出来。东汉大学者郑玄注《礼记》的时候就说："礼篇多亡，本数未闻，其中事仪有三千也"，古代文献历尽风波，并没有完好保存下来，谁知道那三百、三千都说的是什么呢?

由此又来了一个问题：刑也好，礼也好，真有三百、三千那么多么？太夸张了吧？！

——我们现代人可能真不容易理解，其实看看前些年流行的《首都市民文明公约》，这就算现代的《礼记》吧，内容一共只有九条，每条里边又分四小条，每小条四个字，如果用古人的话说，这就叫“礼仪九，威仪三十六”——和“礼仪三百，威仪三千”对照一下，这反差也太强烈了吧！

我们看看“十三经”当中的“三礼”（《周礼》《仪礼》《礼记》），即便刨除《周礼》，把全部条目算下来比“威仪三千”只多不少，总字数几十万，加上历代注疏和各种教辅，总字数就得几百万、上千万了。看看，想做一个合格的礼仪之邦的公民，要学的东西可真不少啊！——按照前文汪中和刘师培的观点，三百、三千、三十六、七十二这类数字古人一般都用作虚数，所以，这里的“礼仪三百，威仪三千”有可能也只是虚数，但是，在礼仪的数量上，“三千”是虚数并不意味着实数就一定少于三千。——呵呵，这还不是最可怕的，咱们拿佛教的戒律比比，佛教号称“僧有三千威仪、六万细行；尼有八万威仪、十二万细行”，[29]这么多内容，是用好几辈子来学的。

但是，对于周代的老百姓来说，他们也许宁愿学习这复杂无比的“礼仪三百，威仪三千”，因为对他们来讲，刑律条文的数量很可能是和礼仪数量一般多的——严格些说，礼仪规范的数量是和割鼻子、砍脚这类大刑的律条数量一般多的，这才是最可怕的。所以，别以为礼仪条目多就是“礼仪之邦”，对应地还有同样多的刑律条目呢，对外和对上层社会来说这叫“礼仪之邦”，对老百姓可有点儿像是人间地狱哦。周人虽有“保民慎刑”和“天下安宁，刑措四十余年不用”之说，实际上的刑罚却很可能是相当严酷的。[30]但儒家为什么讲周公的时候大多只讲礼仪不讲刑律呢，大概原因之一就是“刑不上大夫，礼不下庶人”——礼仪是应用在贵族身上的，而刑律则是应用在普通百姓身上的，就算刑律再多、再恐怖，贵族们也不用担心。原因之二则是后儒对前贤的不断美化——还别说遥远的尧舜禹和夏商周很难考据清楚，就连王充身在东汉都切实感受到了这种美化力量，他说：“光武帝的时候，有个叫贲光的家伙给皇帝上书，说：‘当年汉文帝住在明光宫，全国只判过三个人的刑。’贲光这是建议光武帝学习汉文帝的仁政，可没想到西汉和东汉距离太近，而光武帝刘秀也是念过书的，他回答贲光说：‘汉文帝不住在明光宫，当时全国判刑的也不是三个人。’”王充随后又语带讥讽地说道：“等到千载之后，汉文帝那所谓的“住在明光宫，全国只判过三个人的刑”很可能就会被写进经书典籍，那时候相隔的时间太久了，大家也看不出这是后儒附会的瞎话，于是瞎话也就这么成为事实了。”[31]

前人常论礼就是刑，礼书就是刑书，至于周公当年的政治作为也确有明文记载的雷霆手段，这便给了后人以多角度言说的可能。儒家虽不觉得周公残忍，《管子》却不这么看。《管子》里边经常会有一些特立独行的思想，前边引的那段已经够让人瞠目的了，接下来的这段思想更加极端——既然管子说过“现代”和上古时代虽然天时相同但人世已变，齐桓公便继续问道："怎样根据时代的改变来相应地改变政策呢？"

管仲马上就提出了那个惊世骇俗的论点："最好的办法就是倡导高消费，让大家都以骄奢淫逸为荣！"

齐桓公肯定就得一惊："管仲这小子，荣辱观错位不成？！"

管仲接着解释："要想控制住人民，就得轻视有实用价值的东西，而重视没有实用价值的东西，所以，应该轻视粮食而重视珠宝，轻视生产而重视礼乐……"后边那两句原文我实在理解不了，只好放过不论，好在"侈靡篇"后文还有不少论述，可作为这一段落的佐证与发挥，比如管仲对齐桓公谈到如何役使百姓的问题：

> 今吾君战则请行民之所重，饮食者也，侈乐者也，民之所愿也，足其所欲，赡其所愿，则能用之耳。今使衣皮而冠角，食野草，饮野水，庸能用之？伤心者不可以致功。故尝至味，而罢至乐。而雕卵然后瀹之，雕橑然后爨之。丹沙之穴不塞，则商贾不处。富者靡之，贫者为之，此百姓之怠生百振而食，非独自为也。

这段我也不是全能看懂，大意是说：老板您要是想把手下的臣民使唤得得心应手，好比您想打仗吧，您就得重视大家重视的事情，诸如好吃好喝呀，奢侈享乐呀，这些都是人的欲望所在，你如果能满足他们的这些欲望，使唤起他们来也就顺手了，如果只有破衣烂衫和粗茶淡饭给他们，谁还会给您卖命呢？人要是心里不痛快，做事就难以做好，所以呢，吃饭就要吃好的，听音乐就要听好的，吃鸡蛋要先在鸡蛋上画上画再吃，烧柴火要先把柴火雕出花样来再烧。矿藏只要不封锁，商人们就坐不住，就会惦记着开矿赚钱。富人越是高消费，穷人就越是有事做。穷人就是这样靠着富人的奢侈而谋求到自家的生计，不必依靠政府的赈济。这样的事情不是老百姓自己就可以做到的。

——看来管仲的意思是：靠富人的奢侈来给穷人创造就业机会，这倒和上文美国征收奢侈品税失败的事例中所蕴含的道理如出一辙。这段里表露出来的其他意思还有：不讳言国君使唤国民的权谋技巧，强调争取民心的重要性——虽然争取民心并不是为了给大众谋福利，而是为了使国民能够更顺手地为我所用。对了，这个“为我所用”的“用”可是包含着打仗在内的。哎呀，这不分明就是厚黑学么，怎么也是道家思想呢？

再看看民心之争取，这一点更清晰地表现在《管子·白心篇》，比如：

难言宪术，须同而出。无益言，无损言，近可以免，故曰：知何知乎？谋何谋乎？审而出者，彼自来。自知曰稽，知人曰济。知苟适可，为天下周。内固之一，可为长久。论而用之，可以为天下王。

这段是说：法律这玩意儿不大好讲，总之呢，法律一定要合乎民意才可以公布出来。话不能多，也不能少，这大概就不会有人埋怨什么了。所以说：用不着要聪明，也用不着玩心计，只要法律是合乎民意而公布的，远方之人也会投奔而来。有自知之明就叫作稽，有知人之明就叫作济，……（熊逸按：这几句我也不明白是什么意思，从略。）……能够应用起来的，就可以作天下之王。

《管子》这里虽然玩的还是权谋，却阐明了一个至关重要的道理："法律一定要合乎民意才可以公布出来。"这句话背后的意思是：法律是社会习俗的产物，而不是某个"圣人"凭着异乎常人的理性而凭空创造出来的，也不是某个专制统治者为了一己之私利而强加于全体国民的。

事实上，不单是法，也包括礼，都是习俗的产物，按休谟的话说，就是"法律先于国家而出现"。至于习俗，多是漫长的社会发展中不经意地出现并成型的没有条文的制度，这些制度正是所谓自发的制度，人们对事情的不加思索的反应往往都是这类制度的体现。《管子》中成文法对不成文法的呼应或许也可以说是一种道家"无为"思想的体现，因为它诉诸于社会习俗，诉诸于社会众人普遍的道德观念，所以并不会出现这类的尴尬和冲突：当母系氏族阶段还在方兴未艾的时候，出台一部以"三从四德"[32]为理论基础的法律。

从这一点上来看，《汉书·艺文志》把《管子》列人道家倒也是恰如其分的，司马谈归纳出来的道家的"因循"原则在这里得到了非常妥帖的表现，而儒家的立法（或说"立礼"）思想则截然不同——如果说《管子》是休谟式的，儒家在某种意义上则是笛卡儿式的，相信圣人具有绝对理性，可以凭空创制出一部放之四海而皆准的完美无缺的法典，并且，这部法典还将是永恒不变的。儒家的这种理想热情我们在历代井田制发烧友（比如张载和方孝孺）那里都可以看到端倪，而大有可能的是，"十三经"中那部宏篇巨制而又相当具体而微的《周礼》正是被儒家这种为人类社会设计宏伟蓝图的想法所激励出来的。

——但是，事情恐怕越来越复杂了：《管子》或许也有着笛卡儿的一面，只是表现方式和儒家不同罢了。比如“任法篇”说：

君臣上下贵贱皆从法，此谓为大治。

意思是：君臣上下无论贵贱都依法而行，这就叫作大治。

这句话很是了得吧，这不就是说在法律面前人人平等么！这样说来，法才是最大的，比君权还大，君主也和老百姓一样要受法律的制裁，嗯，只是不知道这里边有多少宪法的意思，是否两千多年的古人已经意识到有绝对的必要来限制政府的权力了？

这思想实在太先进了，但遗憾的是，我这么理解其实是断章取义，如果把这句话前边的内容给补上，意思就不一样了：

有生法，有守法，有法于法。夫生法者君也，守法者臣也，法于法者民也，君臣上下贵贱皆从法，此谓为大治。

意思是：有立法的人，有执法的人，有遵纪守法的人。立法的人就是君主，执法的人就是臣子，遵纪守法的人就是老百姓，君臣上下无论贵贱都依法而行，这就叫作大治。

这样看来，立法权完全掌握在君主的手里，他想制定什么法律就制定什么法律，想修改什么法律就修改什么法律，法律的最终解释权自然也在他的手里。再联系整篇的意思，所谓“君臣上下无论贵贱都依法而行”，看来是叮嘱君主立法的时候要考虑周到，最好一劳永逸，不可朝令夕改，你颁布的法令你就得有相应的严格要求。

那么，凭什么立法权就应该完全掌握在君主手里呢？他的脑瓜儿未必就比我们更聪明，考虑问题未必就能够面面俱到，就算他是不世出的天才，还难免会有犯错的时候呢，凭什么呀？

到底凭什么，这问题有两个解答。“任法篇”的答案直接了当：凭的就是君主有权有势，怎么着吧！

——还真没法怎么着，就算人家的立法伤害到你的利益了，可论人人家人多，论势人家势大，伤害你那还不是白伤害呗！

这个观念非常法家，强调君主的“势”和“位”，只要君主有能力保持自己的权势和地位，也就有能力、有合法性来统治国家、驾御臣民。法家对“势”的推崇正如伊索寓言里一则狼和羊的故事所说明的：小山羊站在屋顶上，看见狼从底下走过，便漫骂他，嘲笑他，狼抬起头，说：“伙计，骂我的并不是你，而是你所处的地势。”——势之所在，羊也可以对狼呼来喝去的，可小羊一旦失了这个势，后果就很可怕了。

再说第二个答案，这是《老子》给出的答案：“圣人恒无心，以百姓之心为心。”这句话的意思，河上公说是：“圣人的高招就是因循，遇到有必要改革的时候总是慎之又慎，所以才会显得没主意。”王安石解释的是：“圣人没有私心，想人民之所想，急人民之所急。”[33]这就是说，圣人代表了最广大人民群众的最大利益。那么，如果说国家政治是以民为本，立法权自然应该掌握在人民手里，而人民实在太多，让这么多人一起商量立法无疑在技术上是不可能的，所以人民要以合理的程序选举代表，由人民代表来立法，这样的立法才能够体现和保障人民的利益，因此是具有合法性的。

可按《老子》的道理来推论呢，人民代表只有一个，他就是圣人，虽然圣人并不是由广大人民群众依照正当程序选举出来的，但他无疑代表了最广大人民群众的最大利益，他完全没有私心，想人民之所想，急人民之所急，所以，立法权掌握在他手里实在是最天经地义不过的。

——呵呵，古人是不是太先进了哎？这或许只是他们的空想吧，他们能举出例子来吗？

《管子》真就举出例子了，第一个例子就是儒家鼎力推崇的大圣人——尧。

儒家的圣人到了《管子》这里是不是会变成反面教员呢？不是的，尧照旧是位大圣人。《管子》说：尧治理天下，就像陶工制作陶器，想怎么做就怎么做，想把天下搞成什么样就搞成什么样，老百姓是招之即来，挥之即去，令出即行，禁下辄止，每个人都是国家这部大机器上的一枚螺丝钉，服从命令听指挥，就算受到不公正对待了也知道不该去给圣人添麻烦，自己忍了就完了。

尧圣人的确是垂拱而治啊，只抓大事，游刃有余。但《管子》毕竟属于道家，所以虽然歌颂了尧圣人的厉害，但这其实为了烘托出更厉害的黄帝。《管子》说：黄帝的治国之道比尧圣人还要高明得多，不用领导下命令，老百姓特别自觉，你要是想安排他们干什么活儿，不用分派，他们主动就会来干，积极性还非常高；你不想让他们干了，不用你说，他们主动就会下岗，毫无怨言，绝不给领导增加负担。黄帝之所以能做到这一步，是因为他的立法设计缜密周到，所以能够一直沿用下去而不加任何改变，老百姓也渐渐习以为常、习惯成自然了。（我们可以从这里再来体会一下“无为之治”的含义。）

嗯，现在我们把上述两个答案结合起来看：圣人，如果拥有了最高的权势，占据了最高的地位，拥有了足够的御下的权力，并且毫无私心，代表了最广大人民群众的最大利益，那么，他当然应该拥有完全的立法权。

《管子》的思想虽然先进得让我们吃惊，但毕竟属于两千年前，禁不起现代眼光的通盘审视：关于立法问题，它在一个细节之处就犯下了致命的错误。我们再来体会一下这句话：“黄帝之所以能做到这一步，是因为他的立法设计缜密周到，所以能够一直沿用下去而不加任何改变，老百姓也渐渐习以为常、习惯成自然了。”[34]——看，司马谈所谓道家的核心精神“因循”现在出问题了：原本的“因循”是指承袭旧的习俗或法律，而无论这些旧货先进与否；这里的“因循”却是圣人制定了完善的、一劳永逸的法律，老百姓长期“因循”下去，终于把法律内化为道德标准。

如果后者成立的话，也就意味着《管子》有一只脚“不经意地”踏入了笛卡儿绝对理性的地盘了，从而站到了经验主义的对立面上。“任法篇”还有一处强化了这一点，说：“仁义礼乐都是从法当中派生出来的。”嗯，这就有点儿倒因为果了。我们现在知道，礼也好，道德也好，都是社会习俗的产物，或者说就是社会习俗本身，而习俗则是人与人在漫长的分工合作当中不经意地产生出来的，习俗对人具有强大的约束力，这种约束力尽管是不成文的，却牢固地根植于每个人的心中，而成文的法律则是建基于社会习俗之上而逐渐形成的，法律的评判标准也正是因此而并不会违背习俗，这也就是俗语所谓的“法意不外人情”。

按照郭沫若的解释，“法意不外人情”在《管子·枢言篇》里便已经有了一个绝佳的说法：“法出于礼，礼出于俗”，也就是说：法的出处是礼，礼的出处是社会风俗。这是个非常先进的思想，不过《管子》原话是“礼出于‘治’”，郭沫若认为“治”字写错了，应该是“俗”。[35]这就让人起疑了：如果“治”字没错，这句话可就不是这个意思了。

我们来联系一下上下文：

人故相憎也，人心之悍，故为之法。法出于礼，礼出于治。治，礼道也。万物待治礼而后定。

当头这句话很能说明问题：人本来是互相憎恨的，人心凶悍，而为了使凶悍的、互相憎恨的人能够相安无事，所以必须要有个法。——如果承认这个前提，那么，“俗—礼—法”的逻辑就不大通畅了，反而是“俗—礼—治”看上去更加合理一些。但无论如何，这里的法并没有否定礼，而是承认礼是法的根源和基础，这又和我们一般想象中的法家和道家之学不大类同了。至于“人本来是互相憎恨的”这个前提对与不对，嗯，现代社会理论一般认为习俗乃至礼法产生于人群的分工合作。

《荀子》有一篇“非十二子篇”，看标题就知道他是向其他学术权威公开叫板，其中提到慎到和田骈一派，批评他们说：

尚法而无法，下修而好作，上则取听于上，下则取从于俗，终日言成文典，反紃察之，则倜然无所归宿，不可以经国定分；然而其持之有故，其言之成理，足以欺惑愚众：是慎到田骈也。

意思是说：这一派虽然推崇法制，对于“法”却没有一个明确的标准，向上迎合君主，君主说什么就是什么；向下则迎合民俗，民俗怎么样他们的“法”也就跟着怎么样。整天就纠缠在法律条文里边，却没有一定之规，治不了国，定不了事物的名份。可就这种歪理邪说吧，说起来还一套一套的，让听众还真不容易听出毛病来，骗那些没头脑的老百姓也算绰绰有余了。慎到和田骈就是这一歪理邪说的反动学术权威。

这里所说的田骈几乎已不可考，慎到的线索倒还多些，他也被尊称为慎子，我们后文还会遇到。慎到还有一句名言，是“礼从俗，政从上，使从君”，[36]大体也是上文里的意思，郭沫若说慎到和田骈一派是把道家理论向法家理论发展的一派，而且“严格地说，只有这一派或慎到一人才是真正的法家。韩非子的思想，虽然主要是由慎到学说的再发展，但它主要是发展向坏的方面，搀杂进了申子或关尹、老子的术，使慎到的法理完全变了质。”[37]

我们现在着重要关注的是立法过程，从《管子》来看也好，从慎到来看也罢，暂且抛开“上则取听于上”不谈的话，如果立法过程当真如此，那正符合了先前所讲的道家“因循”原则，这样的法律，自然法律所惩诫的也就是习俗所鄙薄的，法律所褒奖的也就是习俗所鼓励的，法律和人们心中的道德原则水乳交融，人们遵纪守法一点儿也不会觉得有什么吃力，反倒是件自然而然的事情。

如果拥有完全立法权的圣人当真“以百姓之心为心”，把老百姓全都代表了，他的立法无疑也能够达到同样的结果。可圣人如果同时具备了绝对理性和绝对权力，高瞻远瞩，设计出了一套至善至美的理想蓝图，老百姓要是照着蓝图去做这可就很容易动辄得咎了，自然也就没有了道家的因循无为之功。——从黄老申韩之学的应用来看，这还真是历史上的部分实情，而且，这个问题早就被人质疑过了，比如，慎到就觉得君主再怎么圣明到底也是个人，是人就难免犯错，所以君主不应该独断专行、事必躬亲，而要少做事、多任法，因为法制完备了，一切人与事都会各安其份，在法制框架内靠惯性运转。但慎到这些意思全在司法的范畴里，和他的立法思想放在一起，多少有点儿不和谐音。但无论如何，在现实世界里，君主毕竟不是看学者脸色做事的，聪明的统治者们虽然根本没有什么绝对理性，也根本不是全知全能，却终于在权势的强力之外为自己的立法权找到了另一番正当说辞：那就是所谓的国家利益、社会利益和集体利益——好了，既然这些利益理所当然是应该被首要保障的，那么，当个人利益和它们发生冲突的时候，自然应当主动让位，或者被毫不犹豫地牺牲掉。

——这番道理深得"任法篇"所讲的黄帝治国的核心精神：久而久之，老百姓终于习惯了，把这些道理内化为自己心中无可质疑的道德规范。这就是先有圣人立法，后有百姓因循，当老百姓终于真心接纳了这些东西之后，也就可以自觉地尊行圣人制定的路线了。圣人松了一口气：可算轻松了，我可以垂拱而治了，哈哈！

但是，如果追问一下：这些道理当真是站得住脚的吗？到底什么是国家利益，什么是社会利益，什么是集体利益？

霍曼斯是美国当代一位很有名气的社会学家，可就连他这位研究社会学的专家都搞不清“社会利益”或者“集体利益”到底何在，最后，他以一个反动学术权威的口气坚定地对我们说：“有需求的是人而不是社会，这是明摆着的，如果我们真以为有这样的“社会需求”存在，那我们就会离真理越来越远。”

——霍曼斯的话听上去很荒谬是吧？我在前文讲过“前辈社会学家们常有犯这个错误的，他们认为只要把个人行为解释清楚了就可以把这些个解释推广到群体当中去”，呵呵，霍曼斯正是这样的一位前辈，咱们先拍他一砖再往下说。

嗯，我们很容易想象个人的利益，比如我这人很贪财，一门心思就惦记着怎么才能多挣些钱，所以，如果当真多挣钱了，我的利益就得到相当程度的满足了。可是，一个“全体”，根本就没有意识、没有思想，怎么会有利益呢？如果这个“全体”多挣钱了，它该怎么表示高兴的心情呢？——嗯，这样一想，好像，全体的利益其实是这个全体的全部组成分子的一个个的个人利益的总和，所以，“国家利益”是个含混的概念，它的精确表述应该是“国民利益的总和”，而社会利益和集体利益或许也是同样道理。以鼓吹“最大多数人的最大幸福”的边沁早就看着“社会”呀、“集体”呀这些概念不顺眼，觉得它们都是虚无飘渺的，而所谓社会利益、集体利益其实就是组成社会或集体的每一个个人的利益的总和，而且，个人利益是先于集体利益的，如果连个人利益是怎么回事都搞不清楚，又怎能知道集体中所有个人利益的总和是什么呢？在这种情况下大谈什么集体利益，根本就是扯淡。——呵呵，这就是英国老牌自由主义者典型的反动观念。但是，由此会产生几个问题，问题一：虽然共处一个集体，每个人的价值观却很可能是不同的，甚至是大相径庭的——我虽然爱钱，但也有人不爱钱，同样，有人追求名誉，有人追求地位，等等等等，不一而足；问题二：当你为了所谓国家利益而牺牲掉你的个人利益之后，突然发觉几乎所有的同胞都为了同样一个国家利益而牺牲掉了各自的个人利益，那么，这也就意味着确实存在着一个独立并高踞于所有国民之上的“国家”，这个“国家”确实有着自己的利益，这个利益也很有可能会与所有国民各自的利益相悖，嗯，换句话说，是否存在着这样一种状况：所有国民的个人利益（无论短期的还是长期的）全都受到了损害，而“国家利益”却由此得到了增益？

或者，我们作一个相反的考量，嗯，比如说，某个集体是由100个独立的个人组成的，如果其中的10个人想要离开这个集体而另外组成一个小集体，这样做的结果会使全部的100个人每个人都在不损害自己原有利益的前提下获得更多的利益，那么，他们会作怎样一个决定呢？再想一下，那90个人该不该以“损害集体利益”为由阻止那10个人的离开呢？——可是，他们如果阻止的话，岂不是反倒损害了每一个人的利益了吗？那么，这个集体利益到底是个什么东西呢？

如果我们把这个假想的“集体”替换成“国家”、“国土”或者其他的什么，上述逻辑还会不会继续成立呢？

这个问题边沁曾经讨论过一些，他的真知灼见曾在马克思和恩格斯合著的《神圣家族》里被隆重地引用过：

我们只引证边沁驳斥“政治意义上的普遍利益”的一段话。“个人利益必须服从社会利益。但是……这是什么意思呢？每个人不都是像其他一切人一样，构成了社会的一部分吗？你们所人格化了的这种社会利益只是一种抽象：它不过是个人利益的总和……如果承认为了增进他人的幸福而牺牲一个人的幸福是一件好事，那么，为此而牺牲第二个人、第三个人、以至于无数人的幸福，就更是好事了……个人利益是惟一现实的利益。”（边沁“惩罚和奖赏的理论”……1826年巴黎第三版第二卷第229、230页）[38]

边沁所忧虑的事情（应该也是马克思和恩格斯同样忧虑的事情）未必就只是理论上的探讨而不会在现实世界中出现，事实上，近在眼前的历史似乎证实了前贤们的这一先见之明——比如，我们可以看看1963年的一篇著名的文章的摘录：

从1950年起，铁托就公布一系列法令，规定工厂、矿山、交通运输、贸易、农业、林业、公用事业等所有国营企业，都实行所谓“工人自治”。这种所谓“工人自治”的主要内容就是把企业交给所谓“劳动集体”自行管理，企业有权自行买卖和租赁固定资产。

1953年，铁托集团公布条例，规定“合伙的公民”有权“创办企业”，“雇用劳动力”。同年，铁托集团公布法令，规定私人有权购买国家经济组织的固定资产。

南斯拉夫报刊反映的大量材料证明，“工人委员会”只是一个徒具形式的“举手机器”，企业的“一切权力都操在经理手中”。

由于经理掌握和支配生产数据，并且掌握和支配企业收入的分配，这就使他们可以利用种种特权，侵占工人的劳动成果。

铁托集团自己也承认，在这些企业中，经理同工人之间不但工资悬殊，而且分红悬殊。有些企业，经理和高级职员分得的红利比工人高四十倍。“在某些企业中，一些领导人员领到的奖金总额，竟等于整个集体的工资总额”。

企业经理还利用特权，巧立名目，取得大量收入。接受贿赂，贪污盗窃，更是企业经理的一项大财源。

这些“工人自治”企业的生产数据，不是归某一个或者某几个私人资本家所有，而实际上是归以铁托集团为代表的包括官僚、经理在内的南斯拉夫新型的官僚买办资产阶级所有。这个官僚买办资产阶级，盗用了国家的名义，依附美帝国主义，披着“社会主义”的外衣，霸占了原来属于劳动人民的财产。所谓“工人自治”制度，实际上是处于官僚买办资本统治之下的一种残酷的剥削制度。”

这篇文章在当时是以《人民日报》和《红旗》杂志编辑部的名义发表的，题目叫作《南斯拉夫是社会主义国家吗？》，是当年的一篇名文，现在的年轻人可能不大了解了。

中国贤者对这个问题也早有认识：百年前的郭嵩焘，这位晚清社会里孤独的先知，在批评洋务派的时候说过一句极其中肯的意见：“岂有百姓穷困而国家自求富强之理？”——也难怪郭先生一生孤独，如同一个箭靶子承受着全国上下的明枪暗箭，想那洋务派在当时已经是很前卫了，郭嵩焘却比他们看得更远、更准、更根本：“今言富强者，一视为国家本计，抑不知西洋之富，专在民，不在国家也”。（郭嵩焘《与友人论行西法书》）在郭先生眼里，西洋之所以发达，政治体制是主因，有了那样的政治体制，才会有那样的工业技术，而中国的洋务派们却舍本逐末，以为师夷长技就足以制夷，所以是注定走不长远的。

郭嵩焘说错了吗？

也许技术和经济可以脱离政治制度而独立发展，是这样的吗？

也许专制国家根本就不存在什么国家利益，更不存在什么人民利益，是这样的吗？

嗯，脑子被搅乱了没？现在再来想想前面的问题，应该怎么回答呢？

西蒙娜·薇依曾经作过一个通俗的比喻：虽然“集体”是非常值得尊重的，然而“……因此我们可以说，对一个处于危难中的集体的义务，会导致全部奉献（sacrifice total）。但并不能说集体就高于人的个体。……一个农民，在某些情况下，为了耕作其土地，会精疲力竭、陷入疾病乃至死亡。但他心里始终明白，这只是为了面包。与此相类似，即便是在全部奉献的时候，他对集体的尊重也无非是与对营养的尊重相类似。”——这就把集体利益还原到个人利益的头上，并且适度地黯淡了那个崇高词语的神圣光环，但是，事情还有着另外的一面：“通常能见到的是角色的颠倒。某些集体，非但不能为人提供营养，反倒吞噬人的灵魂。在这种情况下，它就是社会的疾病，首要的义务是要去治愈它；这时，就需要动用外科手术的方法。”[39]

——任何集体也许都是可以被还原为个人的。孟子在两千多年前说过一句不大讨人喜欢的话：“民为贵，社稷次之，君为轻”，后人在引用这句话的时候常常有意无意地把它简化成“民贵君轻”，完全忽略掉了中间那个“社稷”。[40]如果我们把这里的“社稷”一词作简化而与时俱进的理解，我们可不可以这样问问孟子：“当国家利益和人民利益发生冲突的时候，你说该怎么办呢？”

这问题还真不是能轻易回答的，正如前文交代过的，一定要先来搞清楚“国家”的性质才行，嗯，想想三十年前的南斯拉夫的那些爱国主义者吧。——事实上，把国家捧到至高无上的位置仅仅是很近的时代才开始发生的，就算在西方，可能最早也就只能追溯到马基雅维里那里。——看上去有些奇怪，一个以赤裸裸的邪恶嗓音为专制君主大唱赞歌的家伙难道不去主张“君为贵”吗，咦，想想朱熹那套正人君子的学说正是被秦桧提倡起来的，难道说……

这正是马基雅维里令人费解的地方，我们一般熟知的是他的《君主论》，可在他的另一部大部头《论李维前十书》里，他却是一个彻头彻尾的共和主义者，他在这本书里告诉我们：为了保卫祖国可以不择手段——不论是施加暴行还是忍受屈辱，只要是对国家有利的，就要咬牙去做。

虽然马先生此刻所表现出来的形象是个热血的爱国者而不是无耻的权术教师，但他这些话依然让人觉得胆寒。作为对照，马基雅维里还攻击了法国人的态度，说他们虽然也主张不择手段——不论是施加暴行还是忍受屈辱，但目的却不是保卫祖国，而是为了保卫国王。马老师轻蔑地说：这些法国人认为，只要所做的决定不会令国王蒙羞就好，至于国家为此会承担什么代价，那都是国王的家事，是国王自己的事。

马基雅维里是文艺复兴时代的人，这个时代大体相当于我国的明朝，不算太远哦。想一想看，如果一位国王拥有一个国家，如同现代的一个大老板拥有一家公司，当竞争的压力使得公司无法继续维持的时候，他卖掉一部分股份又有什么不对的呢？

这似乎意味着，在私天下的时代里，一位国王/皇帝，卖一卖国也不算什么罪过吧？

可是，马基雅维里所不屑的“法国人”却做过一件令人大跌眼镜的事情：国王路易十六居然遭到了审判！——这就是大家熟知的法国大革命期间所发生的，路易十六被审的罪名是：作为一位被人民选出来的国王，却“对人民发动战争”，这是叛国，是背信弃义的行为！

审判词的背后隐藏着“契约社会”的理论，马基雅维里对这件事不知道会怎么想，可是，与《君主论》齐名的《利维坦》却告诉我们：国君是不可能叛国的，因为他就是国家主权的所有者，正如一位全资拥有一家公司的资本家即便完全卖掉自己的公司，也算不上是对公司的“背叛”。

好了，重新看看前边那两个问题，有什么新的感觉呢？

——对这些问题先别去想怎样从学理上来解释，中国帝王们当年也同样面临过这些问题，是呀，如果臣民们也这么来讨论，听起来可比较刺耳呀！所以，他们迫切需要的是从现实角度来做个了断。方法很简单：统一思想——如果大家心往一处想，劲往一处使，也就不会有这些烦人的问题出现了。所以中国一进入专制社会，马上就有了秦始皇的焚书，接着又有汉武帝的“罢黜百家，独尊儒术”，嗣后又接二连三地有了科举取士，有了文字狱，连绵两千年不绝。这样看来，历史上有些因果关系真是环环相扣的呀，君子见一叶落而知秋，尝一勺而知鼎镬，推理即可。

问题还没完，再说一个：如果说对社会习俗的因循就是黄老道家“无为之治”的一种体现，可儒家同样也讲这一套呀，比如说，儒家《荀子》所讲的甚至比道家《管子》更要“因循”。

《荀子》有一篇“儒效篇”，讲儒家对国家、社会的实际功用，其中说到：

以从俗为善，以货财为宝，以养生为己至道，是民德也。行法至坚，不以私欲乱所闻：如是，则可谓劲士矣。行法至坚，好修正其所闻，以桥饰其情性；其言多当矣，而未谕也；其行多当矣，而未安也；其知虑多当矣，而未周密也；上则能大其所隆，下则能开道不己若者：如是，则可谓笃厚君子矣。修百王之法，若辨白黑；应当时之变，若数一二；行礼要节而安之，若生四枝；要时立功之巧，若诏四时；平正和民之善，亿万之众而抟若一人：如是，则可谓圣人矣。

第一句就很重要：“以顺应社会习俗为善，以财物为宝，以过好日子为最高追求，老百姓就是这样。”这句话对老百姓的道德下了个定义：什么叫作“善”？答案就是：从俗为善。也就是说，顺应社会习俗就叫作“善”，那么，“恶”在这里虽然没说，自然可以反推：违背社会习俗就叫作“恶”。

——这是一个看似不是问题而根本上异常复杂的问题，荀子的答案自然并非标准答案，我们哪怕只在故纸堆里随意地扫上几眼，也能轻而易举地找出太多的质疑与解答，比如斯宾诺莎认为善恶无非是人的幻觉，活跃于十九世纪末期的民俗学者萨姆纳则提出了一个似乎颠倒了因果关系的惊人论断：“道德习俗可以使任何行为都成为正当的”，弗洛伊德倾向于良心的本质就是“社会性焦虑”，而尼采的看法似乎最具创意，他认为善恶的来源需要在社会的上层和下层之中分别分析，比如，对于高高在上的老爷们，“善”原本就是他们的自发的自我肯定——他们判定他们自己都是好人，所作所为也都是善事，以此来对立于那些粗俗卑贱的家伙。尼采考之古代希腊，发现“善＝贵族，恶＝奴隶”，后来是社会的动荡使得那些“粗俗卑贱”的家伙暗中颠覆词义，奴隶品格中的顺从和利他主义居然变成了被社会公认的美德。尼采还把“良心谴责”看作一种痼疾，是暴力集团建立了人类历史上最早的国家（或类似的什么组织）之后，那些因此而结束了自由的漫游生活的原始人类不得已把“自由的本能”锁进内心，而这种内心的张力才正是所谓“良心谴责”的萌发之地。——这里似乎有些神秘的“自由的本能”其实是一个广为大家熟悉的概念，也就是尼采的标签式概念：强力意志。（对这个古老的问题我们也许不必倾注太多的思考，因为，嗯，尼采的这些观点成形于1887年出版的《论道德的谱系》，仅仅两年之后他就精神分裂了，一直到死也没有恢复正常。呵呵，我可一点儿没有幸灾乐祸的意思。）最令人不快的想法也许要算蒲鲁东，他在《什么是所有权》（这是一部为马克思所激赏的著作）里直截了当地说：“我们没有碰到可以使我们不同于禽兽的地方。”㊶

尤其耐人寻味的是，研究群体心理学的专家们冲上来横切一刀，使这个问题变得更加复杂了。他们会说，在对善恶问题作出判断之前，先要把“人”分成“个体”和“群体”，然后分别讨论。比如，莫斯科维奇为我们勾勒了一个似曾相识的图像：“群体心理学不可避免地描绘了所有那些使权力不可忍受的特征：它对理智的蔑视、它的暴力、狡诈以及专横。而这副图景中所包括的民众的情形，其让人伤心失望的程度也毫不逊色。他们总是很愿意服从。他们是自身冲动的牺牲品；或者更准确地说，是自己的无意识的牺牲品。……”然后，他像是在用一种怪异的语气说道：“在回答人类到底是善还是恶的老问题时，他们也说人作为一个群体的一部分是相当邪恶的……”㊷也许莫斯科维奇说的没错，我们想想看，一个善良可爱的邻家弟弟为什么会在汇入某些人民群众的洪流之后，眨眼间就变成嗜血狂魔了？㊸

当然，更多的人一般并不会把这个问题当作多么复杂的一个问题，或者说，根本不把它当作一个问题，黑格尔教导我们说：“假如我们要有所行动，那我们不但要存心为善，并且必须知道，究竟这是不是善，或者那是不是善。然而什么是善，什么是不善，关于私人生活的通常行事，是由一国的法律和风俗来规定的。要知道这种事情，并没有什么大的困难。”（黑格尔《历史哲学》）——嗯，“并没有什么大的困难”，这让我想起曾经看过的一则新闻，说一名妇女经营红灯区，终于被抓获了，记者问她有什么感想，她痛哭流涕地说：“都怪我不懂法呀！”记者而后忠告大家：看看这个教训吧，难道我们不应该认真学习法律吗？——这新闻让我好生奇怪：这位老鸨在被捕之后才终于了解到经营红灯区是“违法”的，难道她从来就不知道这是“不对”的吗？果真如此的话，也就意味着社会风俗是认可红灯区的，并不觉得搞这样一个营生在道德上有什么不妥，而法律所规定的却和普遍的风俗习惯、和人们普遍的道德意识并不合拍，法律所惩罚的，习俗并不认为是错的？

对了，需要说明的是，这是一则国内新闻。——如果事情当真如此，那么，要知道善和不善就绝不是“并没有什么大的困难”了。冉阿让被沙威追捕；梭罗因为反战而拒绝缴税，结果一再入狱；马克思参与撰写《共产党宣言》以作为共产主义联盟的纲领，而这个联盟在1848年的英国是一个十足的非法组织；其实何止违法，甚至“人没有权利杀害自己的弟兄，也不能以穿军服作为杀人的借口：这样仅仅在杀人罪之外又加上奴才行为的耻辱。”（雪莱语）[44]……这些例子是举不胜举的，这样看来，黑格尔把法律和习俗不加甄别地摆在一起是否有失轻率呢？善与不善，在这里就只有个说不清楚的答案了。

——好啦，无论存在多少答案，至今占压倒优势的意见是：善与恶并非人类头脑中先天就有的观念，而是后天社会习俗的产物。再往深里想一层，那就是：当我们拍着胸脯说自己做某件事情是“凭着良心”，是“问心无愧”的时候，这个所谓的“良心”其实和前边讲到的国家利益和集体利益一样只是一个虚幻含混的概念，良心就是我们心中的道德观念，而道德观念体现的正是我们所生活的社会中的一般社会习俗。正如古老的蒙田所说：“我们以为良心来自天性，其实它诞生于我们的习俗。”

是社会学的先驱涂尔干以严谨的学理分析给了我们比较明晰的解释，他提出了一个“集体意识”的概念——原始的社会群体的成员们出于共同的生活经验而形成了种种共同的观念，个体成员从“集体意识”当中体验到了对群体的归属感，而“集体意识”也逐渐形成了它的无形的强迫力量，这就是所谓的“良心”。

这样一来，良心也就有了时间和地域之分，如果我们生活在几百年前，也许会“凭着良心”把没有守节的寡妇私刑处死；如果我们生活在几百年后，也许会在阅读历史书的时候对二十一世纪很多人“问心无愧”的行为义愤填膺。古人的眼界没有现代人这么宽广，所以很多人都拿自己本地的习俗为标准，外人只要不符合这些标准就会被嗤之以鼻，比如汉人说匈奴人寡廉鲜耻，女人如果死了丈夫，居然会改嫁给丈夫的兄弟或者儿子——王昭君在呼韩邪死后就改嫁给了呼韩邪前妻的儿子，这在中原礼俗来说确实称得上寡廉鲜耻，可匈奴人也确实就是这个风俗，而且对男方来讲，这甚至还是应尽的义务，不这样做才是寡廉鲜耻的。所以在匈奴人来看，“继承”了哥哥的妻子，这就是“从俗”，也就是“善”。（其实周代的中原诸侯也有这种风俗制度，称为“烝”和“报”，容后再讲。）萨姆纳从民俗学研究中罗列过很多这样的例子，五花八门得令人骇然，仿佛这世间真的没有永恒的善恶标准似的。是呀，在我们通过观察和阅读而品评着他人的“历史局限性”的时候，我们自己又何尝不是处于另外的局限性之中吗？正如本尼迪克特所谓：“谁也不会以一种质朴原始的眼光来看世界。他看世界时，总会受到特定的习俗、风俗和思想方式的剪裁编排。即使在哲学探索中，人们也未能超越这些陈规旧习，就是他的真假是非概念也会受到其特有的传统习俗的影响。”（本尼迪克特《文化模式》）

就拿我们自己来说，如果我们可以把眼界放得更宽广，放得更深邃，看到澳洲土著氏族甚至有时为了消除灾祸而全体互换妻子等等许多让我们瞠目结舌的例子时，就会知道李银河南京演讲中那些“伤风败俗”的言论虽然确实伤了我们的“风”，败了我们的“俗”，却未必就是荒谬的，因为我们的“风”与“俗”不过代表了我们所在的当时当地的一般社会观念，并非放之四海而皆准的是非原则，在时过境迁之后，“伤风败俗”也许就成了“移风易俗”呢。

伟大的涂尔干甚至论证出人们心中哪怕最最勿庸置疑的观念都是带有相对性的——接受过系统的马哲教育的我们应该很容易理解这个道理。想想热点新闻里的李银河，其实无非是在不适当的时间和不适当的地点，面对不适当的人群，说了一些貌似十恶不赦的真知灼见。她的被妖魔化，正是因为她违背了“从俗为善”这个标准，正如当年鼓吹妇女解放缠足的前辈们也是他们自己的时代风俗中的恶人一样。（如果大家回顾一下伟大的恩格斯的《家庭、私有制和国家的起源》，绝对会认为李银河是个保守主义者。）这番道理在贝卡里亚的《论犯罪与刑罚》一书中说得相当到位，并且触及到了事情的另外一面：

谁要是用哲学家的眼光来读一读各国的法典及其编年史，他就会发现：善良、罪恶、良民、罪犯这些名词随着历史的沿革所发生的演变，不是以在各国环境中发生的因而总是符合共同利益的变化为依据，而是以各不相同的立法者不断煽动的欲望和谬误为依据。他往往还会发现：某一世纪的欲望就是后来世纪的道德基础。强烈的欲望作为狂热和激情的产物，当它被使一切物质和精神现象归于平衡的时间所冷却和消蚀后，逐渐变成了后来的保守，变成了当权者和投机者手中的工具。

极其含混的名誉和道德概念就是这样形成的。它们之所以成为这样，是因为：随着时间的变化，概念本身发生了变化，事物的名称却保留下来；是因为：河流和山脉不但是某种实体的界线，而且也常常成为道德地理的界线，因而，这些概念也根据地理条件而发生变化。[45]

其实何止是最易受到文化背景影响的道德观念，就连“青春期冲突”这种历来被人视为先天使然的问题最后也被证明为依然是文化背景的产物——玛格丽特·米德研究萨摩亚土著部落中的青少年成长过程，惊讶地发现那完全是平静而欢愉的。

——这多少让我们对“从俗”之“俗”有点儿不放心了。而如果我们对“从俗为善”这个古老的话题给以更多的现代眼光的话，还会看到其中蕴含着另一层意义：有没有想过，启蒙运动当年对传统习俗的攻击不遗余力，这么多年以来，加之当代的科技与人文日新月异的发展和教育水平的大幅度提高，在那些发达国家当中，为什么还有那么多人信仰宗教呢？——不仅仅是心灵上的信仰而已，还伴随着种种的祈祷仪式、团体活动、社区义工服务、过各种传统节日、依附精神领袖，等等等等，这是为什么呢？对于我们这些在无神论教育中成长起来的人来说，这一片外面的世界似乎很难理解。

答案还得到外面的世界去找：美国当代社会学家希尔斯认真研究过这个问题，他在《论传统》一书中把上述种种命名为“实质性传统”，指明这一类的传统几乎都有人类原始心理的根源，简单来说，理性的除魅是一回事，心底深处的渴望是另一回事。我自己也相信有天堂的——看过《卖火柴的小女孩》，我便相信了火柴光亮的对岸就是天堂，对了，说“相信”是不恰当的，应该说“信仰”——我不“相信”（believe）天堂，但我“信仰”（believe in）天堂。

其实真让我“信仰”天堂的是《弗兰德斯的狗》，但为了表述方便，我就替换成《卖火柴的小女孩》了，反正两个故事都够惨的。正是从这个时候，我才体会到中世纪神学家德尔图良“因为荒谬，所以相信”这句被人化繁为简的名言的真谛：人就是有某些心底深处的渴望，即便理性和知识足够阐明这些被渴望的东西无非是习惯或者迷信，却无法抹煞那说不清、道不明的“信仰”。——谁会在卖火柴的小女孩划燃火柴的那一刻给她讲解唯物主义的宇宙论呢？谁会在月上柳梢头的美丽约会时告诉女友月球环形山的形成原因呢？谁会在虔诚的教堂婚礼上对新娘解释马克斯·韦伯对于“克里斯玛”的定义，头头是道地把当前正在经历的神圣仪式还原成社会学概念ABC，最后温柔地告诉新娘说自己此刻的所作所为正是韦伯所谓的“除魅”？（多少令人尴尬的是，巫术专家莫斯对巫术的定性也是近似的：巫术是用来被“相信”的，而不是用来被“理解”的。）

没有迷信的生活是不可想象的，也是无法忍受的，管它是庄重的仪式还是隐秘的巫术，对于一些更重视感性生活的人来说尤其如此。而且，如果说面包和清水维系的是个体的生命，那么，“迷信”则维系着许许多多作为整体的社会群体。希尔斯另外告诉我们的是：即便真要破除旧有的“愚昧的”传统，也要马上搞出一个更加富于神奇魅力的新传统来取而代之。[46]

希尔斯这话说得有点儿惊世骇俗，在这个问题上，直到现在，即便一些相当保守的人也还是站在爱尔维修一边的，认为“只有当人民对旧的法律和习俗的愚昧的尊敬减弱时，才能实现伟大的改革。”——这话我是转引自马克思和恩格斯合著的《神圣家族》，书中继续写道：“或者，如他在另一个地方所说的，只有消灭了无知，‘才能实现伟大的改革’。”

但遗憾的是，“无知”恐怕是永远也消灭不了的，而“人民对旧的法律和习俗的愚昧的尊敬减弱”也并不足以成为“实现伟大的改革”的首要前提，细心考察历史的话，我想多数人都会认可希尔斯的逆耳之言。其实，希尔斯的这番道理我们应该是不难理解的：“破四旧”的时候正因为有了新的“克里斯玛”光环笼罩下的信仰和领袖，“破”得才会那么容易、那么充满狂热。人，也许总是需要伟大领袖来指引自己，需要成为一个共同体当中的一员，需要一些庄重的仪式来让自己全身心地投入进去……任凭理性早已指出了这些东西的荒谬。宗教社会学家贝格尔在这一点上给了我们一个更为惊人的答案：对意义和秩序的追求就像吃奶一样属于人类的一种本能——即便面对的是一个明知并无意义的世界，我们也必须给它赋予某种崇高的意义；即便在一个乱哄哄的环境里生活，我们也必须从中营造出某种神圣的秩序。（详见《神圣的帷幕——宗教社会学理论之要素》）对于贝格尔的这个说法，我们倒还真能从心理学当中给它找出依据，哦，那真会让一颗多愁善感的心受到创伤的。^_^

从这层意义上说（即便暂不认可贝格尔的本能论），传统习俗是挥之不去的，它们蕴含着田园牧歌式的美好韵律，既赋予生活以庄重的意义，又给一些在局外人眼里或许只是平常之物的东西笼罩了圣洁的光环——这都是美的，自然也是善的。嗯，那就从俗好了。

“从俗为善”，这既然是老百姓的心态，那圣人又是什么心态呢？荀子说：“遵循历代先王之法，顺应当前时代的变化，行为合乎礼义并且习惯成自然，应时建功立业，稳定政局，安抚百姓，使亿万人团结得就像一个人，能做到这些的就是圣人。”

荀子这番话把因循之理表现得恰如其分，圣人不是凭空立法，而是遵循旧制；但又不是拘泥不化，而是与时俱进。照此看来，如果说曹参的老师是荀子，倒也入情入理。

荀子在“法行篇”还有两句精辟之语：

公输不能加于绳墨，圣人不能加于礼。礼者，众人法而不知，圣人法而知之。

篇名“法行”，这里所谓的“法”其实却是“礼”。这句话的意思是：就算是鲁班，辨别木料屈直的眼力再准，也不如尺子量得准；就算是圣人，言行完全合乎礼，但也不可能比合乎礼更合乎礼。礼这东西是大家的行为准绳，而大家对此却毫无意识，圣人也依照礼来行事，却能明白这是怎么回事。

这两句话我翻译得有点儿蹩脚，解释一下就清楚了。这里所谓的“礼”，正是社会习俗，因为已经扎根在每一个社会成员的心中，所以大家的行为虽然都是在礼的框架之内，却对此毫无察觉。好比一个匈奴男人，哥哥死了，他就自然而然、不加思索地把嫂子娶了过来。——怀特海对此有着经典的见解：这种自然而然、不加思索的行为越多，就说明该社会的文化水平越高。哈耶克也表达过类似的意见，尽管他的发言会让一些人不太舒服："大多数人很少能够独立地思考；在大部分问题上，他们所接受的意见都是现成的意见；他们无论是生来具有还是受人哄骗而接受这套或那套信仰，都同样感到满意，这些都可能是真实的。在任何社会里，思想的自由可能只对很少的人才有直接的意义。"[47]

那么，这个"现成的意见"是什么呢？又是怎样作用于人的呢？——如果是在极权社会里，"现成的意见"自然就是和千千万万同胞所共同信仰着的惟一真理，这真理通过震耳欲聋的宣传永动机烙印在每个人的心底深处；如果是在古老的、较为淳朴的国度，"现成的意见"自然就是生活之地的社会习俗了。

而此刻，荀子所谓的这个圣人，立法于习俗之上，这不也是清静无为而天下治么？我们再来试想一下，如果匈奴单于吃错了药，定下新规矩说：从今以后实行中原之法，违者杀无赦！如此一来，弟弟在哥哥死后正要不加思索地娶过嫂子的时候，突然心头一凛，想起单于的法度来，赶紧打消了原来的念头。这时候我们就该重新审视两句名言了，一个是"情有可原，法无可恕"，一个是"服从命令是军人的天职"。如果那位匈奴弟弟习惯意识太强，在心头一凛之前就把嫂子娶了，临刑之前会不会认为单于的新法是恶法，而恶法就不该服从呢？如果一名军人接到的命令是屠杀老人和婴儿，他是不是应该无条件地服从呢？[48]

——这个问题即便放到近现代社会依然是有着深刻争议的，魏特夫举过这样一个具有强烈反差的例子："军队的纪律要求无条件服从……艾森豪威尔将军对苏联军队通过布雷区发动进攻的方法所作的评论说明了因制度不同而方法也不同。朱可夫元帅在一份‘平淡无味’的声明中向这位美国将军解释说：‘当我们来到布雷区，我们的步兵实行进攻时，就好像那不是布雷区一样。我们认为，地雷使我们受到的伤亡只不过与机关枪和大炮使我们受到的伤亡相等，如果德国人不是设立布雷区而是用强大的军队来防守那个地区的话。’艾森豪威尔冷冰冰地接着说：‘我们能够清楚地想像到，如果任何一个英、美司令官采用这种战术，他会得到怎样的结果，而我甚至能够更加清楚地想像到，如果我们企图以这种做法作为我们战术理论的一部分，我们的任何一个师团的士兵会对这个问题提出怎样的意见。’”㊾

在这个例子当中，我们可以把“因制度不同而方法也不同”理解为“入乡随俗”吗？嗯，这可是个问题哦。

也许，即便被命令去趟地雷，为了某个崇高的目标也应该无条件地服从吧？清人王之春在《椒生随笔》里有“姜明叔论兵”一条，讲到了一个惊人的逻辑：“为将者，必法孙吴；法孙吴，必明申韩；明申韩，必尚黄老，于武侯见之矣。”看来黄老之学不但是申韩法家思想的根基，甚至还是孙吴兵法的祖师爷，而在黄老和孙吴之间起桥梁作用的却是令人心惊胆颤的“申韩”！以现在我们对黄老一派摸清的这些门道来看，从中似乎必然会推出这个“服从”的观念来。君主只要牢牢霸住势与位，下边的人就不敢不令行禁止，当然，这还取决于君主高超的操控手段。

所谓君主的操控手段，可绝不仅仅是“君臣斗”那种人和人之间的机心权谋，那只是事情的一面罢了，还有更重要的事情要做呢。

（七）

臣乘马——乘马数——人言荡子销金窟，我道贫民觅食乡——道家：黄老还是老庄？——《韩非子》的忠孝观——道可道，非常道——王大还是人大？——老子有个学生叫文子？——伏羲时代的好时光——国家图腾——家庭的发展本身就导致宗法统治的建立——有必要虚构出一个共同的祖先——伏羲小镇和岳不群小镇——社会分层与阶级对立

还得回到《管子》。都说《老子》重农抑商，可同属一派的这个《管子》不但丝毫没有"抑商"的意图，还提倡国民要以骄奢淫逸为荣，规劝君主以满足国民的物质欲望为手段来争取民心，以达到控制国民之目的，它的"无为"更像是自由放任主义，而"无为"中的"有为"则像是我们现代所谓的宏观调控。——这可不是胡乱比方，看看《管子》"臣乘马"和"乘马数"这两篇，思想之前卫简直能吓人一跳：

桓公问管子曰："请问乘马？"管子对曰："国无储，在令。"桓公曰："何谓国无储，在令？"管子对曰："一农之量，壤百亩也，春事二十五日之内。"桓公曰："何谓春事二十五日之内？"管子对曰："日至六十日而阳冻释，七十日而阴冻释，阴冻释而种稷，百日不种稷，故春事二十五日之内耳也；今君立扶台，

五衢之众皆作，君过春而不止，民失其二十五日，则五衢之内阻弃之地也。起一人之繇，百亩不举。起十人之繇，千亩不举。起百人之繇，万亩不举。起千人之繇，十万亩不举。春已失二十五日，而尚有起夏作，是春失其地，夏失其苗。秋起繇而无止，此之谓谷地数亡；谷失于时，君之衡藉而无止，民食什伍之谷，则君已藉九矣。有衡求币焉，此盗暴之所以起，刑罚之所以众也，随之以暴，谓之内战。”桓公曰：“善哉！”“筴乘马之数求尽也，彼王者不夺民时，故五谷兴丰，五谷兴丰，则士轻禄，民简赏。彼善为国者，使农夫寒耕暑耘，力归于上；女勤于纤微，而织归于府者；非怨民心，伤民意，高下之筴，不得不然之理也。”桓公曰：“为之柰何？”管子曰：“虞国得筴乘马之数矣。”桓公曰：“何谓筴乘马之数？”管子曰：“百亩之夫予之筴，率二十七日为子之春事，资子之币，春秋子谷大登，国谷之重去分，谓农夫曰：‘币之在子者，以为谷而廪之州里。’国谷之分在上，国谷之重再十倍，谓远近之县里邑百官皆当奉器械备，曰：‘国无币，以谷准币，国谷之櫎，一切什九。’还谷而应谷，国器皆资，无藉于民。此有虞之筴乘马也。”

桓公问管子曰：“有虞筴乘马已行矣，吾欲立筴乘马。为之奈何？”

管子对曰：“战国修其城池之功，故其国常失其地用，王国则以时行也。”

桓公曰：“何谓以时行？”

管子对曰：“出准之令，守地用，人筴，故开阖皆在上，无求于民。霸国守分，上分下游于分之闲而用足。王国守始，国用一不足，则加一焉。国用二不足，则加二焉。国用三不足，则加三焉。国用四不足，则加四焉。国用五不足，则加五焉。国用六不足，则加六焉。国用七不足，则加七焉。国用八不足，则加八焉。国用九不足，则加九焉。国用十不足，则加十焉。人君之守高下，岁藏三分，十年则必有三年之余；若岁凶旱水泆，民失本，则修宫室台榭，以前无狗、后无彘者为庸；故修宫室台榭，非丽其乐也，以平国筴也；今至于其亡筴乘马之君，春秋冬夏，不知时终始；作功起众，立宫室台榭，民失其本事，君不知其失诸春筴，又失诸夏秋之筴数也，民无饘卖子数矣；猛毅之人淫暴，贫病之民，乞请君行律度焉，则民被刑僇而不从于主上，此筴乘马之数亡也。乘马之准，与天下齐准，彼物轻则见泄，重则见射，此斗国相泄，轻重之家相夺也；至于王国，则持流而止矣。”

桓公曰：“何谓持流？”

管子对曰：“有一人耕而五人食者，有一人耕而四人食者，有一人耕而三人食者，有一人耕而二人食者，此齐力而功地，田筴相圆，此国筴之时守也。君不守以筴，则民且守于上，此国筴流已。”

桓公曰：“乘马之数，尽于此乎？”

管子对曰：“布织财物，皆立其赀，财物之赀，与币高下，谷独贵独贱。”

桓公曰：“何谓独贵独贱。“管子对曰：“谷重而万物轻，谷轻而万物重。”

公曰：“贱筴乘马之数奈何？”

管子对曰：“郡县上臾之壤，守之若干。闲壤，守之若干。下壤，守之若干；故相壤定籍，而民不移。振贫补不足，下乐上。故以上壤之满，补下壤之众，章四时，守诸开阖，民之不移也。如废方于地此之谓筴乘马之数也。

《管子》不同于其他古文，费解之处太多，为求谨慎，如此长段我也原文照录了。

这两个篇名看着古怪，好像和骑马有关，其实“乘马”指的是税收的统筹计算，“臣乘马”的“臣”专家们一般认为是个错别字，其实是“策”字。这两篇的内容是一以贯之的，所以一起来讲：

齐桓公问管仲：“你给我讲讲税收政策怎么玩吧。”

管仲说：“国家如果没有物资储备，毛病一定出在政策上。咱们先来谈谈春耕：一个农民耕种百亩土地，最要紧的是抢春耕，必须在二十五天之内做完。因为冬至以后六十天地面解冻，再过十五天地下解冻，这时候得赶紧播种，等冬至以后满了百天，再播种可就不管用了。可如今您要搞政府工程，各地的老百姓全来服役，但工程实在太大，大家忙了一个春天也没干完，接着还得再忙一个夏天，这宝贵的农时一被耽误，别看咱们全国有那么多土地，到秋收的时候可也打不上多少粮食来。到那时候，农田收成少，政府开销却不少，于是民间有造反，朝廷有平乱，一个国家就这么有了内乱了。”

齐桓公说：“对呀，是这个理！”

管仲接着说：“所以呢，收税得有计划，有方法。那些成就王业的领导是从来不夺农时的，只要政府不夺农时，粮食就会常有丰收。可是呢，缺粮有缺粮的难处，丰收也一样有丰收的难处。”

齐桓公很奇怪：“丰收了还有什么难处？难道是发愁粮食太多了没地方放？”

管仲说：“丰收造成的问题是：大家都富裕了，于是士人就会轻视爵位，草民对奖励也丧失了原来的积极性。这道理很简单：人一有钱了，也就不好使唤了。好比老板让工人加班，告诉他们每加班一小时就有两毛钱的加班费，如果工人都是吃了上顿没下顿的那种，为这每小时两毛钱每天能加班加出二十五小时来，可如果工人的收入已经很不错了，谁还拿老板那两毛钱当回事呢，到时候就该拿着《劳动法》让老板给假、给福利，都敢跟老板讨价还价了。”

齐桓公一愣：“工资不就应该是由工会和资方协商而定吗？我早就觉得我们齐国要尽早实行 SA8000 的标准，不能再搞资本主义的血汗工厂了！”

管仲叹道：“您可别太前卫了哎，您的反动本质不允许您这样做！嗯，就像我方才说的，人一旦手里有俩钱了，就不容易支使了，所以那些善于治国的人会使种地的男人把一年的辛苦收成送交朝廷，使织布的妇女把整日的操劳所得送交官府，这样一来，他们虽然很勤劳，产出也很多，可自己手里却落不下多少财货。”

齐桓公瞪着眼：“这样的就叫‘善于治国’呀？我怎么听说善于治国是让全国人民都过上幸福生活呀？你说的这些，把老百姓一年的辛苦产出全给弄到朝廷里来，这简直就是赤裸裸的剥削！这不是让政府与人民为敌么！”

管仲说：“道理是这样的：人只有既不太富、又不太穷，使唤起来才顺手。我方才说的那个办法，并不是真要让政府与人民为敌，而是政府必要的理财手段，不得已而为之啊！”

齐桓公不懂，问：“那你给我详细讲讲。”

管仲说：“虞国就是这么搞的，他们在春耕之前先以政府的名义向农民发放贷款，等到秋收的时候，五谷丰登，是个大丰年。可丰收就意味着粮食的供给量大，当供给大大超过需求的时候，粮食的价格就会大幅下跌——”

齐桓公摆了摆手：“等等，我学的好像是：价格不是由价值决定的么，决定价值的又应该是必要劳动时间，这可是马克思的经典理论哎。”

管仲答道：“您学的东西都太先进了，我跟不上，我还是按我的供求关系决定价格的反动理论来给您讲吧。方才说到粮食价格猛跌，这个时候政府就该有所行动了。”

齐桓公点了点头：“对，政府应该限定粮食价格，并且以官方保护价格向农村收购粮食。”

管仲摇头：“您又走在时代的前边了。我要说的是虞国政府的举措，人家可没您这么先进。虞国政府这时候就会发布公告，说：‘春耕的时候政府向大家贷的款现在可该还了，政府对你们不错吧，等有收成了才让你们还钱。当初贷给你们的是钱，现在呢，政府再给个好政策：你们不是粮食多么，把该还的钱折成粮食还回来就行。’这么一来，粮食就源源不断地堆进了政府的粮仓。等半数的粮食收归政府之后，市场上粮食的供给量大幅减少，价格将会上涨十倍。这时候再通告各地官吏，让他们多搞武器和用具。这就等于是政府采购，可是呢，不要用货币来支付工钱，而是把该付的钱折成粮食支付出去。您明白了吧，政府在粮食价格的低点回收粮食，以很少的代价（春耕时的贷款）就能回收很多粮食；又在粮食价格的高点以粮食来支付政府债务，只要用很少的粮食就可以换回很多的武器和用具。这里外里一倒腾，赚头可大着呢。而且，粮食武器和用具还都是从国民手里堂而皇之买来的，而不是无偿征收来的，这多能体现爱民精神！”

管仲这番话把齐桓公直说得心旌摇荡，齐桓公问：“虞国这一手玩得真不赖，我也想学学！你再给出出主意，咱们齐国该怎么学人家？”

管仲说：“政府一定要有操纵财政的绝对能力。您看那些成就霸业的国家，政府只能控制全国财富的半数左右，政府的财富和民间的财富总量差不多是相等的，而那些成就王业的国家在这一点上做得就强多了，完全可以量出为入，政府有多大的财政需求，就可以从民间搞上来多少财富，国君有能力平抑物价，每年储备十分之三的粮食，十年之后必有三年份的余粮。这时候遇上自然灾害，庄稼歉收，老百姓吃不饱饭，政府就可以——”

齐桓公接茬说：“政府就可以用储备的余粮来赈济灾民，就像包青天陈州放粮那样。政府也应该带头作勤俭节约的表率。”

管仲说：“回答错误！包青天虽然是位青天大老爷，可他是纯正的儒家知识分子，没跟我学过经济。而那些老百姓呢，他们只知道饥荒时节能放粮赈灾的就是好官，就是好政府，以为政府带头作勤俭节约的表率就可以靠勤俭来度过难关。呵呵，其实未必如此。如果有了饥荒，政府不但不该勤俭节约，反倒应该大兴土木搞工程建设，雇佣那些最穷的人、受灾最重的地方的人来做工，这叫以工代赈。这时候您哪怕修个颐和园都行，这可绝对不是为了君主您的个人享乐哦。”

——如果不说是《管子》，我们很容易会认为这话是凯恩斯说的呢。

以骄奢淫逸为荣，以勤俭节约为耻，这种荣辱观实在令人难以接受，但《管子》却堂而皇之地说这才是治国的正道。当然，文中管仲所举的虞国施政的例子纯属附会，但我们如果真想找出实际的例子来倒也不难，比如，我们可以看看明朝太平时候的苏州，这地方在当时可是出了名的头号奢华之地。钱泳《履园丛话》说苏州的寺院、戏馆、游船、青楼等地，灯红酒绿、纸醉金迷，简直就是旧上海的十里洋场，可是，这些龌龊场所，在钱泳那双充满底层关怀的眼里看来，却无异于穷人的救济院——这话表面看上去荒谬绝伦，要知道，这些地方都是富人们一掷千金的娱乐所在，任谁看了其中的场面都只会生出对社会贫富两极分化的愤恨之情，恨不得马上加入水泊梁山，好好在苏州替天行道地做上一票。可钱泳自有他的道理，他说：靠着这些奢华场所的存在，大量穷人也能从中小小地分一杯羹。就好比豪华夜总会里虽然出入的都是些达官显贵、公子王孙，可这一条街上也因此而聚集了很多给小姐们开黑车的、给黑车司机卖盒饭的、给卖盒饭的小老板送啤酒的，给送啤酒的小伙子修三轮儿的，等等等等。钱泳说：这些穷人一旦你禁止他们在这里讨营生，非让他们改业，他们当中必然有很多人都会沦为流氓、乞丐，甚至是小偷、强盗，为害无穷。最好的办法不如听之任之——我们也不妨称之为“无为”——钱泳最后说：曾有位潘先生游览虎丘，面对这同一番场景写诗感慨：“人言荡子销金窟，我道贫民觅食乡。”这句诗真是仁者之言啊！

我选择这个故事来讲，还有一个目的，就是为了呼应一下前文曹参在齐国为相时特意讲的那个“狱市”。前文说，“狱市”到底是个什么东西，至今没有定论，但现在我们若把“狱市”当作钱泳笔下苏州的青楼戏馆，曹参那番话一下子就变得通顺起来了。

到了现在，我们应该想到，汉初的所谓黄老之学恐怕未必仅仅是一个“清静无为”就可以一言以蔽之的，《管子》在这里所表现出来的哪里是什么无为之治，分明是国家干预主义，其权谋思想之重又不由得让人怀疑它和法家是否存在什么渊源?

也许，在汉初人们的眼里，道家和法家的区别并不是像我们现在看上去那样大的，《史记》不就分明把老子、庄子和申不害、韩非子同列一传么?

道家和法家的渊源早有不少前辈论述过了，大略来说，如果说这两者可以被划归到一个大范畴之内的话，那么或许可以这样说：老庄为本，申韩为用。而在历史的发展脉络当中，道家在汉朝表现为黄老，在魏晋则表现为老庄，这两者间的区别同样也并不像我们现在看上去的那样小。

我们现在只说汉朝人眼中的道家，其实，越往深里看，就越是觉得各派之间并非那么壁垒森严，这和春秋战国时代实在是大为不同了。就拿《管子》来说吧，汉初的青年俊彦贾谊在谈到儒家“别尊卑”的礼治思想的时候，却离奇地引用了《管子》的话，说：“《管子》曰：‘礼义廉耻，是谓四维；四维不张，国乃灭亡。’”——这句话如果放到《论语》或者《孟子》里边，一点儿也不显得扎眼。

不错，《管子》也讲礼义廉耻，更为有趣的是，《管子》在讲礼义廉耻的时候，不但以此来作为君主的权谋手段（法家思想），甚至还用它反击所谓“全生”之道（道家庄子思想）——见于“立政九败解篇”：

人君唯无好全生，则群臣皆全其生，而生又养生，养何也？曰：“滋味也，声色也”，然后为养生，然则从欲妄行，男女无别，反于禽兽，然则礼义廉耻不立，人君无以自守也，故曰：“全生之说胜，则廉耻不立。”

这段是说：君主如果追求全生之道，大臣们也会跟风去学全生保命的法子，风气很容易由此大开。那么，什么是全生/养生呢，很简单，就是吃好喝好、玩好睡好。可这样一来，人岂不是全都返回禽兽状态了？所以说，礼义廉耻的道德观如果不好好建立起来，君主就没法当了。这话也可以这么说：如果全生之说流行起来，那么这个社会也就变得寡廉鲜耻了。

——这话说得还真不错，魏晋不就是全生之道盛行的时候么，名士们有刘伶醉酒，有阮籍穷途，花样越翻越新，如果抛开深层原因不谈，而纯粹以世俗道德观来看，这些人可不就是寡廉鲜耻么，皇帝也确实没法使唤这些嬉皮士。

但是，《管子》虽然也讲礼义廉耻，也讲尊君卑臣，出发点却和儒家截然不同，“明法篇”说：“尊君卑臣，非计亲也，以势胜也”，这就完全是申不害的口吻了。

在“尊君卑臣”这一点上，《管子》和儒家还有一个非常要紧的区别。《管子·明法解》说：

制群臣，擅生杀，主之分也。县令仰制，臣之分也。威势尊显，主之分也。卑贱畏敬，臣之分也。令行禁止，主之分也。奉法听从，臣之分也。故君臣相与，高下之处也，如天之与地也，其分画之不同也，如白之与黑也。故君臣之闲明别，则主尊臣卑，如此，则下之从上也，如响之应声；臣之法主也，如景之随形；故上令而下应，主行而臣从，以令则行，以禁则止，以求则得，此之谓易治；故明法曰：“君臣之闲，明别则易治。”

意思是：节制臣子，专掌生杀大权，这是君主的本分；接受君主的节制，服从命令听指挥，这是臣子的本分。位高权重，高高在上，这是君主的本分；卑躬屈膝，俯伏敬畏，这是臣子的本分。令行禁止，是君主的本分；奉法听命，是臣子的本分。所以，君臣的关系是这样的：高下之别如同天地之别，本分之别如同黑白之别。君臣之间如果界限分明，自然就会君尊臣卑，这是以下事上的道理。臣子侍奉君主，就应该像应声虫、跟屁虫一样，上边怎么吩咐，下边就怎么去做，这样的话，治起国来才会得心应手。

——这些话我们现代人听着可能很不顺耳，似乎也和我们所熟悉的道家思想没什么关系，但汉朝人眼中的黄老之学有可能真就是这个样子。回顾一下《孟子他说》里讲解唐人柳识《吊夷齐文》时谈到的“冠敝履新”的那个典故：

柳识在第二段中有一句引文，叫做“冠敝在于上，履新处于下”，意思是：帽子是戴在头上的，就算帽子破了，也得戴在头上，不能往脚上套；鞋子是穿在脚上的，就算你赶时髦花两万块钱买了一双限量发行纪念款的顶级耐克鞋，也得穿在脚上，不能顶在头上。我曾在上本书里花了些篇幅澄清许多人对“礼仪之邦”的误解，其实呢，这个“冠敝在于上，履新处于下”的说法正是对“礼仪之邦”、对“礼治”的一个非常贴切的比喻——社会上的所有人都有各自的位置，大家要各安其位：你是帽子，就永远在头上扣着；你是鞋子，就永远被人在脚下踩着；你是袜子，就算再破、再旧，也不能裁开了缝缝补补改成口罩，唯有如此，社会才能稳定，才能和谐，才不会出乱子。

“冠敝在于上，履新处于下”，这话到了汉代可能已经成为了知识分子间的一句习语。汉景帝的时候，有这么一天，两位学者在皇帝面前争论起这个问题来了。这两人一个是辕固，一个是黄生。这个辕固是研究《诗经》的大专家，也就是电视剧《汉武大帝》里惹恼了窦太后、结果被跟野猪圈在一块儿的那位老先生。

当时，黄生说：“商汤王和周武王都是篡位弑君的大坏蛋！”

辕固说：“瞎掰！夏桀王和商纣王才是大坏蛋呢，人民群众怨恨夏桀王和商纣王，喜欢商汤王和周武王，这是民心向背啊，商汤王和周武王是受命于天的。”

现在我们置身事外，能给这口角中的二位作个评判：黄生有可能是治黄老之学的学者，坚守“尊君卑臣”的原则；而辕固在这个问题上却是孟子一派的，更加倾向于民意而不是君权。

然后，黄生就说了：“冠敝在于上，履新处于下。桀、纣虽然坏，但毕竟是君主，汤、武再怎么好，但毕竟是臣下。君主就算做得不对了，臣下也只应该尽劝谏之力，哪能造反呢！”

辕固说：“那，照你这么说，咱们汉朝，高皇帝（刘邦）灭了秦朝，自己作了天子，难道还错了不成？”

辩论到这里就再也进行不下去了。为什么呢？在古代，讨论历史问题一定要遵循一个基本尺度：一定要在历史的范围里讨论历史，千万别往现实问题上去引申，一旦碰了现实，历史也就不成其为历史，而一变成为政治了。黄生此时此刻该怎么回答辕固的问题呢？他可太为难了：怎么说都是错啊！

该汉景帝说话了。汉景帝说：“吃马肉不吃马肝，不算不懂吃。”

——这叫说的什么话！皇帝会这么说么，有人不会觉得这是我瞎编的吧？

真不是我编的，《史记》和《汉书》里都是这么记载的。

为什么马肝不能吃呢？有人解释说那时候的人认为马肝有毒。汉景帝的话还有下半句：“做学问的人不谈汤武受命，不算傻子。”这句话再解释一下就是：对一位吃遍天下美味的美食家来说，没人会因为你不吃有毒的马肝就认为你不配作美食家；同样，对一位大学者来说，也没人会因为你不谈商汤王、周武王闹革命的事就否认你是大学者。

汉景帝此言一出，立时就圈定了一块学术禁区。古代社会里的很多学术禁区都是这么来的。

黄生的身份在史料里并没有明确的记载，司马迁在《史记·太史公自序》里自称曾经向一位“黄子”学习道论，《史记集解》引徐广的说法，说这位黄子就是黄生。两下这一联系，黄生就被一些人推定为治黄老之学的学者。这个证据似乎并不过硬，而我们好像也找不到其他佐证了。无论如何，即便抛开此说不顾，我们对汉朝人眼中的道家毕竟有着很多的认识渠道。

嗯，先从《管子》的时代来说吧。

《管子》虽然托名管仲，学者们却几乎没人认为它真是春秋时代的著作，而把成书年限推定在战国到西汉这段时间。郭沫若在《艺文类聚》里发现了一段话，和《管子》所载几乎是一样的内容：

> 周容子夏以侈靡见桓公。桓公曰：“侈靡可以为天下乎？”子夏曰：“可。夫雕橑而后炊之，雕卵然后瀹之，所发积藏，散万物也。”

这话在《管子》里就是前文已经引述过的“侈靡篇”里的“而雕卵然后瀹之，雕橑然后爨之”。（吃鸡蛋要先在鸡蛋上画上画再吃，烧柴火要先把柴火雕出花样来再烧。）郭沫若由此推测，“侈靡篇”的真正作者就是这位周容子夏，写作时间则应该是在汉朝吕后当政的时候。——如果我们相信这个论断的话，再联系起《汉书·艺文志》里边的作品分类，那么，西汉人眼中的道家思想似乎已经隐隐出现了一个轮廓。

汉初道家称黄老，“老”是老子，现在我们有《老子》可看，可黄帝到底有什么学说，嗯，好像除了一部《黄帝内经》有些名气之外，也就没什么说得出来的了。《汉书·艺文志》在道家书目下有：《黄帝四经》四篇；《黄帝铭》六篇；《黄帝君臣》十篇，说这是战国时候写的，和《老子》很像；《杂黄帝》五十八篇，说这也是战国时的作品；还有《力牧》二十二篇，战国作品，托名于黄帝的宰相力牧。

感谢近年的考古发现，马王堆出土的汉代文献当中有好几篇值钱的东西，学者们推断《十大经》和《经法》等等就是《汉书·艺文志》所载的《黄帝四经》。（此说经唐兰论证，几乎已成定论，但反方人数虽少，却很有力，名人有裘锡圭等。）

从这《黄帝四经》来看，法家味道极重，比如《经法》说："当领导的面南而立，大臣们恭恭敬敬，一点儿不敢蒙蔽领导，小弟们俯首帖耳，唯上级之命是从。"——这既不是"以民为本"，也不是以封建宗族共同体为本，看不见封建社会的痕迹，只看见专制社会的霸权，简直就是"朕即国家"的思想，完全是以领导为本，是要大家从小就牢记：在火灾发生的时刻，一定要"请领导先走"。

以领导为本位的学术思想天然会被领导喜欢，嗯，如果我是领导，想来也不会例外，我会给全体员工派发两本书，让他们一辈子只读好这两本书：一个是《没有任何借口》——当我命令下去的时候，谁也不许有任何借口，全体员工也都应该把"没有任何借口"当作天经地义的道理，凡是质疑这个道理的人都会马上受到大家的道德谴责；另一个是《谁动了我的奶酪》，让大家知道，如果我对不起谁了，那他不应该有任何怨言，不该对我有任何不满，乖乖地服从我的决定，饭碗被我砸了自己再另外去找！——唉，可惜这两本书生不逢时，别看在现在都是大畅销书，风光无限，要是放到古代，还能风光得多，至少能被定为官方经典，列入"四书七经"。

但这么做还存在着一个技术难度，那就是：人与人之间的脑容量都差不多，从先天而言，谁也不比谁笨，难道你想让别人怎么想，别人就会老老实实地怎么想么？

先看这个问题：管一群羊和管一群人，哪个更容易？

当然是管一群羊更容易，那么，如果想做到“治大国若烹小鲜”，想轻轻松松治理天下，最好的办法就莫过于把人变成羊。《老子》在这个问题上尽出损招，比如什么“虚其心，实其腹，弱其志，强其骨”，也就是说，要让老百姓多吃饭，少读书，多健身，少思考，这样的老百姓好使唤。所以我们看古代专制社会，皇帝可以搞菜篮子工程，让大家吃好喝好，可以搞全民健身运动，让大家增强体质，但绝对不会放开思想控制——从秦始皇的焚书到清朝的文字狱，这专制时代的一头一尾就被这根线贯穿下来了。

尤其值得注意的是：既然老百姓“应该”或者“已经”变成绵羊，那么，他们生存的目的自然就是被统治者所管理、所利用、所宰杀，这个逻辑是顺理成章的；反过来说，羊群因为无知无识而不再可能胡思乱想妄议朝政，同时也绝不应该对政策有任何的发言权——这也很好理解：牧羊人做事犯不着跟羊商量，聪明人做事也犯不着跟傻瓜商量。这也就是说：儒家一直强调的所谓“民心”，所谓“得民心者得天下”，在这里的含义是：民心向背本身并不重要，重要的是统治者必须要有足够的手段来凝聚民心。——现在社会的传销组织给了我们一个近在眼前的样板。

——看，从《老子》顺理成章地一推，就推到《韩非子》了。《韩非子·显学》说：

今巫祝之祝人曰：“使若千秋万岁。”千秋万岁之声聒耳，而一日之寿无征于人，此人所以简巫祝也。今世儒者之说人主，不善今之所以为治，而语已治之功；不审官法之事，不察奸邪之情，而皆道上古之传，誉先王之成功。儒者饰辞曰：“听吾言则可以霸王。”此说者之巫祝，有度之主不受也。故明主举实事，去无用；不道仁义者故，不听学者之言。

今不知治者必曰：“得民之心。”欲得民之心而可以为治，则是伊尹、管仲无所用也，将听民而已矣。民智之不可用，犹婴儿之心也。夫婴儿不剔首则腹痛，不揊痤则寖益，剔首、揊痤必一人抱之，慈母治之，然犹啼呼不止，婴儿子不知犯其所小苦致其所大利也。今上急耕田垦草以厚民产也，而以上为酷；修刑重罚以为禁邪也，而以上为严；征赋钱粟以实仓库、且以救饥馑备军旅也，而以上为贪；境内必知介，而无私解，并力疾斗所以禽虏也，而以上为暴。此四者所以治安也，而民不知悦也。夫求圣通之士者，为民知之不足师用。昔禹决江浚河而民聚瓦石，子产开亩树桑郑人谤訾。禹利天下，子产存郑，皆以受谤，夫民智之不足用亦明矣。故举士而求贤智，为政而期适民，皆乱之端，未可与为治也。

韩非子明显对民心表示不屑，对提倡“得民心”的儒家更是不屑。他在这段里说：“巫婆神汉向人说吉祥话，说的都是些什么‘祝您千秋万代一统江湖’，‘祝您老人家万寿无疆’之类的东西，可说得再多，有用吗，都是扯淡！现在儒家那些人就是这种巫婆神汉的作风，动不动就劝说国君：‘听了我这一套，您就可以称王称霸。’可说的东西全是虚头八脑的，什么仁义呀、民心呀，一点儿切实的都没有，明理的国君是不去理会这些骗子的。

“二把刀的政论家经常会提到‘得民心’如何重要，我呸，老百姓的眼睛从来都不是雪亮的，统治者只要有能力控制舆论导向，老百姓能知道什么真假对错呢！如果搞政治真要得民心才行，还要伊尹、管仲那些职业经理人做什么，老百姓怎么说国君就怎么做呗！

“说实在的，老百姓基本上都是笨蛋，他们那点儿小脑瓜比婴儿强不到哪儿去，用鼠目寸光来形容他们实在再恰当不过了。这些不知好歹的东西，真没素质！想当初，大禹治水，子产改革，一片反对之声，可后来的事实证明大家全错了，只有众矢之的的大禹和子产是对的。所以说，搞政治最听不得民众的意见，就算实在非听不可，不妨像涨价听证会那样走走形式也就行了。”

看，从《黄帝四经》到《老子》，到《韩非子》，再联系一下《管子》，从尊君到卑臣，再到愚民，全是一个逻辑贯穿下来的，有黄老必有申韩。嗯，如果继续推演下去呢，结果可能出人意料。——我们看看《韩非子·忠孝》：

天下皆以孝悌忠顺之道为是也，而莫知察孝悌忠顺之道而审行之，是以天下乱。皆以尧、舜之道为是而法之，是以有弑君，有曲于父。尧、舜、汤、武，或反君臣之义，乱后世之教者也。尧为人君而君其臣，舜为人臣而臣其君，汤、武为人臣而弑其主、刑其尸，而天下誉之，此天下所以至今不治者也。夫所谓明君者，能畜其臣者也；所谓贤臣者，能明法辟、治官职以戴其君者也。今尧自以为明而不能以畜舜，舜自以为贤而不能以戴尧，汤、武自以为义而弑其君长，此明君且常与，而贤臣且常取也。故至今为人子者有取其父之家，为人臣者有取其君之国者矣。父而让子，君而让臣，此非所以定位一教之道也。臣之所闻曰：“臣事君，子事父，妻事夫，三者顺则天下治，三者逆则天下乱，此天下之常道也，明王贤臣而弗易也。”则人主虽不肖，臣不敢侵也。今夫上贤任智无常，逆道也；而天下常以为治，是故田氏夺吕氏于齐，戴氏夺子氏于宋，此皆贤且智也，岂愚且不肖乎？是废常、上贤则乱，舍法、任智则危。故曰：“上法而不上贤。”

忠孝之道也是儒家的一个主要思想，前文讲过，先秦儒家所谓的“忠”并非专制时代所谓的“忠”，而“孝”的意义同样也有前后区别。在韩非子看来，儒家的忠孝主张不但对国家没有好处，反倒是祸国殃民的歪理邪说。

韩非子说：“瞧你们儒家推崇的那些所谓圣人，什么尧、舜、禹、商汤、周文王、周武王，要么就是颠倒君臣的名份，要么就是弑君作乱，没一个好东西。这些人有什么好学的，越学天下越乱。要照我说，真正的好君主应该有能力统御臣下，真正的好臣子也应该服服帖帖地侍奉君主，哪能君主觉得臣子好就让位给他，哪能臣子觉得君主不好就取而代之呢？就算君主是个二百五，那也是君主，做臣子的也得老实本分，不能有一丁点儿的非分之想。治国要靠法度，不能靠贤人，田氏篡了齐国，戴氏篡了宋国，这田氏和戴氏都没少出贤人，结果怎么样，国君重用贤人，却被贤人把国家给篡夺了。所以说，治国要重法制，有不可改变的一定之规，而不能重贤人。我听人说：‘臣事君，子事父，妻事夫，三者顺则天下治，三者逆则天下乱，这才是放之四海而皆准的真理。’”

——看出什么来没有？韩非子虽然明白反对儒家的忠孝之说，而他“听人说”的那个“放之四海而皆准的真理”，也就是“臣事君，子事父，妻事夫”，这不就是董仲舒提出的“三纲”么？这样看来，我们一直攻击儒家的“三纲”，虽然出自大儒董仲舒之口，却能在时代更早的韩非子那里找到呼应？！这样看来，儒家发展到董仲舒这里，虽然表面上被官方独尊，但其内涵已经非常的驳杂不纯了，不但“春秋大义”被阴阳五行搞得云山雾罩，还被作为断案的法理依据，甚至连“三纲”这样的儒家最新核心理论原来也是法家的思想，无条件的尊君卑臣也本是道、法两家的意见。

——从上文来看，道、法也未必就是截然的两家。下面我们就来详细看看《老子》。

《老子》之难解，首先就是一个“道”字。“道”就真有那么玄吗？

其实，就算这“道”真的很玄，恐怕也说明不了它的高明。很多人常有一种误解，觉得就信仰和迷信来说，那些具体的人格化的神是最普遍的，因而也最是平淡无奇的，而一种超自然的、非人格的“道”却令人耳目一新，实在高明得很。——如果你读过科德林顿写于一百年前的《美拉尼西亚人》，读过马雷特紧随其后发表的《前万物有灵论的宗教》，恐怕你就会改变看法了。（呵呵，说这话我有点儿心虚，因为这两本书我自己也没看过，只是从其他一些地方看过介绍。）科德林顿是位传教士，他在美拉尼西亚传教的同时认真考察了当地的土著，发现土著们普遍相信一种叫作“玛纳”

的东西，这“玛纳”既是超自然的，又是非人格的，是说不清、道不明的一种东西，正所谓“玛纳可道，非常玛纳”。简单讲，“玛纳”有点儿像是《圣斗士星矢》[50]里的“小宇宙”，但“玛纳”不仅是有身份的人有，还几乎无所不在，而且不分善恶。至于马雷特的意见，我就直接引用别人的归纳好了：“牛津的人类学家马雷特……进一步证实了科德林顿的意见……他提出宗教发展的第一阶段不是为神祇命名，也不是断言物质精灵的存在，而是一种由非人格的超自然力量（‘玛纳’）所唤起的（并与之相联）畏惧感。这种理论在理解史前宗教的表现形式方面起了非常重要的作用，至今仍被许多第一流的著述认定为宗教起源的最好解说。”[51]

马雷特这个观点主要是针对那些认为“万物有灵论”才是最早的宗教起源的学者们的（比如前文提到过的泰勒就是其中的一位重要人物），如果马雷特的观点成立，那就意味着对超自然的、非人格的某种神秘物的信仰是一种最原始的信仰。——这倒让人好奇了：“道”的源头是否如此呢？（甚至，董仲舒的“天”不也是一样的吗？）

以上讨论仅供参考，毕竟没有什么直接的联系。——直接的联系马上就有了。

《老子》显然很长时间以来都被人和《庄子》等同观之，但近年的考古发现使我们把这个问题看得更清了。汉朝的帛书《老子》和如今的通行本《老子》内容上没有太大的不同，但章节的编排次序却很不一样。现在我们都知道《老子》一开篇就是著名的那个“道可道，非常道”，而在帛书《老子》里，不仅序列和通行本不同，文字上也有一些出入。

文字的少许出入本来也不算什么大事，毕竟传抄起来总不可能一直严丝合缝，可问题是，本来这一节的断句就是有争议的，字句若再有出入，断句就更麻烦了，而断句的不同直接导致了意思的不同。（古书一般没标点，于是断句就成了一门专门的学问，叫作“章句之学”。）

通行本一般的断句是这样的：

道可道，非常道；名可名，非常名。无，名天地之始，有，名万物之母。故常无，欲以观其妙；常有，欲以观其徼。此两者，同出而异名，同谓之玄。玄之又玄，众妙之门。

有空行帛书甲本则是：

道，可道也，非恒道也。名，可名也，非恒名也。无名，万物之始也。有名，万物之母也。[故]恒无欲也，以观其眇（妙）；恒有欲也，以观其所噭。两者同出，异名同胃（谓）。玄之有（又）玄，众眇（妙）之[门]。

在帛书没有出土之前，通行本的断句就常有争议，比如这句“常无，欲以观其妙；常有，欲以观其徼”，宋朝人很多就都是这么断的，现代不少本子的《老子》也是这么点标点的，但有人不服气，结果帛书一出，无论甲本还是乙本，“欲”字后边都有个“也”，这才证明以前是断错了，拿通行本子按照汉朝人的断法就应该是“常无欲，以观其妙；常有欲，以观其徼”，意思就完全不同了。

而在帛书之后，又出土了楚简《老子》，时代断为战国，是现在发现的最早的《老子》版本，其内容和帛书本、通行本大为不同。我们现在读《老子》的人常常把重点放在“道可道，非常道”上，还有那个“道生一，一生二，二生三，三生万物。万物负阴而抱阳，冲气以为和”，看重《老子》的宇宙论，捉摸其中玄而又玄的道理，而在楚简《老子》当中，却令人吃惊地完全没有这方面的内容。的确，楚简《老子》也谈到“道”，但没那么多玄的虚的，没什么形而上的味道，而多是实实在在地讲述政治方略。如果黄老之学在战国时代就已经发生的话（很有这种可能），那么，楚简《老子》就更值得我们好好关注一下了。

先要说明一下，我们所熟悉的形而上的“道”虽然不见于楚简《老子》，却出现在和楚简《老子》同时出土的另一篇道家文献里，这一篇就是《太一生水》。古时文字，太、天、大常常都是一回事，这在《周易江湖》里已经讲过，“太一”也就是“一”，完全可以把那个“太”字去掉。这篇竹简说：太一生了水，水反过来辅助太一，一起使劲，于是就有了天；天也反过来辅助太一，一起使劲，于是就有了地，天地大概一起辅助了太一，于是又产生了神明；神明又两相作用，于是就有了阴阳；阴阳互相作用，于是有了四时；四时互相作用，于是有了寒暑；寒暑互相作用，就形成了干湿；干湿互相作用，于是形成了“岁”，到这儿就算到头儿啦……[32]

我不知道最后的“岁”字到底是当“时间”讲，还是当“收成”或者“一年”讲，不过我们看这个生成系统，和“道生一，一生二……”，和“易有太极，是生两仪……”是不是很像呀？我们以后再要找那个玄而又玄的“道”，就别找《老子》了，直接找《太一生水》好了。

我们把形而上的“道”拿开之后，再看《老子》的“道”时就别有一种体会了：这个“道”，落在了实处，落在了政治方略之上。——这还有个旁证，马王堆出土过一篇《伊尹·九主》，这有可能就是《汉书·艺文志》所载的黄老学派的“《伊尹》五十一篇”的一部分。在这篇文献里，很清楚的是：“道”和“政”是一个意思，这至少说明战国人有这样来用“道”字的，说明黄老学派有这样来用“道”字的。

《老子》越来越不神秘了，而且简本的发现订正了以前的一些误解。比如，先说一个尹振环的一家之言——我们看看通行本第三十五章“执大象，天下往”，这是什么意思呢？

——照我的理解，就是：抓住了一头大象，骑着它可以周游世界。当然古人不是这么理解的，河上公注释说：“象，就是道”，那么这句话我们就可以理解为：“如果掌握了大道，天下人就会纷纷归附。”成玄英解释为：“大象，犹大道之法象。”嗯，也是经典一说。但从简本来看，“执”字似乎是“势”，这一来，整个儿意思就全变了：“谁势力大，别人就会归附他。”[53]——这可是纯粹的法家思想哎！虚头八脑、怎么解释都行的“道”摇身一变成了扎扎实实的“势”，意义非同小可。《韩非子》专门有一个“难势篇”，强调权势的重要性，开篇引了一段慎子的话，非常精辟，也非常务实：

慎子曰：“飞龙乘云，腾蛇游雾，云罢雾霁，而龙蛇与螾蚁同矣，则失其所乘也。贤人而诎于不肖者，则权轻位卑也；不肖而能服于贤者，则权重位尊也。尧为匹夫不能治三人，而桀为天子能乱天下，吾以此知势位之足恃，而贤智之不足慕也。夫弩弱而矢高者，激于风也；身不肖而令行者，得助于众也。尧教于隶属而民不听，至于南面而王天下，令则行，禁则止。由此观之，贤智未足以服众，而势位足以诎贤者也。”

慎子说的是：飞龙驾着云，腾蛇乘着雾，一个比一个牛，可要是云收雾散了，龙蛇和蚯蚓也就没什么区别了。这就好比大官们住着豪华别墅，坐着豪华轿车，挽着金碧辉煌的十八奶，这等气势足以使方圆二百米之内的老百姓不由自主地双膝发软想下跪，可这些大官一旦没有了香车美女，往公共浴池里一扎，和贫嘴张大民也没什么两样。原因何在呢？因为他们失了势，没有了凭借。贤人俯仰于二百五的手下，是因为贤人虽贤，但权力小、地位低，而二百五则位高权重。尧这位大圣人如果只是个平头百姓，就连三五个人都管不了；夏桀虽然是个大坏蛋，但身居天子之位，便足以动摇天下。这就说明了光棍儿不斗势力，方世玉武功再高，也没法跟朝廷作对。一把小弩射出的箭却飞得很高，这是为什么？是因为风大，还赶上顺风。二百五能够发号施令统御众人，这是为什么？是因为他势力大，小弟多。同样是尧圣人，作平头百姓的时候谁也不把他当棵葱，可一旦作了天子，谁敢不听他的！所以说，贤也好，智也好，全都不如势力好。

——我们如果照这层意思来看，把《老子》归入法家，或者把申韩归入道家，似乎也并不显得牵强。不过呢，“势大象”的说法并非定论，只可作为参考，裘锡圭就认为是“设大象”，魏启鹏举《国语·齐语》的记载，说西周时代“设象以为民纪”，有了“设象”，老子要“设”的不是一般的“象”，而是“大象”。“大象”我就不说了，至于“设象”，应该就是像现在的教具教学一样，用教具（象）来告诉大家什么该做，什么不该做等等，大概更加类似于我们现在大街小巷里图文并茂的宣传物吧。（也许前文讲过的“象刑”也在其中，不过这东西到底是真是假就不好说了。）

再看《老子》的另外一节，也是大家耳熟能详的，在通行本是第二十五章：

道大，天大，地大，人亦大。域中有四大，而人居其一焉。人法地，地法天，天法道，道法自然。

佛家讲“四大皆空”，《老子》也有“四大”。这一段在帛书甲本作：

[道大，] 天大，地大，王亦大。国中有四大，而王居一焉。人法地，[地] 法 [天]，天法 [道，道] 法 [自然。]

帛书乙本作：

道大，天大，地大，王亦大。国中有四大，而王居一焉。

人法地，地法天，天法道，道法自然。

简本作：

天大，地大，道大，王亦大。中国有四大安，王居一安。
人法地，地法天，天法道，道法自然。

重要的区别是：帛书甲、乙本和简本都是“王大”，而通行本却是“人大”，这一字之差可造成了要命的区别：一国之中有四个东西是最大的，如果按通行本的说法，这“四大”就是道、天、地、人，老子把人和道、天、地并重，可见他老人家心怀人民群众，是个以人为本的进步思想家；可如果按帛书本和简本的说法，这“四大”就成了道、天、地、王，老子把王和道、天、地并重，可见他老人家心怀领导，把领导都捧上天了，鼓吹领导与天地同辉，以领导为本，真是个彻头彻尾的反动学术权威。（从简本看，“四大”应该是“四大安”，这就不多说了。）

查《老子》的各个版本，不但帛书甲、乙本和简本都是“王大”，而且河上公本和王弼本也都是“王大”，东汉的想尔本作“生大”，大概是道教为了理顺养生理论才这么改的，到唐朝时候就变成“人大”了，我们现在看到的本子一般都写作“人大”。[54]

联系上下文来看，“王大”确实是顺理成章的，这和申韩、《管子》的尊君思想也是如出一辙。——试想一下你自己就是皇帝，龙书案上放着两卷书，一是《孟子》的“民为贵，社稷次之，君为轻”，一是《老子》的“天大，地大，道大，王亦大”，你会喜欢哪一个?

以汉朝人的眼光来看黄老之学，来看《老子》，还有一本书是很有参考价值的，那就是历代都被认为伪书的《文子》。《汉书·艺文志》把《文子》列入道家，说作者文子是老子的弟子，和孔子同在一个时代。但班固也不是拿得很准，他用犹疑不决的口气说：书中有周平王和文子的对话，如果文子是老子的弟子，那和周平王的时代可差着不少呢，这样看来，这书大有水分，也许是后人依托之作。[55]

在这个问题上，历代学者们的声音几乎是一边倒的，只有清朝孙星衍认为书中的周平王应该是楚平王之误，果真如此的话，在时间上就没有什么矛盾了。再者，《文子》虽然未必是文子的亲笔，但“黄老之学存于《文子》，两汉用以治世，当时诸臣皆能道其说，故其书最显”。[56]——这是我们此刻最值得关注的话，如果孙说属实，那么这部《文子》就是体现汉朝黄老之学的代表作品，当时的政治与学术大可以从《文子》之中觅得端倪。

有个鼓舞人心的消息是：1970年代的汉墓考古发现了《文子》的残简，和今本对照一看，居然差别不大，而且可以确定周平王确系楚平王之误，还有一处值得关注的地方是：今本《文子》里的“老子曰”在简本里居然都是“文子曰”？！

文子到底是谁，恐怕多数人都不清楚，如果说他是老子的弟子，可从没听说老子还有弟子呀，不是传说他骑青牛西出函谷关，被关尹缠住写了五千言，然后就不知所终了吗?

——正如老子的这些传说都是极不可信的一样，文子是老子的弟子一说我们也不必过于当真。以前很多人认为文子就是计然，计然好像也不是个太有名的人，但他有个学生却尽人皆知，他就是越王勾践的谋臣、后来和西施泛舟五湖而去的那位范蠡。这个说法的出处是《史记·货殖列传》里的“范蠡师计然”，可是，孔丘被尊称为孔子，孟轲被尊称为孟子，其他人也是一样，为什么唯独这位计然不叫计子却叫文子呢？曾有权威注释说：计然不姓计，姓辛，字文子，祖上是晋国贵族。后来又有专家说：计然姓辛，家住葵邱濮上，号叫计然，他是老子的学生，是范蠡的老师。[57]

读古书有一个放之四海而皆准的经验：越是说得有鼻子有眼的，就越是可疑。对文子的真身，钱穆有过非常详细的考辨，说计然当是书名而非人名——为了简略起见，我这里只是概括提一下他老人家考辨的结论，对过程就不详述了，但钱老师有一处论证我还是觉得有必要特别拿出来说说，因为它对我们后文进入“《春秋》三传”二百四十二年的世界是很有帮助的。——钱老师说：古人取字，要么就是单字，比如孔门高足颜回，他的字是“渊”，所以我们也叫他颜渊；要么就是在字上标识出兄弟的排行（伯仲叔季），比如还是孔门里的冉耕，字伯牛，“伯”字说明他在兄弟里排行老大；要么就是加个“子”字作为美称，比如还是孔门里的闵损，字子骞；以上三种都是古人起字的规矩，可从来没有以“某子”为字的。所以说，如果计然先生姓辛，字文子，这不符合古人起名字的规矩。再看看古人称“子”都有几种情况：要么是跟着姓走，比如范蠡的同僚文种，可以称为“文子”，如果按这个规矩，计然就应该姓文；要么是跟着名走，比如田文也被称为“文子”，如果按这个规矩，计然应该名文；要么是作为死后的谥号，比如季文子、公叔文子、范文子，这样的话，如果计然既不姓文、也不名文，倒还有机会在死后被谥为文，但是，计然只是个平头百姓，不可能获得谥号。[18]看，这三条路全都断了。

我们借此了解一些春秋时代在称谓上的规矩，至于文子到底是谁，并不十分影响我们对眼下问题的讨论——对我们来说，孙星衍那番话才是至关重要的。

我们就要进入《文子》的片断文本了，我挑选了一些《文子》当中对《老子》的阐发性议论，看看《文子》时代（战国或秦汉）的人对《老子》的理解，在我们眼里玄而又玄的"道"与"德"、还有"无为无不为"等等，原本或许都有着非常切实的意义。

"道可道，非常道；名可名，非常名"，老子这段话说得太玄，所以后人有了无数多的解释，而且，正因为不容易看懂，人们才越发觉得高深莫测。文子阐释这段话，说：

> 老子（文子）曰：夫事生者，应变而动。变生于时，知时者，无常之行。故"道可道，非常道；名可名，非常名。"书者言之所生也，言出于智，智者不知，非常道也；名可名，非藏书者也。（《文子·道原》）

《文子》是说：事物是在不断的变化中的，是随着时间的流动而流动的，所以，道如果能被准确地说出来，那就不是道了，名如果能被准确地讲清楚，也就不是名了，这道理就和赫拉克里特"人不能两次踏进同一条河流"一样。

《文子》正面讲完再反面讲，拿儒家当靶子：儒家《诗经》

《尚书》等等典籍记载的都是圣贤之言，按说圣贤说的话都是好话，可他们那些话都是针对一时一事而发，并不是永恒的真理。如果世道变了，我们守着这些典籍而不知道变通，这可就太傻了。

——看来《文子》的理解相当朴素啊。《老子》这段文字把历代的多少聪明人都搞糊涂过，想尽办法来解释，于是乎说什么的都有，越说越玄。

我们都知道《老子》又名《道德经》，这个道与德到底是怎么回事，看上去仿佛出自天然、不言而喻，深究一下的话还真不容易说得清楚——尤其难在：道和德并非老子的专有概念，儒家也讲道，也讲德，董仲舒不就是吗？就连后世的理学家也有自己的一套“道德观”，这就更把概念给搞混了，比如宋代朱熹的高徒陈淳，在《北溪字义》里给“道”字立了一章，接着就是给“理”字和“德”字各列一章，其后又论中庸，又论太极，多是理学角度的个人感悟。而《北溪字义》仅是一例而已，各家各派的解释琳琅满目、铺天盖地，所以说，在你要和别人讨论“道”或“德”等等概念之前，先得问清楚大家对这些概念的理解是否都是一样的。我们现在看的这个《文子》，对“道”和“德”的理解便自成一家——《文子》打了个比方：道与德的关系就像韦和革的关系。

所谓韦，就是精加工之后的动物皮，我们穿的皮夹克、皮鞋，如果说是“真皮制品”的话，用古人的话说就是拿韦做的。所谓革，是经过粗加工之后的动物皮，并不是我们现在的人造革，如果一位古人把一双革做的鞋子当成真皮制品卖给你的话，他可不是骗你，那鞋子确实是真皮的。韦和革都是真皮，只是在加工工艺上有所区别，道与德也是同样，本质实际上是一种东西。《文子》下文里详细来谈：

老子（文子）曰：昔黄帝之治天下，调日月之行，治阴阳之气，节四时之度，正律历之数，别男女，明上下，使强不掩弱，众不暴寡，民保命而不夭，岁时熟而不凶，百官正而无私，上下调而无尤，法令明而不暗，辅佐公而不阿，田者让畔，道不拾遗，市不预贾，故于此时，日月星辰不失其行，风雨时节，五谷丰昌，凤凰翔于庭，麒麟游于郊。

虑牺氏之王天下也，枕石寝绳，杀秋约冬，负方州，抱员天。阴阳所拥、沈滞不通者，穷理之；逆气戾物、伤民厚积者，绝止之。其民童蒙不知东西，视瞑瞑，行蹎蹎，侗然自得，莫知其所由，浮游泛然，不知所本，自养不知所如往；当此之时，禽兽虫蛇无不怀其爪牙，藏其螫毒，功揆天地。至黄帝要缪乎太祖之下，然而不章其功，不扬其名，隐真人之道，以从天地之固然，何即？道德上通，而智故消灭也。

老子（文子）曰：天不定，日月无所载；地不定，草木无所立；身不宁，是非无所形。是故，有真人而后有真智，其所持者不明，何知吾所谓知之非不知与？积惠重货，使万民欣欣，人乐其生者，仁也；举大功，显令名，体君臣，正上下，明亲疏，存危国，继绝世，立无后者，义也；闭九窍，藏志意，弃聪明，反无识，芒然仿佯乎尘垢之外，逍遥乎无事之际，含阴吐阳而与万物同和者，德也；是故，道散而为德，德溢而为仁义，仁义立而道德废矣。（《文子·精诚》）

文子夸赞黄帝之治，说：想当年，黄帝调和日月的运行，理顺阴阳之气，顺应四季变化，修正乐律和历法，确定男女尊卑的秩序和君臣上下的礼法，使强者不欺负弱者，多数不压迫少数，老百姓都能活到自然寿命，粮食总有好的收成，百官公正无私，君臣融洽无间，法令清楚公开，路不拾遗，夜不闭户，大家互相谦让，做买卖诚实守信。所以在那个时候，日月星辰运行正常，风调雨顺，五谷丰登，凤凰满天飞，麒麟遍地走，天下一片昌明气象。

文子这番话是不是感觉眼熟？如果不告诉你这是道家手笔，说是董仲舒写的，应该不会有什么怀疑吧？春秋大义的上法天道、尊卑有序、以礼治国、好人政府、祥瑞臭街，这不分明就是董派儒家么！我们在这里先留个心眼儿，往下再看看……

文子接着说：前边讲的是黄帝时代的好时光，可黄帝以前是什么样呢？我再给你们讲讲吧：在很久很久以前，有个白胡子老头儿，他的名字叫伏羲，他管理着天下四方。当我们赞美伟人的时候，为求新意，可以从他的一两个生活小侧面入手，比如我们可以说说伟人的一件衣服穿了很多年啦，等等等等，所以，关于伟大的伏羲我们就可以这样来讲：他睡觉的时候，枕的是石头，铺的是干草——这很牛吧，他崇尚俭朴和原始，用这个精神来治理天下：当阴阳不调的时候就给疏通疏通，当不好的“气”伤害群众的时候就治理治理。伏羲治下的人民群众都是些蒙昧无知的家伙——注意哦，这可不是贬义——他们目光呆滞，走起路来慢慢悠悠，和东京地铁里的人流形成鲜明的反差，他们天真淳朴，无忧无虑，既不知道自己是从哪儿来的，也不知道自己要往哪儿去，悠哉游哉地漫游着，并不担心在某些重要的日子里会有一些全心全意为人民服务的执法队伍把他们弄到全心全意为人民服务的人的视野之外去筛沙子、绑刷子，他们也不会让诸如“生命和世界的本源”之类的问题来烦恼自己——这些问题就连佛陀都搞不清楚，只一句“无记”了之——他们自生自养，自得其乐。这就是伟大的伏羲时代呀，不但人类如此，就连毒蛇猛兽都消弭了凶性，收起了爪牙。

文子拿伏羲时代和黄帝时代相比，告诉大家：你们以为黄帝时代就够黄金时代了吗，呵呵，那是你们见识浅薄，伏羲时代才是真正的黄金时代呢。高明的治国之道是这样的：不彰显什么丰功伟绩，也没有歌功颂德，以真人之道顺应天地的本性。这也不难，只要领导人的道德上达于天，胸中了无机心而已。

——这就是在说无为之治，最后两句话比较费解，我翻译得不一定对，不过想来大意是不会错的。文子这里给了我们一个启示：向来都说儒家是复古的，孔子所谓“克己复礼”、追怀尧舜禹汤文武之类，虽然其中也有与时俱进的思想，但到底是以复古为主，可现在看来，道家的复古精神似乎比儒家不在以下，儒家的“古”至多只追溯到尧舜禹，更现实地说是追溯到文武周公，而道家描绘的黄金世界却一直追溯到了伏羲时代——这位伏羲据说是人类始祖，我们所有人都是他老人家和女娲的后代。这，这也实在太古老了！

不但古老，而且玄忽。闻一多写过一篇《伏羲考》，说伏羲其人见于记载要晚到战国时代才有。这问题我们先不去管，单说上古时代的蒙昧生活，如果当真如此的话，我们现代人还真很难说到底是进化了还是退化了，再者，如果此说为真，那大禹就犯不上辛苦治水，神农也没必要亲尝百草了。黄帝的传说也是聚讼纷纭，据说那时候也有不轻的刑罚，由“李官”[59]专门负责，割鼻子、砍脚的

“五刑”也是那时候创立的。至于真相如何，谁也说不清楚，或许道家托古改制的精神不亚于儒家呢，或者，这种精神就是古人的学风，不论什么学派全玩这一套？

伏羲时代，或者说“人类的蒙昧时代”，是一个值得深入思考的话题，因为这个文子和老子眼中的黄金时代看上去似乎正是人类的“自然状态”，而“自然状态”又是如此的难于认识，以至于卢梭感叹着：“研究过社会基础的哲学家们，都认为有追溯到自然状态的必要，但是没有一个人曾经追溯到这种状态。”

卢梭这话乍看上去好像没有多大的意义，但我们必须知道，认为人类原本生活在一种只是依从本性而生活的“自然状态”曾经是十八世纪西方社会里的时髦观点，我们只要想想那个时期里一些著名的绘画作品就能有个大概的了解——好像人越文明就越怀旧似的，我们现在的这些西藏游、古镇游、藏传佛教热等等，也是异曲同工，那么，进一步问一下：在文明相对发展的春秋战国时代会不会也有这种怀旧之情呢？如果这是可能的话，那这个被怀的旧，按我们现在的经验来推论古人，究竟是真的旧还是被造出来的旧呢？或者说，这个所谓的“自然状态”在多大程度上是个需求导向型的东西呢？

对这个“自然状态”（或者说是原始的黄金时代）最优雅的描述或许要属摩莱里的这句话：“世界是一张饭桌，它足以陈列所有共餐者所需要的一切。桌上的菜肴或者属于一切人，因为大家都饥饿；或者只属于某几个人，因为其余的人已经吃饱了。所以，任何人都不是世界的绝对的主人，任何人也没有权利要求这一点。”[60]

而卢梭这时候却表现了他缺乏浪漫的一面，他的这声感慨是发在《论人类不平等的起源和基础》这一名篇之中的，他接下来的话就是："有些人毫不犹豫地设想，在自然状态中的人，已有正义和非正义的观念，但他们却没有指出在自然状态中的人何以会有这种观念，甚至也没有说明这种观念对他有什么用处。另外有一些人谈到自然权利，即每个人所具有的保存属于自己的东西的权利，但却没有阐明他们对于'属于'一词的理解。再有一些人首先赋予强者以统治弱者的权力，因而就认为政府是由此产生的，但他们根本没有想到在人类脑筋里能够存在权力和政府等名词的意义以前，需要经过多么长的一段时间。总之，所有这些人不断地在讲人类的需要、贪婪、压迫、欲望和骄傲的时候，其实是把从社会里得来的一些观念，搬到自然状态上去了；他们论述的是野蛮人，而描绘的却是文明人。甚至在现代多数学者的头脑中，对自然状态的存在从未发生过疑问，可是一读《圣经》，便明了第一个人已经直接从上帝那里接受了智慧和训诫，他本身就不曾处于自然状态；而且如果我们象每个信奉基督教的哲学家那样相信摩西著述的话，便必须承认，人们即在洪水之前，也不曾处于纯粹的自然状态，除非他们因某种非常事故重新堕入其中则又当别论。"[61]

搞清楚人类的"自然状态"是如此重要，至少可以使那位鼓吹"人类天生是大胆的，只想着进行攻击和战斗"的霍布斯先生——他不幸地作了卢梭的靶子——无地自容地闭上嘴巴。但我们先不对辩论的双方做出任何评判，只是把他们的发言搬出来，作为伏羲时代的另一种截然不同的写照来给大家参考："霍布斯说：恶人是一个强壮的幼儿。我们还须进一步了解，野蛮人是不是一个强壮的幼儿。如果我们承认野蛮人是一个强壮的幼儿，就会得出什么结论呢？假如这个人，当他是强壮的时候，也像他软弱的时候那样，需要依赖于人，那么就没有一件蛮横的事情他做不出来的：他会因母亲未及时哺乳而打她，会因弟弟讨厌而虐待他，会因别人碰撞了他或搅扰了他而咬别人的腿。”——正因为如前所述，人类的“自然状态”是一个意义重大的问题，是我们所要论述的很多问题的基础，所以等到后文还会有详细的讨论。我们现在先来关心一下眼下的老子与文子他们“愚民”和“弃绝智慧”的主张，嗯，如果我们以一种积极心态来关照这两个面目可憎的概念的话，那么，“我们可以说，野蛮人之所以不是恶的，正因为他们不知道什么是善。因为阻止他们作恶的，不是智慧的发展，也不是法律的约束，而是情感的平静和对邪恶的无知”——这还是卢梭的话，我觉得他这句话不仅是对“愚民”和“弃绝智慧”的通俗注脚，还很妥帖地解释了老子的另一句名言：“天下皆知美之为美，斯恶矣；皆知善之为善，斯不善矣。”这句话经常被人当作逻辑上的辨证观念来谈，解释成“天下的人都知道美之所以为美，这就有丑的观念同时存在了：都知道善之所以为善，恶的观念也就同时产生了”，而《老子》的本旨也许是在讲政治呢。

对于“伏羲时代”我们还有一点值得注意，那就是：无论是卢梭还是霍布斯，无论是文子还是老子，都缺乏社会学和人类学素养，所以，即便是万分审慎的卢梭，在这个问题上所作的也只不过是扶手椅上的哲学沉思（准确地说，卢梭的沉思不是在扶手椅上而是在圣日尔曼森林里发生的，他在《忏悔录》里谈到过写作《论人类不平等的起源和基础》的灵感是在那时“灵魂被超卓的玄想所激发，上达通神之境”），伏尔泰则貌似提出了一个真知灼见：“世上不会有什么国家不先是按照共和制度治理的，这原本是人类天然趋向”，但是，考虑到他对古代社会所作的过于深刻的研究——就我们普通人可以评论的内容来说，他在宏伟的《风俗论》里以宏伟的篇幅把中国描写成了一座人间天堂——呵呵，看来我们还是很有必要再次请出爱德华·泰勒，参考一下他对蒙昧的格陵兰部族的一段朴素的记载：“当他们结队出去狩猎时，推选某位有经验的向导作为部队的领导者。在蒙昧部族中常常见到这类领导者或领袖，他们由选出来的那些地位最重要或最灵敏的人来担任。但是，这类人对于家庭很少有甚至完全没有权力，是通过说服和借助舆论来达到自己的目的的。当然，这类领导者的家庭同样也具有作用，或者，如果还没有，那么，他就要努力使它具有这种作用，因此，在他的职位上就表现出了一种变成世袭的意向。……在存在跟我们非常接近的按父系继承的习俗情况下，家庭的发展本身就导致宗法统治的建立。”——由此（更多的例子我就不举了）我们可以得出的感觉是：蒙昧时代只能是老子笔下“小国寡民”的样子，伏羲这样的统治者看来不大可能统辖一片幅员辽阔的疆域，他的“天下”很可能只是一个小小的部落，不会比我们现在的一个村子更大，最夸张的想象恐怕也只能把他想象成一位和蔼可亲、却没有多大权力的镇长，也就是说，他即便想要“有为”，也没有那个权力。而当这位伏羲的权力一旦稍有增大的时候，或许就昭示着权力世袭时代的到来了，这同时也标志着所谓黄金时代的结束。——要知道，“家庭的发展本身就导致宗法统治的建立”，而宗法统治的高峰正是周文王、周武王所开创的周代，这和传说中的伏羲时代可相隔太过遥远了。

如果向着另一个方向推论的话，即便先不去考虑原始的共和国的性质，我们看到，这位伟大的伏羲最多也只是一位小小的“村长”或者“镇长”，而社会的发展趋势是部落和部落的不断联合，这种联合需要他们通过歃血之类的仪式把其他部族的人认同为自己的家人（这是一个复杂的话题，后文会详细来讲），而后，模仿一下爱德华·泰勒的说法：他们结合成一个“民族”，有了一个共同的民族名称，比如华夏，这时候就有必要虚构出一个共同的祖先。[62]

这个神圣的祖先是具有图腾意义的，图腾这东西总是被艺术家们搞得很神秘的样子，喜欢拿它们作为原始野性文化来刺激现代文明人的审美趣味，其实图腾应该是有着非常实际的功能的：使群体里的个人通过对图腾的崇拜来增强对这个群体的归属感，尤其是，图腾崇拜的过程是相当仪式化的，而“仪式化”正是情绪的催化剂。库朗日当年论证奥林匹亚的神祇崇拜仪式与其说是宗教信仰，不如说是政治运动——这个观点在现在看来一点儿不惊世骇俗，为什么政府会斥重金去搞精英体育而不是大众体育，正因为精英体育具有图腾意义，而我们近现代的祭祀黄帝和祭孔大典，照样可以这般追溯到图腾崇拜的意义上去——或许正是在这个意义上，伏羲才变成了“天下”之主，变成了我们每个人的曾祖爷爷。[63]

接着来看文子的话：如果天不安定，日月便没法正常运行；如果地不安定，草木便没有依托的所在；如果身不安宁，是与非便无法明确。所以，有了真人之后才有真智，如果是非标准不明确，怎么知道我所谓的“知”并不是“不知”呢？

——“有了真人之后才有真智”，这句话我可想不通是什么意思，不过，重要的是，文子在这里似乎表达了对人类理性的不信任：是呀，你也许认为作人体炸弹搞恐怖活动是件正义的事，我的看法却完全相反，我们两个谁才正确呢？我们都认为自己是对的，但一对矛盾的意见通常不可能同时正确，那么，有没有一个判断标准可以让我们两个同时来参照呢？我们对一些似乎天经地义的道理是否绝对不该有哪怕稍许的质疑呢？——这些问题如果想到极至，就会跑到庄子的《齐物论》去了，胡适曾把《齐物论》看作导致中国哲学终结的罪魁祸首，因为它太强调“相对”了，一切事物都显得没有确定的标准了。[64]可这些问题如果我们能够想得切实一些的话，却可以推导到前文讲过的有限理性，推导到哈耶克对“无知”的重视。

如果我们把道家（我们暂时先不去确切定义“道家”这个概念）的所谓“愚民”理论不那么消极地来作理解的话，或许可以从中看出“无知”是如何比“有知”更加健康地促进社会的发展。过度相信“有知”，或者说，相信我们拥有足够的理性，很容易让我们相信是人类的理性创造了社会——如果真是这样的话，这就意味着我们的理性可以使我们设计出一副美丽新世界的绝妙蓝图，并为此付出十足的努力。这样的事情不是没有发生过，我们中的不少人也曾有幸亲眼目睹过理性的蓝图如何导致了可怕的非理性的群众狂热。

“承认我们的无知乃是开启智慧之母，”哈耶克在《自由秩序原理》当中引用苏格拉底的这句名言，说，“老苏的这句名言对于我们认识社会有着深刻的意义，甚至可以说它是我们认识社会的首要前提。我们渐渐认识到，人对于诸多有助于他实现生活目标的力量往往处于必然无知的状态。社会生活之所以能够给人带来单独生活所无法提供的好处，原因就在于：个人能够从其他人的知识当中受益，虽然他未必就能认识到这个事实。社会越是发达，这种情况也就越是明显。”现在我们再来回顾一下前文里的一段内容：……这里所谓的“礼”，正是社会习俗，因为已经扎根在每一个社会成员的心中，所以大家的行为虽然都是在礼的框架之内，却对此毫无察觉。好比一个匈奴男人，哥哥死了，他就自然而然、不加思索地把嫂子娶了过来。——怀特海说过：这种自然而然、不加思索的行为越多，就说明该社会的文化水平越高。哈耶克也表达过同样的意见。

这时候我们再来回味文子的“有了真人之后才有真智”，又似乎他对人类理性的怀疑仅仅局限在愚昧的大多数人身上，而只有那位“真人”才拥有了真正的大智慧，所以，接下来顺理成章的是，愚昧的大众需要少数的真人来统治自己，嗯，伏羲和黄帝看来就是这样的真人。而这样的社会组织形态看上去正是和人类的本性相适应的，因而也是稳定的。

后代的不少持道家类似主张的人往往忽略了这个前提：道家描绘的黄金时代虽然美好，却只存在于小国寡民当中，一旦地盘大过一个规模之后，就算伏羲复生也无计可施了。这道理很简单，想象一下我们现在市场经济里的小公司和大公司，一个小公司运营出色，飞速发展，可原本的那套管理方式在公司规模扩大到一定限度之后就不再适用了，各种毛病也都蜂拥而至了。如果大到一个国家，更是这个道理——美国社会学家彼得·布劳仔细研究过这个问题，发现维系小国寡民所依赖的是小群体的一致性：比如说伏羲治下的一个镇子吧，大家全都沾亲带故的，风俗习惯也都一样，个人既有承担社会义务的自觉性，舆论也有着强大的威慑力量，谁要是干了什么不光彩的事，大家的唾沫星子就可以淹死他，所以社会结构是非常稳定的，嗯，我们现在也有不少地方还是这个样子呀；可大的团体就有本质上的区别了，你能想象一个“喂马劈柴，周游世界”的流窜杀人犯会被唾沫星子淹死吗？

当然了，布劳如果只是把事情说到这个地步，好像也看不出比老祖母式的智慧更强的地方，布劳着重论述的是：人与人之间总是要做一些互相交换的，比如说，有一天你来找我，说盖房子需要个帮手，我呢，傻呵呵地笑着就跟你去了，好好卖了一把傻力气，又过了些天，我着急出门，可突然发现草鞋坏了，于是就找你讨双草鞋穿……淳朴的日子就是这样延续的，正是这种看似漫不经心的社会交换行为渐渐构成了社会结构和社会制度，人们正是因为社会交换的需要才形成了小小的群体，比如说，就是伏羲的那个小镇子。

我们的伏羲镇真是一座天堂呀，但是，也不知道应该高兴还是应该忧伤的是，我们每个人的能力都是不同的，有人强壮些，有人瘦弱些，有人精通独孤九剑，有人喜欢吟风赏月，有人天生就具有领袖魅力，有人却一点儿没有主心骨，于是，每个人对伏羲镇的贡献自然也就是不一样的。大家需要经常组织起来去森林打猎，这就需要一个带头大哥，徐志摩自然对这个岗位毫无兴趣，李敖也只喜欢刨这位带头大哥的老底而无论这位带头大哥到底是谁，毕加索一门心思捉摸着怎么画好洞穴岩画，而莫扎特则绞尽脑汁看如何在这个没有钢琴的世界里展示自己的音乐天才……最后还是岳不群“勉为其难”地顺应了大家的盛情，这样，打猎队伍就成为了一个组织化了的整体。

“整体”，或者“群体”，这两个词对我们普通人来说再平常不过，可在布劳那里却是一个重要概念。我们的伏羲镇越来越像一个整体了，这个“整体”潜移默化地对其中的每一个人发挥着奇妙的作用，原先我们人与人之间只是自由交换的关系，如果我不愿帮你盖房子，你除了生生闷气之外也不能怎样，要么就主动提出把如花似玉的女儿嫁给我，可现在，世道变了，权力的形成使得交换不再是原先那样的平等和自由，这回你可以对我说：“我岳不群让你小子帮我盖房子去。”我向四下一看：好家伙，岳灵珊和林平之手按宝剑怒目而视，后边还跟着一群气宗弟子，唉，除了无条件地去劳动，我还有什么办法可想呢？可惜了岳灵珊这个MM，如果在社会分层开始之前，她有可能就是我的老婆呀！

这个时候，别的事情就不管了，对于我来讲，当务之急的就是草鞋问题：我不可能再向以前一样随便找老岳讨草鞋穿了，而我们镇上又只有岳不群会做草鞋，更为可恨的是，我这双尊贵的脚天生就对泥土过敏，唉，这可怎么办呢？

布劳给我出了四招。第一招是：如果我有一门独门绝技的话，就可以用它来向以岳不群为首的镇子核心来做交换；第二招是：嵩山镇的草鞋也能满足我的需要，我可以去找左冷禅；第三招是：我练成独孤九剑，强迫岳不群给我草鞋；第四招是：我去找找草鞋的替代品，如果可以搞来耐克运动鞋的话，呵呵，对我这个原始人来说也是可以将就的。

唉，这四招虽然都是好办法，可第一，我没有任何独门绝技；第二，虽然到嵩山镇可以搞到草鞋，但走到嵩山镇需要磨损掉十双草鞋；第三，我虽然想练独孤九剑，可风老前辈一向来去无踪；第四，我身处史前时代，是无论如何也等不到耐克公司成立的。——喂，布劳兄弟，你还有没有实际一点儿的办法呀？

布劳自信地说：“当然有了！如果这四招都行不通的话，我还有最后一个绝招，那就是：对岳不群表示服从，甘愿做他的忠实走狗。你既然毫无选择权了，可行的也就只有这一招了。”

布劳是个居心叵测的家伙，他把告诉我的这几招也对岳不群讲了。岳不群听过之后满脸阴云，作为一个理性的人，他知道，如果想要维持现有的权力，就必须想出破解“布劳四式”的新招。岳不群暗自挠头：“独孤九剑的破法我都已经捉摸出来了，可这“布劳四式”该怎么去破呢？”

这个小问题是根本难不倒岳不群的，他发觉最关键的手段就是阻止住草鞋的其他提供者，比如，灭掉嵩山镇，翦除左冷禅，还要尽量延缓耐克公司出现的时间。一句话：全力维护自己的垄断地位。从此，强制性手段越来越多，刑罚也大规模地出现了，并且被应用得越来越重、越来越广，社会分层开始形成……

——这里需要特别提示一下，社会分层是个很复杂的事情，可千万别把它习惯性地想象成简单的阶级对立，嗯，比如我们一些社会学权威教科书里总会提到一个社会冲突论一派的德国学者达伦道夫，说他大量借用马克思的术语而实质却根本和马克思无关。其实呢，这些书里避而不谈的是，正是这位达伦道夫聪明地质疑了马克思的阶级对立一说：在马克思的时代，公司或工厂的所有者同时也是管理者，但后来事情的演变是，所有者和管理者发生了分离——我们现代人对这点都很容易理解：一个小老百姓手持一家大公司的少量股票，他不也就是这家大公司的一位股东吗，而该公司的总经理却可能是一位毫无股份的职业经理人，是“被雇佣者”，更有甚者的是，该公司本该属于被剥削阶级的底层工人也有可能持有少量的股份，这样的话，他究竟是股东还是雇员呢，或者说，他到底属于剥削阶级还是被剥削阶级呢?

以上说的是资本的分化，而劳动同时也在分化——难道工人全是大老粗吗，不也有金领和白领吗，不也有高级技术工人和简单体力工人之分吗，他们之间的收入差距不也是巨大的吗？如果我们依然使用“阶级”这个概念的话，在这时过境迁之后到底存在着多少阶级呢，这些阶级之间又是怎样互相作用的呢，到底是哪个阶级在剥削着哪个阶级呢?

只要靠着我们现代生活的常识就很容易理解达伦道夫的意见，而兰斯基更为我们指出了：社会越是发达，阶级就越难以简单界定，因为一个人可以分别属于好几个不同的阶级。所以，千万不要以为社会分层只是简单的二元对立，它现在是复杂的，以前也是复杂的，从来都是复杂的，复杂到超过所有人的想象。所以，如果不做一些抽象和简化的话，根本就没有办法入手分析。

有了这个提示之后，再来想想我们的伏羲小镇，对了，这时候已经变成岳不群小镇了，当这个小镇越来越大的时候，社会分层也就越来越是复杂，社会秩序的维持越来越离不开正式的规则和强制性的权力——如果我们说道家也有着原教旨主义一派的话，那么他们的主张自然只是刻舟求剑式的。

文子不知道是不是一个原教旨主义者，不过，当我们接触过布劳的理论之后，就可以浑身一轻地来看文子的这段下文了：对群众施加足够的恩惠，他们自然会活得美滋滋的，这就是“仁”；对自己的丰功伟绩要不厌其烦地宣传，把自己树立为老百姓心中的道德典范，君臣之间有“礼”来节制，高低贵贱一清二楚，亲疏关系明确有别，危亡之国得以延祚，绝世之家得延香火，这就是“义”；啥也不听不看，啥也不问不想，以无知无识之心悠游于红尘之外，含阴吐阳与万物合为一体，这就是“德”；所以说，“道”产生出了“德”，“德”产生出了“仁”和“义”，道、德、仁、义这几个东西相互依存，有生有离，当仁和义脱离了道和德而被单独确立下来的时候，道的世界也就离我们远去了。

——文子这段话很有些费解的地方，细心体会，他最后要说的意思似乎是：上古世界是道的世界，大概就是伏羲小镇那样的吧，而后道的世界退化为德的世界，这大概就是指黄帝的时候，再而后则道、德俱废，仁、义登上了舞台。这或许正是《老子》通行本第三十八章的意思：

上德不德是以有德；下德不失德，是以无德。
上德无为而无以为，下德为之而有以为。
上仁为之而无以为，上义为之而有以为。
上礼力之而莫之应，则攘臂而扔之。
故失道而后德，失德而后仁，失仁而后义，失义而后礼。……

这里用比较流行的陈鼓应的翻译：

上“德”的人不自恃有德，所以实是有“德”；下“德”的人自以为不离失德，所以没有达到“德”。

上“德”的人顺任自然而无心作为；下“德”的人顺任自然而有心作为。

上仁的人有所作为却出于无意；上义的人有所作为且出于有意。

上礼的人有所作为而得不到回应，于是就扬着胳膊使人强从。

所以失去了“道”而后才有“德”，失去了“德”而后才有仁，失去了仁而后才有义，失去了义而后才有礼。……[65]

这两者怎么看怎么都像有一些渊源，也许《文子》也和《老子》一样是在讲一个社会的退化过程吧，不过，就我们所看到的来说，文子眼中的仁义世界似乎并不算个太坏的世界，无非是领导人喜欢给自己歌功颂德罢了，（如果是在后来的专制社会，老百姓们在这种情况下会充分表现出斯德哥尔摩综合症的症状，眼泪刹不住闸了，膝盖的骨头也彻底软化了。）至于那个“礼”，也无非就是标志着人有高低贵贱的官本位罢了，至少比军国主义要更有先进性吧？

但文子最后这两句话或许是另外的意思：道产生了德，德又产生了仁和义，所以追根溯源的话，仁义与道德其实都是一家子。在这一家子之中，道无疑是位大家长，他老人家只要一动，德也好，仁义也好，全得跟着一起动才行，而如果事情是这样发展的话，那么，仁和义也就并不违背这个道了，反而是道的派生之物。于是，仁和义只有在完全脱离了道德的情况下才是应该被批评的。

如果上边这个解释成立的话，看来文子对仁义也不是完全不接受的。我们不妨按照对文子的这个理解打个比方：如果我们把道、德、仁、义这四个家伙比作一只老虎的话，道就是老虎的脑袋，德就是老虎的躯干，仁和义就是老虎的屁股和尾巴，那么，合乎情理的动作是：脑袋往哪边转，身子和屁股也应该随着往哪边转，如果屁股和尾巴独立于脑袋而自行其是的话，那就不应该了。那么，随之而来的问题就是：屁股该如何跟着脑袋呢？如果屁股下定决心跟脑袋脱离关系的话，那又如何呢？在怎样的情况下，老虎的屁股就变得摸不得了呢？又从何时何地开始，屁股也可以决定脑袋了呢？

这些问题先不去管，但我们可以从中看到，文子对道和德的解释虽然也有一些玄虚之处，但比起我们一般人惯有的概念却要脚踏实地多了。最后，再归纳一下《文子》的中心思想："《文子》这部著作是中国古代伟大的思想家、革命家、教育家文子的代表作，它通过对上古黄金时代的美好描绘，深刻揭露了旧社会儒家礼教的虚伪和罪恶的本质，深情表达了对广大劳动人民的同情，弘扬了……"

哦，呵呵，不好意思哎，上学的时候中心思想写习惯了，这么多年也没改过来，看来即便是"少小离家老大回"，最终也难免"乡音无改鬓毛衰"啊。重新归纳一下吧，简单一点，中心思想就四个字：因循，权变。

——在《文子》这里，"非常道"也好，无为之治也好，说白了其实就是这四个字。

哦，我们值得想一想前文里提到过的这个《论语》里的故事：鲁国翻修金库，孔子的学生闵子骞说："照老样子来就行了，何必改头换面再加工呢？"孔子评论道："闵子骞这小子平时不大说话，可一说话就说到点子上。"

这不是也是因循之道吗？

（八）

《淮南子》解读《老子》——小故事，大智慧

了解汉朝人眼中的老子和黄老思想，《文子》不过是个小小的序幕，宏篇巨制的《淮南子》是绝对不可以不看的。

熟悉《老子》的人一般都读过《老子》的三部早期教辅：一是《韩非子》，其中的“解老篇”和“喻老篇”全是针对《老子》有感而发的；二是《吕氏春秋》，其中对无为思想论述极丰；三是《淮南子》，尤其是其中的“道应训”，详细解读《老子》里的重点章句。

《韩非子》的“解老篇”和“喻老篇”是颇具争议的文章，很多人认为它们是汉朝人作品，搀杂进了《韩非子》的，《吕氏春秋》也蒙着一层神秘的面纱，而《淮南子》却根正苗红，没有多大的争议。

说“根正苗红”，一是从主编来说，这位淮南王刘安是汉高帝刘邦的孙子，是汉武帝刘彻的叔叔，为人风流蕴藉，以诸侯王之力召集了数千名知识分子，创作了这一部划时代的巨著——从这层意义上说，《淮南子》堪称第二部《吕氏春秋》；二是从学术史上来说，中国道教史研究的第一位权威人物许地山极为推举这部书，说《淮南子》是老庄嫡系的学术继承人，集汉代道家思想之大成。

许地山这个名字大家想必都不陌生，小学语文课本收录过他的一篇《落花生》，只是很多人不知道他还是一位道教研究领域的专家，正如很多人也不知道同一个时代里以散文名世的朱自清更是

一位古典文学研究的专家。许地山研究道教发展史，认为从《淮南子》可以看出先秦时期的阴阳学说和五行学说在汉朝初年已经被道家思想吸纳进去了[66]——这里有两点很值得我们注意，一是阴阳和五行原本各自都是独立的体系，和《周易》更没关系，现在大家一提起这些东西来总以为它们是一回事，这是一个误解（详见《周易江湖》）；二是《淮南子》的时代基本上也就是董仲舒的时代，而前文已经讲过，董仲舒鼓吹的那套“儒家思想”不也多出来不少阴阳五行吗，不也把圣人的一部《春秋》归结为阴阳五行祥瑞灾异云云吗？这不是给我们后代人添乱么，到底谁是儒家、谁是道家呀？

——这个问题我们暂不深论，先来着重看看《淮南子》的“道应训”。

“道应训”彻头彻尾是个古代版本的“小故事，大道理”，就差没配上Flash了。小故事一共有好几十个，绝大多数都被用来阐明《老子》的名言。饶有启发意义的是，这些被渲染出来的《老子》名言和今天通行本的《老子》内容相差无几，这部分地说明了《老子》一书在汉朝初年已经基本定型了。另外，清代魏源（就是写《海国图志》的那位）曾对《淮南子》所引的这部分《老子》做过很高的评价，说：“其五千言章句，以河上公所分及傅奕古本为最疵，而《淮南》所引为最善。”[67] 魏源还有另一层意思，这就容后再讲了。

我们先来看看古代的小故事吧，感受一下《淮南子》想要告诉我们的大道理。（故事太多了，我只挑选一部分来讲。）

1. 法令滋彰，盗贼多有

惠子为惠王为国法，已成而示诸先生，先生皆善之。

奏之惠王，惠王其说之，以示翟煎，曰：“善！”

惠王曰：“善，可行乎？”

翟煎曰：“不可。”

惠王曰：“善而不可行，何也？”

翟煎对曰：“今夫举大木者，前呼邪许，后亦应之，此举重劝力之歌也，岂无郑卫激楚之音哉？然而不用者，不若此其宜也。治国有礼，不在文辩。”

故老子曰：“法令滋彰，盗贼多有。”此之谓也。

故事的一开始出现了两个人：惠子和惠王，看上去像是哥儿俩，至少也是同宗，但是，这二位绝没有一点儿沾亲带故。

惠子就是惠施，此人学问极高，也很好学，他在出门的时候总是从者如云，车队里夹着好几辆专车，车上满满的全都是书——“学富五车”这个成语就是从这儿来的。不过话说回来，那个年代统共也没多少书，还都是竹简，只见体积不见字数，凭良心说，惠施读的书未必就比我多呀，他那五车书，论内容未必及得上现代小学生的一个大书包。但问题在于，读书的多与少是要和同代人去比较的，唉，这就是我的悲哀。^_^

惠施的知名还因为他是庄子的朋友，《庄子·秋水篇》说这两位“游于壕梁之上”，辩论那个名播后世的“鱼之乐”的问题。当然了，惠施并不是整天都这么无聊，此时他正被惠王重金礼聘来作高管，而这位惠王，就是《孟子》一开篇“孟子见梁惠王”的那位梁惠王，他的故事详见《孟子他说》。

天下文章一大抄，现在我们要说的这个故事并非《淮南子》编辑部的原创（后面的故事也是），而是取自《吕氏春秋》的“淫辞篇”，稍作改编而已——捎带说一声，恐怕有些心术不正的家伙一看见“淫辞篇”这个题目就急着去买《吕氏春秋》了，其实原本这个“淫”字是“过分”的意思，比如“淫雨霏霏”，是说雨一下起来就没完没了，和色情并无任何关系。前些年我还曾见过一本用心良苦的书，书名大概叫作《中国古代奇技淫巧》，乍一看以为是讲古代房中术的，很惹眼，其实是讲古代科技的，而书名说的一点儿都没错，科技在中国古代确实一向被贬低为奇技淫巧。好了，不扯远了，回到我们这个寓意深刻的小故事来，故事说的是，梁惠王请来外国专家惠施为自己的国家主持立法工作，惠施不负所托，编出了一部国家大典。这样大的一件事，总得开个听证会讨论一下，于是，魏国贵族长老们齐聚一堂，一起鉴定惠施这位外国专家的工作成果。

一位德高望重的老者首先发言：“我同意，我同意涨价方案。”

另一位元老马上随声附和：“涨是一定要涨的，我们要讨论的只是个涨多涨少的问题。”

四下马上响起一片热烈的掌声。

突然，有个嘶哑的声音说：“我不同意涨价！”

所有的眼睛一起盯了过去，方才说话那人咳了一声：“其实呢，我也是赞成涨价的，只是，只是，如果大家都举手赞成，那不就显得不够民主么！”

一点点小尘埃就这么迅速落定了，最后，主持人欣慰地点了点头："大家的意见又这么一致啊，呵呵，决议通过，明天正式涨价！"

又是一片热烈的掌声。

这，是怎么回事呀？

而且，惠施呢？

——惠施被晾在当中，愣住了……过了好半晌，眼看着大家就要离席而去了，这才弱弱地问了一句："涨什么价哎？咱们不是要论证我的立法工作么？"

一片死寂，过了约么半分钟的工夫，大家这才一个个缓过神来："哦，对了，对了，不是调价听证会，是讨论立法问题，呵呵。""是呀是呀，听证会听得都成习惯了，一时还真没反应过来，惠先生别介意哦！"

惠施苦笑了一下，定了定神，向大家展示起了自己的工作成果……

惠施的才干是勿庸置疑的，别忘了，他可是货真价实的学富五车啊。于是，只见贵族长老们交头接耳，无不对这部法典挑起大指。

会议结果被上报给了梁惠王，梁惠王大喜过望，把惠施法典派给一位叫翟煎的重臣去看。翟煎看过之后，点点头，也叹了一个"好"字。

梁惠王更是高兴，问道："那咱们这就开始实行吧？"

翟煎这时候却摇了摇头："实行不得。"

梁惠王被搞糊涂了："你不是说这东西好么，既然好，怎么又实行不得呢？"

翟煎答道："意大利歌剧好不好？当然好！可纤夫们拉纤的时候有唱《图兰朵》选段的么？——大家都是一起'哼哧'、'哼哧'地喊号子。劳动号子当然远不如《图兰朵》好听，可《图兰朵》再怎么好听也用不到拉纤的时候啊！治国也是一个道理，靠的是'礼'，而不是漂亮的条文。"

——小故事讲完了，该讲大道理了：所以《老子》才说"法律越严，盗贼越多。"（法令滋彰，盗贼多有。）就是这个道理啊！

最后这句《老子》的大道理看来是《老子》的非常基础性的思想，在简本里也有这句，字句上稍有出入，是"法物滋彰，而盗贼多有"，意思是没什么差别的。——在那个古老的年代里，这或许是一个世界性的难题，塔西陀也曾在地球那边感叹着"国家越糟，法律越密"。

但是，这个道理，和我们现代人的意识却很不合拍了，我们只听说要加强法制化建设，翟煎要是换在现在到论坛上发言去，能被拍砖都算幸运了，最大的可能是：根本没人理他，因为他这个意见实在太荒谬了。

《淮南子》在这里给我们展示的是：治国靠的是"礼"，而不是"法"，而这个"礼"又着重在于礼治的核心精神，而不是具体的、条文化的形式——这就好像张三丰在武当山上教给张无忌太极拳那样，让张无忌只去把握太极拳的精髓原理，而忘记所有的具体招式，其中奥妙大概在于：世界是变化的，敌人是变化的，变化是无限的，而招式却是有限的，任何一个固定的招式哪怕再怎么厉害也总有它应付不到的地方，而只有把握住核心原理，随着外界的、敌人的变化而产生相应的变化，这些“相应的变化”虽然并没有被记载于拳谱之上，却丝毫也不违背拳理，无论外界再怎么变化，无论敌人再怎么变化，我都有相应的解决之道。

呵呵，我可不是要砸各位太极拳老师的饭碗，罪魁祸首是金庸，不是我哎。

翟煎看来就是张三丰一派的，觉得治国之道，在于得“意”而忘“形”，他之所以认为惠施的辛苦劳动全是白费力气，因为在他的眼里，惠施玩的那套全都是“形”，或者说，全都是太极拳的一个个具体招式，而这些具体招式哪怕数量再多，也远远多不过千变万化的社会现实。——有趣的是，罗尔斯的老对头诺齐克在分析国家之产生的时候也说过这个道理：在一个自然状态中，人们理解的自然法不可能为每一种偶然情况都提供恰当的解决办法，从世故人情来看，冲突的双方往往都觉得自己占理，都觉得自己吃了亏，如果这样下去的话，冤冤相报将永无止境，这或许是无论任何人都不愿看到的情况，于是……诺齐克从中论证出他的经典概念“最弱意义的国家”，其具体意义暂不展开阐释，但大体来说，这样一个“最弱意义的国家”已经近乎于无为之治了。（十足的无为之治就是无政府主义了。我们再由此稍稍想一个小小的问题：国家是否原本只是，或者说原本应该只是，人们为了达成某种目的而创造的一件工具？对，仅仅是一个“工具”？）

即便是“最弱意义的国家”也必须要具备一定的对纠纷的仲裁能力，那么，现在的问题是，这种仲裁需不需要板上钉钉式的条文依据呢？

可是，这难道也是一个问题吗？即便在我们现代，法律不都是数不清的条文么？

——先要澄清一下：惠施这里的“立法”未必就是狭义的“制定法律”，而很可能是说设计治国的方针大计，我们现在只来个管中窥豹，单说法律这一项。

如果这样来说的话，的确，即便我们现代，法律仍然是数不清的条文，规定了这种违法怎么判、那种违法怎么判，可是，世界在变化，立法经常会显得滞后，总有一些聪明人熟读法律，找出空子，想办法走在法律的前边。这样的例子可不少哦，在法律的空白处下手，那可几乎就是堂堂正正地为非作歹呀。

翟煎顾虑的正是这种情况，而他的解决之道就是把握核心精神，放弃具体的条文规范。翟煎的这个想法和董仲舒的“《春秋》决狱”精神大有相似之处，董老一部《春秋》在手——具体说是一部《春秋经》加一部《公羊传》——天下事便没有不能判的。但是，董仲舒和翟煎之间仍有一个本质上的区别，那就是：董仲舒所依据的太极拳理是圣人所制之“法”，而翟煎的太极拳理则是故事里并没有详细交代的“礼”。如果我们把翟煎的“礼”约略看作礼治的话，这倒让人有点儿糊涂了：怎么儒家大师董仲舒却搞起法来，而黄老一派的《淮南子》却提倡礼治？

如果我们再联系一下前文讲过的一些内容，礼是从习俗当中产生出来的，基本上说，礼治的精神和人们普遍的风俗习惯、道德信条是相一致的，那么，单从法律意义上说，这位翟煎倒很前卫了？我们设想一下，假如我和张无忌决斗，失手把他打死了，这案子拿到官方审理，嗯，在标准的大陆法系的法庭上，我的命运就取决于法律条文的具体规定，比如《刑法典》规定：“决斗伤人致死者，视情节轻重，判处一分钟以上、三分钟以下有期徒刑。”这个规定清楚明白，我老老实实地服刑也就是了，如果我足够财大势大，不难把牢狱生活变成五星级宾馆里的度假。当然，如果换到董仲舒的《春秋》法庭，我就有一些宝贵的机会了——我可以向董老证明：张无忌是炎黄子孙，而我的祖先是蚩尤，当初蚩尤是被炎帝、黄帝联合起来杀死的，这事虽然已经过去了好几千年，但经书上有详细记载，那可是圣人给作的证哦。嘿，我这个蚩尤子孙对杀祖之仇念念不忘，所以约张无忌公开决斗，以小熊飞刀破了乾坤大挪移，杀了张无忌，这，这有什么不对吗？

董仲舒一听：嗯，这个熊逸说的倒也在理，血亲复仇是“春秋大义”郑重褒奖的，《公羊传》里表彰过齐襄公灭掉纪国的事情——齐襄公为九世先祖复仇，仇恨都隔了九代人了依然不减，复仇这是对了，熊逸在他的《春秋大义》里开篇没多久就写过这段故事。好吧，根据《春秋》齐襄公九世复仇的精神，宣判熊逸无罪释放！

听起来很动人哦，可是，如果董仲舒存心跟我为难，我可就没这么好的收场了。《春秋繁露·王道》有一句“内诸夏而外夷狄”，这是一条经典的“春秋大义”，如果本着这一条，我的祖先蚩尤属于“夷狄”，被杀那是活该。呵呵，我命休矣……

可我不死心，努力从经典当中给自己找辩护，正如前文一再说明过的，只要你足够用心，什么理由都是找得出来的。这个辩护理由在前文的一处注释里已经出现过了，那就是雍正皇帝在《大义觉迷录》里为自己所作的辩护：“舜为东夷之人，文王为西夷之人，曾何损于盛德乎。”看看，大舜和周文王这两位儒家极力推崇的圣人原本不也都是“夷狄”么？[68]看来我又死不了啦！

可也不能高兴得太早，既然“只要你足够用心，什么理由都是找得出来的”，这可是一把双刃剑，董仲舒如果存心跟我过不去，而经典的最终解释权又掌握在他的手里的话，那我是无论如何也难逃这一劫的，除非他的脑瓜实在不够灵光。

在翟煎的法庭上，本案结果可能又是另外的样子，嗯，这有好几种可能。第一种可能是：翟煎组织了一个陪审团，当然，陪审团的成员至少也应该具有“士”的身份，且不管审理程序是否公正、公开，但对我的判决是要陪审团来举手的。陪审团的成员们代表了当时当地的普遍道德观念，如果决斗在那时候是个正常现象，是有了争端的人们解决争端的一个正当渠道的话（正如在古老的欧洲那样），陪审团应该会认定我是无罪的；但是，这事如果发生在二十一世纪，人们的普遍风俗习惯和道德标准都已经有了变化了，我的下场看来也就不会太妙了。

翟煎法庭的第二种可能是：没有陪审团，只是由负责处理这类事情的某位官员依照当时的“礼”，主要也就是当时的风俗习惯，来给我判案。虽然这也算有一定的标准，可运用之妙，存乎法官之一心，他要是早晨才跟老婆吵完架，很可能就会给我重判，这多少是件没谱的事。

无论怎么说吧，以我们现在的眼光来看，《老子》的这句“法令滋彰，盗贼多有”，与其说是提出了一个政治方针，毋宁说是指出了一种社会现实，这就越发让人生疑：法令明明是惩治犯罪的，法令越严明，对犯罪的打击也就越重，社会也就越是安定。如果抛开古老的礼法之争的意义不谈的话，难道法律和盗贼当真是成反比的么？

我们不说小盗，先说大盗，我在《孟子他说》里有一章详细分析了朱元璋搞的重拳反腐，连剥人皮的手段都用上了，惩治不可谓不严厉；再从他杀掉的腐败分子来看，不仅数量惊人，而且，杀官员杀过宰相，杀亲人杀过女婿，执法不可谓不铁面。但是，效果呢？

有一句话是我们绝不陌生的：“治乱世需用重典”，但人们观察到的现实世界的运作却往往并不足以证明这句经典格言的恰当，甚至还对它构成了种种绝妙的反讽。是呀，老子遇到的问题是无论古今中外都曾经遇到的问题，但问题的解决是否真像《老子》或者《淮南子》告诉我们的那样吗？

无数个聪明的脑瓜在思索着问题的症结何在，仅仅在十几年前，仍然有人不懈地纠缠着这个问题。美国心理学家汤姆·泰勒主持了一次大规模的电话调查，调查结果对我们是有一些启发意义的：重拳也好，严打也好，并不能让人们提起多大的守法意识，而真正起作用的是程序正义，是人们相信这个社会的法律环境是公平的，违法的结果是可以预期的，司法的整个过程是公开透明的。

如果我们反过来思考这个问题：只要立法和司法过程是由权力所有者一手控制的，只要案件的调查审理完全是黑箱操作的，哪怕重拳再重、严打再严，照样还会“法令滋彰，盗贼多有”。多少人呼吁过对犯罪分子要加重量刑，但泰勒的研究结果却提示我们：即便把朱元璋那套“剥皮实草”的恐怖手段照搬到现代舞台，一样无济于事——甚至还会有更加可怕的后果：良民也难免会被黑箱装了进去，随即便在没有公开和公正的审判里被“罪有应得”地“剥皮实草”。这可不是危言耸听，方孝孺那位清正廉明的老爹就是在朱元璋的黑箱反腐中被当作腐败分子处理的。

这也在一定程度上解释了鲁迅曾经哀叹过的国民的麻木。麻木该怎样“唤醒”，这是鲁迅关心的问题，我现在关心的是：麻木是怎么“形成”的？试想一下，如果社会到处都是黑箱，随处可见的都是冤无处申、苦无处诉、正义无法申张，就连爸爸教育儿子都常常说些什么“退一步海阔天空”之类的美德格言——当正当权益受到损害的时候，心头念两句“退一步海阔天空”几乎成了草民百姓惟一的补救办法，在这样的社会里生活，不麻木便只有痛苦，乃至痛死。当老百姓对不公正已经习以为常的时候，重典与否对他们又有多大的影响呢，反正都是权力者在黑箱里玩玩技术罢了。

中国历来有着把法律秘而不宣的传统，春秋时期郑国的政治家子产做过一件极著名的事情：铸刑鼎，也就是把法律条文铸在鼎上向大家公开展示。这个做法让郑国的保守派人士非常不安，认为子产这是破坏了游戏规则，人们会从此不再畏惧法律，还会精研条文，想方设法去钻法律的空子。叔向为此给子产写信，其中说到夏朝制订《禹刑》、商朝制订《汤刑》、周朝制订《九刑》，这三部刑法都是产生于国家衰败的时代。[69] ——咦，这不正是“法令滋彰，盗贼多有”的意思么？

保守派的顾虑不是没有道理，子产的法律公开化会使得对法律的解释不再垄断在少数人的手里，他们也很难再“运用之妙，存乎一心”，即便我们所能设想到的子产改革的最好成果——大家通过认真研读法规，从此谁也不犯法了——这对原本的法律解释权的垄断者们来说也未必是件好事，因为没有了违法的人，垄断者们的权力也就没有寻租空间了，换句话说，他们的权力不再值钱了。这可不是件好事呀，不值钱的权力还有什么意思呢？

在子产之后，争取使权力的含金量缩水的努力依然存在，虽然只是杯水车薪。汉宣帝时期，有个叫郑昌的官员在上疏中点明了法制的这层意义：“律令一定，愚民知所避就，奸吏无所弄法。”[70]郑昌觉得这才是“正本”的办法，使法律公开化，使法律没有随意性，老百姓就清楚什么能做，什么不能做，法律系统的官吏们也就没机会肆意地玩弄法律了。

郑昌或许没有想到的是，仅有法律条文的公开化是远远不够的，如果查案过程是可以肆无忌惮的，如果判案过程是可以关起门来放狗的，他所担心的问题依然得不到解决。

我们很容易就可以设想一个虽然有了公开的法律条文，虽然使用重典，却没有程序正义的地方：俗话都说：“管天管地，不管拉屎放屁”，我们假定这个虚拟的“不理想国”有一条禁止放屁的法律，如果有谁被发现放了屁，经审判后会被处以三至三十年有期徒刑——具体刑期依据该屁的音量和浓度而定。

这是一个足够荒谬的法律，除了显而易见的影响之外，还深深改变了人们的饮食习惯——黄豆一下子就变成了不受欢迎的食品。但是，如果在程序上是公正的，违法的结果是可以预期的，人们总还有防范的办法——如果你知道在公众场合放了一个音量为20分贝、粪臭素含量为15%的屁，你将被处以十五年的有期徒刑，那么你就会：第一，一发现要放屁的苗头就尽量憋着；第二，要放屁的时候赶紧去找个没人的场合偷偷解决，对了，还要小心别被秘密警察发现。而一旦你真的胆敢以身试法，在公众场合放了屁，你也清楚地知道，你这个音量为20分贝、粪臭素含量为15%的屁必将给你带来十五年的有期徒刑——不会更长，也不会更短。所以，这样的法律虽然足够荒谬，却远非可怕。

可怕的法律是没有标准的法律，比如，你放屁可能被抓，不放屁同样可能被抓，被抓了之后可能被判一两年的有期徒刑，也可能会被满门抄斩，违法的后果是完全不可预期的。那么，在这样一个地方，除非是掌握权力的人，谁能够不生活得胆战心惊呢?

是呀，如果有正当的法律程序，即便连放屁都算违法，这样一个社会的可怕程度也远不如那些纸面上全是良法、操作上却全是黑箱的地方。

——伯林谈论霍布斯的时候，对这位《利维坦》的作者并没有报以多大的兴趣，但他承认：霍布斯虽然鼓吹强权国家，鼓吹强力手段，但是，“霍布斯所设想的法律是，如果你服从，你就能生存，斯大林所需要的法律是，不管你服不服从，你都会被处罚，总之，你没有安全保障，违法或守法都有可能受到处罚。”[71]

在这样的世界里，走人情的能力对一个人来说就显得尤其重要了，而慢慢地，应该也不再有什么人依然相信“治乱世需用重典”这句古老的格言了。——但是，但是但是但是，只关注“重典”而不关注程序这未必就是错的，在这个价值判断上，关键是看你的屁股坐在哪里。这很简单呀，我们可以联想到《吕氏春秋》里的一则小故事，或许能进一步给我们一些启发：

英明的宋康王最近对一个问题总也想不通，就问大臣唐鞅：“我杀人杀得手都酸了，可大臣们却越来越不怕我，这到底是怎么回事呢?”

唐鞅回答说：“这道理很简单，大家不怕您，因为您杀的都是坏人，所以好人当然不会担心被杀。”（这部分地意味着法律是公开的，违法的结果是可以预期的。）

唐鞅接着给出了个主意：“您要想让大家都怕您，这也容易，不分好人、坏人，胡乱开刀就行！”

没过多久，唐鞅就被宋康王杀了……[72]

一则小故事牵出了越来越多的问题，宋康王的事情就先告一段落吧，让我们再来想象一下：如果是在程序正义前提之下的“法令滋彰”，还会不会导致“盗贼多有”这个结果呢？

还有一个问题值得去问问老子本人：“你既然说了‘法令滋彰，盗贼多有’，那你能不能再给出个主意，怎么着才能让‘盗贼无有’呀？你别只知道整天写书批评政府，要是换你来搞，说不定还不如现在呢！”

老子“嘿嘿”一笑：“你听没听说过这样的道理：你进饭馆吃饭，嫌菜做得难吃，厨师气势汹汹地拎着菜刀出来说：‘有本事你自己做，做得比我好再来批评我！’——算啦，不跟你扯这些了，你不是问我有什么办法可以让‘盗贼无有’么？当然有了，你好好看看我的书，通行本第十九章不是说了么：‘绝巧弃利，盗贼无有’，写得清清楚楚啊。”

——老子说的不错，通行本第十九章是有这么一句话，意思是：抛弃巧诈和财利，盗贼就会消失。

这个第十九章是通行本和简本差异很大的一章，通行本除了“绝巧弃利”之外，还说了什么“绝圣弃智”和“绝仁弃义”，一看就知道是和儒家思想作对，而简本的这两句却仅仅是说“绝智弃辩”和“绝伪弃虑”，[73]没有那么强的火药味。——《老子》一书看来就是这么慢慢成型的。

“绝巧弃利”在两个本子上都是一致的，使人比较放心一些。我们可以设想一下：老子所谓的这两个罪魁祸首“巧”和“利”有没有可能真被“绝”掉“弃”掉？退一步说，即便可以做到这一步，就真的会导致“盗贼无有”吗？对照一下汤姆·泰勒的研究，看来人类的思想在两千多年的时间里多少还算进步了一些。^_^

最后，我们再来回顾一下我和张无忌的决斗事件。抛开诺齐克的那种扶手椅上的精密思辨，人类学家为我们提供了一些更为扎实的证据。拉德克利夫-布朗[74]给我们展示了澳洲土著的决斗场面：出于复仇目的的决斗是被限制在可控范围之内的，如果张无忌的炎黄祖先确实枉杀过蚩尤的话，那么，明教的教众就该把我的复仇看作是正义的，在我杀掉张无忌之后，青翼蝠王他们不该对我寻仇，而我呢，既然已经手刃大仇，此后也不得再耿耿于怀。决斗作为一种有效的报复手段，在澳洲土著那里是被视为正当的，而且是公开进行的，当事人使用飞去来器和石刀之类的武器互相攻击，虽然不比小熊飞刀大战乾坤大挪移更具观赏性，但一点儿也不失于紧张残酷。观战者时刻注视着决斗的发展，如果认为太出格了就会出手干涉——只是不知道双方的旁观者一起出手干涉的话会造成什么局面，想象一下灰熊、棕熊、北极熊大战青翼蝠王和光明左使？

无论如何，澳洲土著还可以告诉我们的是：有组织的仲裁在他们中间确实已经产生了，正如诺齐克所描述的那样。那么下边又该出现什么呢……？

2. 知其雄，守其雌，其为天下豀

赵简子以襄子为后，董阏于曰："无卹贱，今以为后，何也？"

简子曰："是为人也，能为社稷忍羞。"

异日，知伯与襄子饮而批襄子之首，大夫请杀之，襄子曰："先君之立我也，曰能为社稷忍羞，岂曰能刺人哉！"

处十月，知伯围襄子于晋阳，襄子疏队而击之，大败知伯，破其首以为饮器。

故老子曰："知其雄，守其雌，其为天下谿。"

故事的主人公赵简子、赵襄子和智伯我在《孟子他说》里都有过详细的介绍：像中山狼、赵氏孤儿这些故事都是和赵家人有关的；智伯有个著名的门客叫作豫让，他为智伯复仇的故事是《史记·刺客列传》里非常璀璨的一笔。

在现在这个故事里，赵简子想立赵无恤作自己的继承人，家臣很不理解，问道："无恤这孩子出身低贱，只是您老人家的一个庶子，怎么能立他作继承人呢？"

赵简子说："我看这孩子老成持重，是个能为社稷忍辱负重的好材料。"

就这样，赵无恤接班作了赵家的新老大，这就是赵襄子。

时光流转，有一次，国内的第一号政治人物智伯和赵襄子一起喝酒，智伯这家伙飞扬跋扈惯了，这一次竟然无故去打赵襄子的脑袋，实在太欺负人了！

赵襄子的手下人忍无可忍，请求杀掉智伯，可赵襄子却说：

"当初我爸立我作继承人，就是看重我能够忍辱负重，难道我现在就这么沉不住气么？"

这场小风波就这样很快地平息了下来，而仅仅在十个月之后，赵襄子便在晋阳大败智伯，还拿智伯的头盖骨作了酒具。

《淮南子》说：这个小故事为我们阐释了《老子》的这句名言："知道什么是雄强，却谨守于柔弱，甘心处于卑下的地位。"（知其雄，守其雌，其为天下豀。）

先要说明一点的是，两千年前的这种"小故事，大道理"和如今的 counterparts 都有同样一个本质上的缺陷：把复杂的社会给过分简单化了，岂不知道，一只蝴蝶在巴西轻拍翅膀可以导致一个月后美国德州的一场飓风。把"蝴蝶效应"用在社会生活上并不过分，而赵襄子的这个故事其实根本就不足以证明《老子》的那句大道理。——赵襄子杀智伯是历史上的一次重大事件，由此引发而来的"三家分晋"被司马光列为《资治通鉴》叙事的开端，开启了一整个战国时代，而从细节纷呈的史料上来看，赵襄子的得手似乎完全是一次险胜，也许一些细小事件上的误差就足以使整个局面完全颠倒过来。但成功人士的成功历程无论再怎么充满偶然，也总能被人们解读出无限的人生哲理。——这可能要归咎于我们心理上一个普遍的特质了，设想一下这个场景：我们看到一张纸上画了三根直线的时候，这三根直线形成了一个近似的、并没有完全闭合三角形，虽然严格来说这并不是一个三角形而只是三根直线罢了，但绝大多数人都会把它看作一个三角形。三角形没有封闭的部分是我们在自己的心里给它封闭完成的，是我们的大脑把这三根直线主观组合成一个完成的三角形——这就是格式塔心理学所谓的“闭合律”。我们真得留心一下，在思考问题的时候，是否经常会不由自主地受到“闭合律”的影响呢？那些在信息传媒如此落后的时代里书写历史的人，他们笔下五光十色的历史故事真是那么可信吗？赵襄子之前在饭局上的表现和之后的斩杀智伯，这两件事情之间的因果关系到底在多大程度上是真实存在的，又在多大程度上是被人为串连起来的呢？

催眠术也曾经暴露过一个近似的问题：心理学家在把受试者成功催眠之后，命令他去打开房间的窗子，受试者完全服从了这个命令，当试验结束以后，受试者醒转过来，心理学家问他刚才为什么要打开窗子？受试者疑惑了一会儿，很快回答说：“因为觉得房间里太热。”

“房间里太热”，嗯，这真是一个合情合理的理由，在逻辑上是完全讲得通的，惟一的遗憾是：它是错的。

类似的研究已经很多了。帕累托研究人的行为，用了很大的篇幅论述人类是多么乐于给自己毫无逻辑的行为赋予合乎逻辑的外表。这让我觉得，我们在读《左传》乃至二十四史之前很有必要先把帕累托的《普通社会学》学习一遍，也好让我们对史书中那些完满地合乎逻辑的故事——几乎所有的正史都是这样——有一些适度的怀疑和免疫力。很有可能的是：历史事件本身的逻辑性远不如史书上的记载，而当后人再以锱铢必较的态度去精心分析某某历史事件的时候，所能获得的“感悟”可能并不比对一本小说的读后感更有质地。在我们把历史描述得越来越真的时候，我们很可能正在离历史越来越远。

清代辨伪大家崔述曾有专文议论，感叹世人难免以己度人、以今度古、以小人之心度君子之腹，这也是问题的另一侧面，不可不慎。[75]

好啦，继续赵襄子的故事，我们再来作一个假设：如果赵襄子在后来和智伯的战争中失败了，历史书又会怎么写呢？——就拿这个《淮南子》为例吧，难道所有的叙述还是一成不变，还是写赵襄子如何忍辱负重，只是到了最后关头才终于不敌智伯了吗？当然了，故事当真这样进展的话，也就论证不出《老子》的那句名言了。

但是，如果事情真是这样的一个崭新结局，叙述也多半会是完全崭新的腔调，最有可能的写法是：赵襄子在酒桌上的示弱导致了自己阵营的人心涣散，所以赵襄子最后才败给了智伯。而且，这个新版本的故事虽然论证不了《老子》的那一句名言，却一样可以论证出其他名言，虽然意思是和《老子》相反的——那就拿这个新版故事来论证马基雅维里的名言好了，马前辈在这里告诉我们："那些以为谦卑可以战胜傲慢的人，纯粹是在自欺。"[76]

尤其值得指出的是，马基雅维里这句话可不是出自大家熟知的《君主论》，而是出自《论李维前十书》，所以，他不是站在专制君主的帮凶的立场，而是以一位受人尊敬的共和主义者的口吻给我们讲了这句名言，并且作出了足够有力的论证。所以，他此刻的出发点和主张小国寡民的老子也就并没有什么天渊之别了。

书写历史也许就是这样：任你千变万化，我总能说出理来。

好了，再来捉摸一下赵襄子的所作所为和《老子》理论的联系，咦，又有一番耐人寻味之处哦——这个故事和《老子》的这句名言如果单摆浮搁地分别放着，我想大家也不会有什么特殊的感受，但是，把它们放在一起，却很能够看出一些问题来了：《老子》在这里所讲的分明是一种权谋机诈的手段！

这位老先生可太能使坏了，前边刚说过要“绝巧弃利”，现在怎么又玩起权谋来了？这样看来，《百家讲坛》最应该请来给大家品读《老子》的专家当非九千岁魏忠贤他老人家莫属了？过后再出版一本《魏忠贤品〈老子〉》，副标题可以叫“官场、职场枕边书”，或者叫“跟魏忠贤学做人”，一定大红大紫，至少公务员们得人手一册。^_^

这不是我夸大其词，老子这话不但权谋，而且权谋得还比较庸俗，他用文言文一说咱们觉得很深邃，其实换成俗话就是那句“扮猪吃老虎”。——联系一下赵襄子的故事，不就是这个理么？

但是，还有一个问题：我前边讲了，现在展示出来的，是汉朝人眼中的《老子》，是《淮南子》编辑部的黄老思想，原本的老子当真说的是这个“扮猪吃老虎”的意思么？

——这还真是难说。简本《老子》里没有这句话，所以，有可能老子本来是没这个歪心思的。帛书《老子》里倒是有这一段，写作：

知其雄，守其雌，为天下溪。为天下溪，恒德不离，复归于婴儿。知其白，守其辱，为天下谷。为天下谷，恒德乃足，复归于朴。知其白，守其黑，为天下式。为天下式。恒德不忒，复归于无极。朴散则为器，圣人用之则为官长。夫大制无割。

通行本的字句和帛书本稍有出入：

知其雄，守其雌，为天下谿。为天下谿，常德不离，复归于婴儿。知其白，守其黑，为天下式。为天下式，常德不忒，复归于无极。知其荣，守其辱，为天下谷。为天下谷，常德乃足。复归于朴。朴散则为器，圣人用之，则为官长，故大制不割。

既然这两个版本差别不大，看来应该还算可靠吧？

但是，遗憾的是，这两篇都不可靠，而且证据确凿。

历来有不少专家都质疑过这一章内容的可靠性，认为是脱胎于《庄子·天下篇》的。《庄子》的原文是：

老聃曰："知其雄，守其雌，为天下谿；知其白，守其辱，为天下谷。"

这是《庄子》引述老子的话，老子的原话应该只有这么两句，帛书和通行本那么多的文字都是后人给添补上去的。《庄子》里的句子，雄和雌构成一组意思相对的词，白和辱也是一样。大家可能不理解了：这个"辱"字怎么能和"白"构成对仗呢，应该是荣对辱、黑对白呀？

——不错，看看帛书本和通行本，大体都给改过来了，是荣和辱、黑和白的对仗了。

但是，这一改就露了馅了。按照易顺鼎的说法，因为"辱"字原本就有"黑"的意思，有《仪礼》旧注可以为证，自然可以和“白”相对，所以老子的原话并没有错。后人看着这两句话，不知道“辱”的这层意思，觉得应该给理顺一下，就给改成荣辱黑白了。不但改了字，还加了字：本来老子说了句“知其雄，守其雌，为天下谿”，就算完了，可后人觉得意思不够完善，还得补充说明一下，于是就加上了现在我们看到的这个“为天下谿，常德不离，复归于婴儿”，后边两句的修改体例也是一样的。[77]

郭沫若也分析过这一章的篡改痕迹，结论和易顺鼎基本一样，但他是认为“白”的意思是“洁”，“辱”的意思是“污”，所以构成对仗——在这个细节上，八成易顺鼎是对的，不过这么琐碎的问题我们大可不去操心，留待专家去考证好了。郭沫若还从文字的押韵入手来作分析，说“为天下谿，常德不离，复归于婴儿”这句韵文暴露了篡改者的时代，因为“离”和“儿”能够押韵是在战国中叶以后的事，“离”字以前是读“罗”的，所以，这位篡改者必定生活在战国中叶以后。[78]

从音韵角度来分析古文确实是个有益的方法，大家可以想想我在《周易江湖》里是怎么从押韵的角度来分析卦辞的，很能看出一些东西。但这一招也不是那么保险，你怎知作者没有地方口音呢？而且，声音的转变经常不着痕迹，就拿这个“离”和“儿”来说吧，现在也不押韵了，我们只是在古典诗词里还能读到“君王城上竖降旗，妾在深宫哪得知。十四万人齐解甲，更无一个是男儿”，但是，至少明清时候的人写诗押韵已经不得不去硬背韵谱了——他们在日常生活里的发音已经和唐诗宋词时代大不一样了。我们读明清诗词，看它们和唐诗宋词一样的押韵，可别以为汉语发音这么多年都一直没变呀。

识别真假还可以从文风来看，正如《孟子他说》里介绍过的：其实平心而论，古人造假比现代人有良心多了，虽然假冒，却绝不伪劣。比如说，分辨《尚书》的真假有一个虽然粗糙却很简便的法子，那就是看它的行文风格，但凡文笔漂亮的就有可能是假的。比如我曾介绍过的那个出自《尚书》的宋儒经典座右铭“人心惟危，道心惟微，惟精惟一，允执厥中”，这么漂亮的句子，嘿嘿，假的。前边还介绍过一句“德日新，万邦惟怀；志自满，九族乃离”，也很漂亮，也是假的。

再来看看《老子》这几句话，行文流畅，斐然成章，怎么看怎么都像假的。^_^

真与假的意义在于：告诉了我们那些篡改经典的后人（很可能是秦、汉时期的人）是如何对《老子》思想作了发挥的，而这些人的思想正好反映出来他们时代里的一些思潮，正如我们现代人如果单单从《资本论》入手是解读不了市场经济和计划经济的。

那么，我们现在是否可以粗略地得出这个印象：汉朝初年的《老子》被羼杂进了一些权谋思想，并在这个意义上得到了权威的认可和解读呢？

3. 道冲，而用之又弗盈

赵襄子攻翟而胜之，取尤人、终人。使者来谒之，襄子方将食而有忧色。

左右曰：“一朝而两城下，此人之所喜也。今君有忧色，何也？”

襄子曰："江河之大也，不过三日。飘风暴雨，日中不须臾。今赵氏之德行无所积，今一朝两城下，亡其及我乎？"

孔子闻之曰："赵氏其昌乎！"

夫忧，所以为昌也，而喜，所以为亡也。胜非其难也，持之者其难也。贤主以此持胜，故其福及后世。齐、楚、吴、越皆尝胜矣，然而卒取亡焉，不通乎持胜也。唯有道之主能持胜。孔子劲杓国门之关，而不肯以力闻。墨子为守攻，公输般服，而不肯以兵知。善持胜者，以强为弱。

故老子曰："道冲，而用之又弗盈也。"

这还是赵襄子的故事。

正在赵襄子准备吃饭的当口，前线信使回来禀报军情，说派去攻打翟国的大军进展顺利，一天之内连下两城。

这真是个好消息啊！可赵襄子不但没笑，反而忧虑起来。旁边的侍臣很是不解，问道："一天时间连下两城，换旁人都得乐死，您怎么却发愁呢？"

真是非得有个华生，才显出福尔摩斯的聪明。赵襄子说："你看那长江、黄河洪水暴涨，声势骇人，可至多三天水就会退了，狂风暴雨折腾不了一整天，正午的烈日一会儿就会偏西。现在，我们赵氏积德还远远没有积够，一天时间连下两城，衰亡恐怕就要接踵而至了吧？"

这事情传到了孔子耳朵里，老圣人赞叹道："赵氏就要昌盛了！"

《淮南子》又花了不少篇幅评论此事，说：打胜仗并不难，好多人都打过胜仗，难就难在保持胜利成果。如果遇胜则骄，离败仗也就不远了；如果越是胜利越是谨慎，这才是有道君主的作风。孔子可以力托千斤闸，但他从不参加奥运会的举重比赛；墨子的攻防作战技术连公输般都甘拜下风，但他连星际争霸的连机对战都不肯去玩，这都是以强为弱的大道呀。

这则小故事背后的大道理也就是《老子》说的："道虽然空空如也，用起来却绵绵不绝。"（道冲，而用之又弗盈。）

"道虽然空空如也，用起来却绵绵不绝。"这句话，是在通行本《老子》的第四章，该章的全文是：

道冲，而用之或不盈。渊兮，似万物之宗。挫其锐，解其纷，和其光，同其尘。湛兮，似或存。吾不知谁之子，象帝之先。

这里就是成语"和光同尘"的出处。如果我们单独来看这段文字，恐怕只会感觉到玄而又玄，八成不会和赵襄子那类故事联系到一起的。我们再来看看比较流行的陈鼓应的翻译：

"道"体是虚空的，然而作用却不穷竭。渊深啊！它好像是万物的宗主；幽隐啊！似亡而又实存。我不知道它是从哪里产生的，似乎有天帝以前就有了它。[79]

——好好想想吧，你能从这里联想到赵襄子的故事吗？

《淮南子》的叙述里还有一点值得我们注意：对孔子和墨子不

但没有贬低，反倒很推崇似的，难道他们不是道家的学术死敌吗？

4. 勇于不敢则活

惠孟见宋康王，蹀足謦欬，疾言曰："寡人所说者，勇有功也，不说为仁义者也，客将何以教寡人？"

惠孟对曰："臣有道于此。人虽勇，刺之不入；虽巧有力，击之不中。大王独无意邪？"

宋王曰："善，此寡人之所欲闻也。"

惠孟曰："夫刺之而不入，击之而不中，此犹辱也。臣有道于此，使人虽有勇弗敢刺，虽有力不敢击，夫不敢刺、不敢击，非无其意也。臣有道于此，使人本无其意也。夫无其意，未有爱利之心也。臣有道于此，使天下丈夫女子莫不欢然皆欲爱利之心，此其贤于勇有力也，四累之上也。大王独无意邪？"

宋王曰："此寡人所欲得也。"

惠孟对曰："孔、墨是已。孔丘、墨翟，无地而为君、无官而为长，天下丈夫女子莫不延颈举踵而愿安利之之者。今大王，万乘之主也。诚有其志，则四境之内皆得其利矣。此贤于孔、墨也远矣！"

宋王无以应。

惠孟出，宋王谓左右曰："辩矣，客之以说胜寡人也。"

故老子曰："勇于不敢则活。"由此观之，大勇反为不勇耳。

宋康王这位谜一般的人物又出现了。

惠孟前来求见宋康王。故事里没有交代惠孟的五官相貌和衣着打扮，但想来是一位温文尔雅的儒生。宋康王看着惠孟，越看越不顺眼，还没等人家说话呢，就又是跳脚、又是咳嗽，拔高了嗓门叫道："老子喜欢的是勇士，不喜欢那些满口仁义的家伙，你，你你你，你少来跟老子废话！"

惠孟不慌不忙道："我这回不讲仁义，只谈道术。您不是喜欢勇士么，可我有一种道术，就算刺过来的是独孤九剑，也休想伤我一根汗毛，就算降龙十八掌打过来，也休想碰到我的衣角！"

宋康王一愣："难道这就是传说中的金钟罩、铁布衫？你站着别动，待寡人拿剑刺你一下！"

惠孟连忙摆手："您先别拿我做试验，我还没说完呢，我还有更厉害的功夫呢！"

宋康王摆了摆手："实践是检验真理的惟一标准，刺完再说！"

惠孟一咧嘴："别急，我真正精通的是别的功夫，您得先听我说。嗯，是这样的，您方才不是刺不着我么……"

宋康王眼皮一翻："不对吧，我还没刺呢？！"

惠孟连忙说道："您先别跟我较真，就当没刺着好了。道理是这样的：虽然没刺着，可被人拿剑刺、拿掌打，这无论如何也是一种耻辱，所以，更高明的道术是根本不让对方发招。"

宋康王有点儿糊涂了："你的意思是……一招制敌？"

惠孟回答："错！我的道术是：我往这儿一站，任他多大的英雄好汉也不敢跟我过招。"

宋康王把嘴一撇："我不信，你这叫瞎诈唬，看我先拿剑刺你一下再说！"

惠孟连忙摆手："别急，先听我说，我还有更高明的本事呢！

嗯，让别人不敢攻击你，这也不算多大的本事，人家只是不敢，但攻击的意图还是有的。我还有一招，让人家连攻击的意图都没有。”

宋康王一泄气：“就算你对，反正我现在是没有攻击你的意图了，就听你天桥的嘴把式随便怎么练吧。”

惠孟松了口气，接着说：“您不懂，让人家没有攻击的意图，这也不算什么真正高明的功夫。您看，您现在已经不想拿剑刺我了，但这样一来，我们两个只是各回各家、各找各妈，仅此而已。最高明的本事是这样的：不但让人家对你没有攻击的意图，他们甚至还会喜欢你，想方设法地给你好处，让你占便宜……”

宋康王插嘴道：“等等，我听你的意思是，要把人家卖了，还能让人家欢天喜地地帮你数钱？”

惠孟一愣，想了半晌：“好像……您说的太直白了。反正，我的意思嘛，嗯，您难道不觉得这种功夫要比简单的勇猛善战高明千万倍么？”

宋康王点了点头：“嗯，确实如此。那，你就把这本事教给我吧。”

惠孟说：“孔子和墨子就是身怀这种绝技的顶尖高手，听说金庸原本是想让这二位来作自己小说的主人公的，可又一想，读者就喜欢看个打打杀杀的热闹，为了照顾读者口味这才作罢。孔子和墨子尽管没有自己的地盘，却被天下人视为心目中的君主，没有一官半职却被天下官员们视为心目中的尊长，男女老少们无不衷心希望这两人能够长命百岁、日进斗金。现在呢，大王您是大国之君，先天条件比孔子、墨子强出百倍，如果再有了这二位高人的胸怀，天下人谁不盼着您好呢。您的前途大大的光明啊！”

惠孟这番话讲完，宋康王半晌没有作答。等惠孟告辞之后，宋康王对身边的人说：“这家伙的口才实在太好了，他这一番口舌彻底把我折服了。”

小故事讲完，大道理上场：所以《老子》说：“勇于做到不逞强就能保全性命。”（勇于不敢，则活。）由此看来，大勇反倒是不勇啊！

《老子》的这段内容在简本里是没有的，在通行本位于第七十三章，全文是：

> 勇于敢，则杀；勇于不敢，则活。此两者，或利或害。天之所恶，孰知其故？是以圣人犹难之。
>
> 天之道，不争而善胜，不言而善应，不召而自来，坦然而善谋。
>
> 天网恢恢，疏而不失。

我们惯用的成语“天网恢恢，疏而不漏”，出处就在这里。通观全章，说的是大家熟知的一种《老子》基本精神，放在令狐冲身上就是“无招胜有招”，放在郭靖身上就是后发制人，放在张三丰身上就是以柔克刚。仔细体会《老子》原文，说的只是一个大道理，指出了自然界的运行就是如此这般的模样，令狐冲和张三丰他们都是在此基础上作了进一步的发挥。

一个大道理可以有无限多的具体发挥，好比我说“先下手为强，后下手遭殃”，这是一个大道理，你可以具体联系到学习、工作、大国之间的军备竞赛和流氓瘪三的街头斗殴。“后下手为强”

表面看上去和“先下手为强”完全相反，但这正体现了一种更深层次的真理：与之相反的说法也是同样正确的。“后下手为强”同样也可以具体联系到学习、工作、大国之间的军备竞赛和流氓瘪三的街头斗殴。

《淮南子》把《老子》的这个大道理所作的具体联系看上去是着重在权谋的层面上：君主如果想要成就王者之业，就应该表现出如何如何……这个故事又给我们透露了几个线索：第一，对孔子和墨子这两个学术对手表现出相当程度的推崇；第二，虽然“以无勇为大勇”这个逻辑非常道家，但骨子里却和孔孟之言没什么两样——想想孟子见齐宣王的时候，齐宣王说什么“寡人好色”、“寡人好货”、“寡人好勇”等等，孟子的逻辑不是和这里的《淮南子》如出一辙吗，而且，惠孟的话简直像极了孟子，分明就是行仁政感召天下这套逻辑，可是，道家的书为什么要推销儒家观念呢；第三，《老子》本章的原文是陈述性的语气，《淮南子》却分明是建议性的，而建议的对象也明显就是掌权的君主——如果我们对比一下《老子》的简本和通行本，会发现《老子》原本就给人一种“建议书”的感觉，是向君主讲述治国的大道，而通行本更加强调了这种语气，《淮南子》则完全就是建议书的味道了。

5. 夫代大匠斫者，希不伤其手

昔尧之佐九人，舜之佐七人，武王之佐五人。尧、舜、武王于九、七、五者，不能一事焉，然而垂拱受成功者，善乘人之资也。故人与骥逐走则不胜骥，托于车上，则骥不能胜人。北方有兽，其名曰蹷，鼠前而兔后，趋则顿，走则颠，常为蛩蛩駏驉取甘草以与之，蹷有患害，蛩蛩駏驉必负而走。此以其能，托其所不能。

故老子曰："夫代大匠斫者，希不伤其手。"

在很久很久以前，尧圣人手下有九个能干的小弟，舜圣人手下有七个，周武王手下有五个。要论具体的才干，尧、舜和周武王跟他们这些小弟中的任何一个都没法相比，那么，为什么是他们当了老大呢，这是庸主统领贤臣还是外行领导内行？

这个看似简单的问题却曾经困扰过很多时代里的很多聪明人，举个典型的例子，就是十九世纪初期浪漫的圣西门所提出来的宣言式的阐述：设想法国突然失去了五十名一流的物理学家、五十名一流的化学家……五十名一流的木匠……总共失去了三千名一流的科学家、艺术家和工匠……民族要是一霎时失去他们，便会变成一具没有灵魂的僵尸……再设想另一种情况，失去的不是这些人，而是三万名王公贵族们，这些国家栋梁的死亡并不会给国家任何政治损失。[80]

圣西门理想的是由高级知识分子来掌握国家政权，这很难说是内行领导内行还是外行领导内行，而他的这种思想一度广为流传，直到二十世纪还很有市场呢，激赏者之中就有伟大的革命导师列宁。我们可以回忆一下孟子和他的学生讨论君子是不是白吃饭的那段故事（《孟子他说》），孟子无疑认为搞政治也是一种专业，和农民种田、科学家搞科研没什么两样，这种思想在中国影响深远，《淮南子》无疑也持这种看法。

看，就在近现代，还有不少人认为外行管理内行是个荒谬的做法，而在两千多年以前，前辈们就明白外行是理所当然地应该领导内行了，这才是合理的管理结构，和 MBA 的原理异曲同工。

其实这个道理非常简单，《淮南子》举例子说：人和马赛跑，两条腿跑不过四条腿，如果照着技术尖子才能做高管的思路，马场总裁最应该给赤兔马来作，如果实在要找人类来管，刘翔绝对要比韦尔奇更够资历。但是，这样的管理结构才是真正的荒谬。马虽然跑得比人快，但人可以坐在马车上呀。

《淮南子》继续举例：北方有一种怪兽，叫作蹷（jué），前腿短如老鼠，后腿长过大象，鉴于这种先天缺陷，这家伙只能慢慢蠕动，步子稍微一快就得栽跟头。还有一种怪兽叫作蛩蛩駏（jù）驉（xū），特征和蹷正好相反，前腿超长，后腿奇短，这种体型最大的问题是没法低头吃草。

好在怪兽之间也存在着感人的雷锋精神，蹷经常拔些甘草来喂给蛩蛩駏驉吃，而当遇到危险的时候，这两只怪兽前后一搭，相负而行，跑起来风驰电掣一般，《尔雅》把它们叫作“比肩兽”。

这个故事大家肯定看着眼熟，我们常用的一个成语叫“狼狈为奸”，说狼和狈就是蹷和蛩蛩駏驉这种关系。有可能最早的出处就是蹷和蛩蛩駏驉的故事，只是这两个怪兽的名字太难认了，人们才给简化成了狼和狈，并且把故事的喻意导向了贬义的一面。[81]

抛开人类的有色眼镜，我们得承认狼和狈是一对互相帮助的典范，是我们学习的榜样，如果同学之间闹了矛盾，老师就应该用狼和狈的故事来开导他们，当然，公司与公司之间最好的合作模式也是狼和狈的这种模式。

《淮南子》说，以上的小故事为我们阐明了《老子》里的这一句话："代替大木匠去砍木头的人，很少有不伤到自己的手的。"（夫代大匠斫者，希不伤其手。）

《老子》这句话，见于通行本第七十四章，上下文连起来看是：

民不畏死，奈何以死惧之？若使民常畏死，而为奇者，吾得执而杀之，孰敢？常有司杀者杀。夫代司杀者杀，是谓代大匠斫。夫代大匠斫者，希有不伤其手矣。

这一章也很有名，主要是第一句话"民不畏死，奈何以死惧之"流传很广。我们先来看一下陈鼓应对这一章的翻译：

人民不畏惧死亡，为什么用死亡来恐吓他？如果使人民真的畏惧死亡，对于为邪作恶的人，我们就可以把他抓起来杀掉，谁还敢为非作歹？

经常有专管杀人的去执行杀的任务。那代替专管杀人的去执行杀的任务，这就如同代替木匠去砍木头一样。那代替木匠砍木头，很少有不砍伤自己的手的。[82]

再来看一下陈老师的"引述"：

人的生死本是顺应自然的，如庄子所说的：人的生，适时而来；人的死，顺时而去（"适来，时也；适去，顺也"）。人生在世，理应享尽天赋的寿命，然而专制者只为了维护一己的权益，斧钺威禁，私意杀人，使得许多人本应属于自然的死亡（“司杀者杀”），却在年轻力壮时，被统治阶层驱向穷途，而置于刑戮。

本章为老子对于当时严刑峻法，逼使人民走向死途的情形，提出沉痛的抗议。

陈老师的话，明显让人感觉这段老子绝不会是春秋时代的文字，如果“专制者”这个说法确是经过深思熟虑的话，我们得想想，春秋时代还属于封建社会呢，及至战国才有了专制的普遍趋势，而真正的专制时代却是从秦朝才宣告开始的。即便我们说商鞅变法之后的秦国已经进入专制统治了，那也只是西陲一地而已，广袤的中原大地可不是这样。

再查查简本《老子》，并没有这段内容，说明这一段有可能是后人加上去的，而这位“后人”的时代应该在战国中晚期到西汉初期之间。

再看陈老师的注释，把“有司者”解释为“天道”，这种解释古已有之，虽然“有司者”的字面意思是“政府执法机关”。这样一理解的话，就是说：只有老天爷才掌握着人的生杀大权，人类是不应该代行其职的，如果人类代替老天爷来杀人的话，那就相当于外行来做木匠活儿，很容易把自己弄伤。或者说，“大匠”也是比喻天道，人是不能替天行道的，不然的话，很容易自找倒霉。

这种解释倒也文从字顺，而且显得喻意深刻，但从《淮南子》的“小故事，大道理”来看，汉朝的那些前辈们并不把老子的这句话理解得那么玄妙，他们只是从上古明君的外行领导内行和狼、狈互相帮助来说明：专业问题找专家，自己别乱来——好比你以 MBA

的资历管理一家网络公司的技术部，你只应该做好自己专业的管理工作，当技术问题出现的时候，一定要让你手下的技术专家去解决，你可别自己上手，不然的话，“代替大木匠去砍木头的人，很少有不伤到自己的手的。”（夫代大匠斫者，希不伤其手。）

《淮南子》再次给我们展示了事情的这一面：《老子》在汉朝初年那些高级知识分子的眼里，并没有我们现在以为的那样的玄妙莫测和高深难懂，单从这段来看，只不过是在讲一个管理技巧，相当于古代的 MBA 的案例分析，强调的并不是什么宏大玄虚的宇宙观和人生观，而是政治运作中具体而微的实际技能。

6. 天大，地大，道大，王亦大。域中有四大，而王处其一焉

宁越欲干齐桓公，困穷无以自达，于是为商旅、将任车，以商于齐，暮宿于郭门之外。桓公效迎客，夜开门，辟任车，爝火甚盛，从者甚众。宁越饭牛车下，望见桓公而悲，击牛角而疾商歌。桓公闻之，抚其仆之手曰：“异哉，歌者非常人也。”命后车载之。

桓公及至，从者以请。桓公赣之衣冠而见，说以为天下。桓公大说，将任之。群臣争之曰：“客，卫人也。卫之去齐不远，君不若使人问之。问之而故贤者也，用之未晚。”

桓公曰：“不然，问之，患其有小恶也，以人之小恶而忘人之大美，此人主之所以失天下之上也。”

凡听必有验，一听而弗复问，合其所以也。且人固难合也，权而用其长者而已矣。当是举也，桓公得之矣。

故老子曰："天大，地大，道大，王亦大。域中有四大，而王处其一焉。"以言其能包裹之也。

宁越（有的故事里说是宁戚）是位卫国老乡，胸怀大志，很想能有一番作为。这正是春秋第一位霸主齐桓公凯歌高唱的时代，齐国在国际事务中不时展现着霸主的威严，而齐国旁边的卫国，也就是宁越的祖国，只不过是一个微不足道的小国罢了。

宁越这位有志青年现在面临着一个重要的人生抉择：是在祖国施展抱负，还是投奔齐国一展拳脚？——如果换到现在，这绝对不是一个问题，还用想么，儿不嫌母丑，狗不嫌家贫，卫国再怎么差劲，毕竟是自己的祖国，齐国再怎么好，那也是外国。不过春秋时代的人们可没有太多的祖国概念，更不会把祖国和母亲划上等号，宁越毫不犹豫，准备投奔齐国。

可是，主意好拿，真要做起来还有一些实际困难：宁越是个穷孩子，到齐国的路虽然不算太远，可宁越实在凑不出路费。这还得算当时国际上壁垒不严，人民可以在一定程度上自由流动，有一些迁徙的自由，不然的话，宁越要找蛇头安排偷渡更得花上一大笔钱。

现实的困难是可以被理想的火焰烧成灰烬的，宁越想了个办法，做苦力，帮一个去齐国做买卖的商人押送货车，就这样到了齐国。

说来也巧，宁越一行正好赶上齐桓公外出，只见华丽的车队浩浩荡荡地开出城外，齐桓公仿佛"美人如花隔云端"，让宁越体会着咫尺天涯的苦涩。

宁越在一旁看着，心中无限感慨，很有唱歌的欲望。唱歌需要伴奏，宁越往身边一看，只有牛车，没有乐器，只好因陋就简了。宁越当下拍着牛角引吭高歌，这正是半夜时分，冷不丁这一嗓门，声震百里之外。

齐桓公被吓了一跳：这是谁呀，太没素质了，半夜扰民，应该报警！可再一听，这歌唱得大有深意啊！齐桓公一拍身边仆从的手，说："这位歌手一定不是平常之人，去，找到他，带他进城。"

真是令人感慨啊，如果换到现在，歌唱得再好，也不过在超女比赛上夺魁，最后做个当红艺人罢了，可看人家宁越，靠着无伴奏的几声干嚎就给自己打开了仕进之门。

不久之后，宁越受到了齐桓公的正式接见，宁越大谈治国安邦之道，齐桓公越听越是高兴，越听越觉得宁越人才难得，嗯，得赶紧给他封个大官才行！

可大臣们有意见了，有人说："您这决定作得也太急了吧？照我看，这位宁先生是卫国人，家乡离我们这儿也不算远，咱们最好派人去他老巢摸摸底，先把他的案底搞清楚再考虑怎么用他。"

这位大臣的话倒也在理，现在公司招聘的时候还经常要打电话到应聘者的原单位了解情况呢，可齐桓公不这么想，他说："如果去查他，真查出一些小毛病来怎么办呢？因为一点儿小毛病而忽视了人家的大才，有些君王就是这么失去贤人的。我可不能这么做。"

《淮南子》夸赞齐桓公的用人之道，最后阐明大道理：《老子》说："天大，地大，道大，王也大，天下有四大，王是其中之一。"（天大，地大，道大，王亦大。域中有四大，而王处其一焉。）这是说君王要像天、地、道一样，要"大"，要有包容一切的胸怀。

这段《老子》在前文已经讲过一些了，看，《淮南子》里引述的也是“天大，地大，道大，王也大”，最后是“王大”而不是通行本的“人大”，尽管“人大”在上下文里更合逻辑。

《淮南子》解释“王大”非常具体，就是俗话中“大人有大量”、“宰相的肚子能撑船”的意思（以言其能包裹之也），说到底这还是技术型的解释，而不是玄虚型的感悟。

7. 贵以身为天下，焉可以托天下；爱以身为天下，焉可以寄天下

大王亶父居邠，翟人攻之，事之以皮帛珠玉而弗受，曰：“翟人之所求者地，无以财物为也。”

大王亶父曰：“与人之兄居而杀其弟，与人之父处而杀其子，吾弗为。皆勉处矣！为吾臣，与翟人奚以异？且吾闻之也：不以其所养害其养。”杖策而去。民相连而从之，遂成国于岐山之下。

大王亶父可谓能保生矣。虽富贵，不以养伤身；虽贫贱，不以利累形。今受其先人之爵禄，则必重失之。所自来者久矣，而轻失之，岂不惑哉？

故老子曰：“贵以身为天下，焉可以托天下；爱以身为天下，焉可以寄天下”矣。

这故事的主人公是大王亶（dǎn）父，大王也就是“太王”，通

常对他的称呼是古公亶父，正确的称呼似应是“公亶父”，是周文王的爷爷，是周部落的早期带头人。

古公亶父是个历史上的大名人，他的事迹经常被人称述，[83] 在战国时代，滕文公曾经遭遇过和当初古公亶父类似的处境，来找孟子讨主意，而孟子就是拿古公亶父的做法来给滕文公支着的。

滕文公又来问了：“我们滕国是个小国，为了服侍大国真是操碎了心，可还是多灾多难的，这可怎么办啊？”

孟子说：“太王当年占着邠地的地盘，狄人来捣乱。太王送皮货给狄人，狄人还是来捣乱；太王又送狗送马给狄人，也不灵；又送珍珠美玉，还不灵。太王于是召集长老们，跟他们说：‘我算明白了，狄人想要的是这片地盘。我听说过，道德高尚的人不能让养活人的东西反过来来祸害人。地盘就给了狄人算了，小弟们也不愁没老大，某家去也！’太王就这么离开了邠地，翻过梁山，一看岐山脚下还能住人，就定居在这里了。邠地的那些小弟都说：‘老大是个好老大，咱们不能没有他。’于是，跟从太王来到岐山的人就像赶集一样。”

孟子讲完了太王的故事，又接着说：“可是，也有人说祖业不是我们能决定要还是不要的，所以，我们要守好祖业，死也不走。大王，这两条路，您自己选吧。”

孟子这回更有意思，给了完全不同的两个主意，让滕文公自己去选。

太王的故事是一个古史上非常有名的故事，他最后搬到的岐山脚下就是现在的陕西周原一带，这一带的考古发现很多，说明这里确实曾是周人的聚居地。

太王就是古公亶父，是周人的一位重要祖先，孟子很推崇的周文王和灭了商纣王的周武王都是他的后人。太王的这段故事，在后人看来简直有些不可思议，周人这样的一个社会组织如果用现代的语言来说，那几乎就可以说是自由人的自由联合，一切以人为本，什么领土、主权、君权，都不像后世那样具有至高无上、无可置疑的地位。太王就像喜剧影片里一个善良的黑帮老大，自己的帮会总是被狄人的帮会欺负，后来发现狄人帮会是看中了自己的地盘，太王觉得如果捍卫领地就会打打杀杀，得死人，嗯，算了吧，地盘我不要了，我走还不行么，小弟们没有了我这个老大自然还会有新老大，也许就认你们狄人的老大做老大，这也没什么不好，只要他们能在新老大的手底下生活得好就可以了。

我们甚至还能由此来推想一些可能的情况。假如狄人步步紧逼，得寸进尺，太王实在没地方可去了，那么，第一，如果条件能谈拢那就投降，从此以后大家都是一家人，那就谁也别再欺负谁了，一起发展生产，共同致富；第二，如果条件谈不拢，或者内部有分歧，那就谁想投降就去投降，谁想抵抗就去抵抗，划分阵营，各立旗号；第三，如果小弟们一致要求抵抗，那就开打，打赢了最好，打败了也死而无憾。

无论如何，太王能说出“小弟们不愁没老大”这样的话来，总能算是个了不起的人，尽管当时的“老大”（君）并不是后世的君主乃至帝王的概念。

《淮南子》盛赞了古公亶父重视人命的态度，可是，这总让人心生疑惑：古公亶父时期的普遍道德观也许真是那样的，人命要紧，但凡有一线生机就不干那种抛头颅、洒热血的保家卫国的事情，而且，不单是老大自己的性命要紧，小弟们的性命也一样要紧，老大没理由随意牺牲掉小弟们的性命，不管他有任何冠冕堂皇的理由。

然而，到了《淮南子》的时候，就已经进入私天下时代了，这时候的各位老大们已经开始逐渐地把全天下的人口和土地都视为自己的私有财产，逐渐地渴望专制，和小弟们之间的关系也早已发生了变化。新老大会拿什么标准要求小弟们呢？我们应该会很熟悉：宁为玉碎，不为瓦全；无条件地服从是作小弟的天职；[84] 拼将十万头颅血，誓把老大的面子/财产一挽回；等等等等。——这些英雄行为如果换到古公亶父时代就是另一番道理了：部落成员们全都沾亲带故的，部落就是一个真正的大家庭，即便部落联盟也通常伴随着婚姻关系，在一定程度上还属于自由人的自由联盟，和左冷禅“五岳剑派”那种大联盟不可同日而语。他们即便跟外敌作战，一般也真是出于捍卫自家的利益、保卫自己的家园，而不是像私天下时代里往往充当帝王的炮灰——这种古老的观念直到春秋时代还大有遗风流传：春秋时代的军队都是贵族子弟兵，他们的身份大多是贵族中最低等级的“士”，由这些“士”组成了“士兵”，把作战当成自己的义务和荣誉，这种情况到战国时代才发生了质的转变。而后，越是专制强化，小弟们便越加没有了发言权，他们的生命便也越加不被重视。

这样看来，《淮南子》的写作时代在汉朝初年，秦朝的专制统治刚刚结束，汉朝虽然也要成为一个专制大国，但秦朝的迅速瓦解使汉朝的统治集团和知识分子们无不对秦朝的政治体制心生疑虑，处处总想反秦朝之道而行之。我们看到的是，汉朝初年，郡县制和封建制并行，中央政府的管制远称不上繁重和严密，《淮南子》是在这个大背景下被铸造完成的，而当它完成的时候，汉武帝即将大展雄主之才，这便注定了“重视小弟们的生命”这种论调流行不了多久了。——翻翻《史记》和《汉书》吧，如果你只是一个普通百姓，恐怕在整个西汉时代里你最不想活在其中的时代就是汉武帝时代了，呵呵，即便这样，我们好像还是应该连篇累牍地去赞美他老人家，也许，对一些人来说，他们更喜欢铁腕的主子，而不是独立的人格。——这道理绝不像看上去那样荒谬，托克维尔就曾经细致地说明过：“……做仆人的终于不关心自己。他们逐渐忘却自己，也可以说放弃自己，或者勿宁说把自己的一切全都交给了主人，并自以为由此确立了自己的人格。他们以支使他们的人的财富来炫耀自己，以主人的荣誉来为自己增辉，以主人的高贵来抬高自己，并一直陶醉于这些仰仗他人而来的光荣。他们把这种光荣看得往往比其全权的实有者看得还重要。”（《论美国的民主》）以及“对弊端推波助澜最甚的莫过于人们惯称的路易十四统治的黄金时代了。”（《旧制度与大革命》）很多人看电视剧“某某大帝”会跟着心潮澎湃，可就拿最著名的一位大帝——汉武大帝来说吧，司马光在反对王安石变法的时候举例子说汉武帝改变祖宗制度，结果“盗贼半天下”。（《宋史・司马光传》）司马光的对头王安石也不遵循“凡是敌人反对的我们就要拥护”这条原则，也和司马光一样看不惯汉武帝的一些作风：“壮士悲歌出塞频，中原萧瑟半无人。君王不负长陵约，直欲功成赏汉臣。”（王安石《汉武》）所以，“盛世”往往是对皇帝来说的，皇帝的盛世未必就是老百姓的好时光呀——这道理又让王安石给写成了诗：“千载纷争一羽毛，可怜身世两徒劳。无人语与刘玄德，问舍求田计最高。”（《读〈蜀志〉》）。[85]

封建社会和部落生活毕竟是不同于后来的朝代的。在先周时代，情况也许是这个样子的：古公亶父虽然是个领袖，却不是小弟们的“主人”。古公亶父这个或许不合时宜的故事使《淮南子》从中推导出了《老子》的这句话来：“故贵以身为天下，若可寄天下；爱以身为天下，若可托天下。”——这句话我没有直接翻译，因为实在是翻译不出来。

如果从《淮南子》以古公亶父的故事来推导出《老子》的这句话来看，这句话的意思应该是说：“看重他人生命的人，才有资格掌管天下；爱惜他人生命的人，才有资格治理天下。”

《老子》的这一章本来就把话说得含混不清的，也许有传抄错误或者错简什么的，总之怎么看怎么都像病句，搞得历代专家们煞费苦心地研究出了无数种光怪陆离的解释，道术家读出了养生，政治家读出了爱民，每一种解释虽然都能自圆其说，但把这些解释放在一起来看的话，恐怕只能是越看越糊涂。这一章在通行本里是第十三章：

宠辱若惊，贵大患若身。

何谓宠辱若惊？宠为下，得之若惊，失之若惊，是谓宠辱若惊。

何谓贵大患若身？吾所以有大患者，为吾有身，及吾无身，吾有何患？

故贵以身为天下，若可寄天下；爱以身为天下，若可托天下。

这是《老子》里边很出名的一章，开头讨论宠和辱的关系，后来《菜根谭》把它变成了一句更加清晰漂亮的名言：“宠辱不惊，闲看庭前花开花落；去留无意，漫随天外云卷云舒”。可是，真要对《老子》原文较起真来，其中意思恐怕是任谁也说不清的，而最接近《淮南子》理解的，是福永光司的解释：“本章谓真正能够珍重一己之身、爱惜一己生命的人，才能珍重他人的生命、爱重别人的人生。况且，也只有这样的人，才可以放心地将天下的政治委任于他。”[86]

从黄老学派的一贯思想来看，福永光司的解释应该是最为切合的。可从《淮南子》给出的小故事来看，似乎又把“爱自己的生命”推广到了“也爱别人的生命”，这种推己及人的态度却是典型的儒家逻辑，尤其是孟子最喜欢玩的论辩方式。

《老子》的这一章在简本里也有，而且内容差别不大，看来这属于《老子》非常原始的思想。无论是简本还是通行本，老子似乎都在向领导人谏言，提出自己的政治主张，而不是在论述什么玄妙的宇宙观。

我们如果照着《淮南子》和《老子》的思路，古公亶父正是因为珍爱自己的生命，连带着便也珍爱小弟们的生命，这似乎正是一种同情心的体现。那么，这样风格的政治统帅为什么在后来却很难看到了？是古公亶父的故事并不可靠，还是什么别的原因？这种政治思想在后世有没有被实行的可能呢？

心理学家用实验告诉我们：同情心是一种移情的表现，这并不是后天培养出来的。一个婴儿在听到旁边另一个婴儿大哭起来的时候也会跟着一起哭，但他在听自己哭声的录音的时候却显得无动于衷。如果我们把同情心视为一种善的美德，这个研究结果无疑会给孟子的性善理论投上赞成的一票——虽然种种反对票也同样具有说服力。

“人之初，性本善”，这个道理后来成为了儒家理论的一个重要基础，儒者们面临的一个问题是：古公亶父确实够善的，可是，怎么能使专制时代的君主们也能够发扬自己心底的那一点善念呢，怎么能让这些高高在上的家伙们也能有古公亶父一样的同情心呢？儒者们的主流答案是：劝说君主们好好学习儒家经典，做到“正心诚意”，以自己的善良与同情逐渐感染整个帝国。

——考察卷帙浩繁的历史，所谓“正心诚意”云云总是或多或少地给人以掩耳盗铃的感觉，尽管儒者们的出发点是无比真诚的。但是，从相反的方向来看，“掩耳盗铃”也确有一定的实际功效：盗铃是改变不了的，但盗铃的时候一定要记得掩耳。托克维尔又一次在我之前发现了这个秘密，他的说法是：“法国人能够耐心地忍受专制政权，只要这政权不暴虐，但他们从不愿意和它面面相觑，因此，在专制政权前面设立某种虚假的障碍，虽不能阻止专制政权，但至少能起点遮掩作用，这样做是相当明智的。”（《旧制度与大革命》）

但也总有些人真心地相信掩耳的目的不是为了盗铃，这种思想直到现代余波仍在，比如我们看到一些人主张大家阅读《论语》，阅读“四书五经”，从那些古老的道德箴言当中学习做人的道理，培养出自身的善念与同情心。这种美好的想法是否真能切合实际，我们不妨看看托克维尔在十九世纪对新生的美国所做的一次实地走访之后得出的一些结论：

当人们对彼此的不幸自然怀有恻隐之心，随便而频繁的交往使他们每天接触，任何冲动都不会使他们分离的时候，则不难理解他们在必要的时候会立即互助；当一个美国人请他的同胞协助的时候，很少有人拒绝。我就屡次见到他们满怀热情地自发助人的义举。

如果公路上突然发生车祸事故，人们将从四面八方前来救护罹难的人。要是某个家庭横遭大难，素昧平生的人也会慷慨解囊；每个人的捐助虽少，但集腋成裘，便可使这一家人摆脱困难。

在世界上的一些文明国家里，一个不幸的人往往在人群中孤立无援，就像一个野人在森林里的遭遇一样。而在美国，就几乎没有这种现象。美国人的态度虽然一向冷淡，而且往往粗野，但他们却几乎没有冷酷无情的表现。如果他们没有立即去帮助人，那也不表明他们拒绝助人。

这一切同我在前面论述个人主义时所讲的话并不抵触。

我甚至认为它们互相协调，而决不对立。

身分的平等在使人们觉得自己独立的同时，也使他们感到自己软弱。他们的确是自由了，却面临着无数的意外威胁。经验很快使他们懂得，他们虽然不是经常需要别人的帮助，但一定有时候非要他人帮助不可。我们在欧洲经常看到，职业相同的人都随时互助。

他们所遇到的苦难相同，这就足以使他们互相寻求支持，而不管他们在其他方面如何铁石心肠和如何自私。因此，在他们当中有人遇到困难，而别人只要暂时牺牲一下或格外努力一番就可以挽救时，他们便会奋力支援，而不会袖手旁观。这并不表明他们对那个人的命运十分关心，因为他们的努力一旦证明无效，他们马上就会把支援置于脑后，而各自去忙自己的事情。但是，他们之间似乎有一种几乎是不由自主的默契。

根据这个默契，每个人都有暂时支援他人的义务，而在他自己有困难的时候，也有权要求他人支援。

如果把我就一个阶级所述的一切推而广之，用于一个民族，大家就会更加了解我的思想。

其实，在一个民主国家的所有公民之间，也有一种与我方才所说的默契类似的契约。他们觉得大家有共同的弱点和危险。他们的利益和他们的同情心，使他们产生了在必要的时候进行互相援助的信念。

身分越是平等，人们也就越是明白这种互相支援的义务。

在民主国家里，没有人会广为施舍，但可以经常帮助别人。每个人很少有效忠精神，但大家都乐于助人。[87]

最后两句话值得单独提出来重复一遍以示重要："身分越是平等，人们也就越是明白这种互相支援的义务。在民主国家里，没有人会广为施舍，但可以经常帮助别人。每个人很少有效忠精神，但大家都乐于助人。"然后，首先需要解释一下的是，引文中虽是讲的"民主国家"里的平等状况，但我们可别把这里的"民主"一词理解得过于现代了——萨托利在评价托克维尔的美国之行的时候曾经特别提到：“……托克维尔把民主和贵族统治相对照，直到1848年还把民主理解为一种社会状态而不是政治形态。”（萨托利《民主新论》）

这段引文出自托克维尔的名著《论美国的民主》。作为一部研究民主理论的著作，这部大书也许显得有些陈旧，但这并不妨碍书中的许多真知灼见在新时代里继续以常青树的面貌出现在我们面前，那些“陈旧”的观点对我们很多现代人来说甚至是非常“前卫”的。

托克维尔的这段文字首先就具有文化比较的意义：以前我总觉得做一些调查统计是很有必要的，看看在那些没有儒家传统的遥远国度里，人民群众是否就生活得比我们更加“不仁不义”，看看在那些毫无孝道精神的地方，人民群众是否就生活得比我们更加缺少家庭温暖？如果这两个问题的答案都是否定的话，那么，所谓儒家精神的独特性到底何在？在现代社会里倡导儒学到底又有什么意义？

从托克维尔的论述看来，人类到底是在进步着，对一些古老问题的认识也更加清晰了：一个人的同情心是和他生活于其中的集体有着紧密联系的。好比说，当我得知一位写书的家伙给出版社寄了一份厚厚的手稿，等这书稿走完一整套的程序之后，变成了一本只有一枚硬币厚的小册子，还居然是用骑马订装订成书的，这个可怜的家伙经受不起这个打击，从二百层的高楼上跳了下来。当我经过他的坟墓的时候，忍不住停下来吊唁一番，特意买了一本涂尔干的

《论自杀》放在他的坟前，然后，流下了几滴同情的眼泪。——同情，是因为感同身受，而如果自杀的是个医生、律师、或者公务员什么的，我恐怕只会把他的死讯当成新闻来看。

更有甚者的是，奴隶主很难对奴隶产生同情（哪怕奴隶们真的是在水深火热中挣扎），反之亦然。我们进而会在历史当中发现：似乎社会的专制程度越高，同情心就越不普遍。那么，问题出在哪里呢？

托克维尔在《旧制度与大革命》里的两句议论或许可以给我们提供一些参考："正是独夫体制，天长日久，使人们彼此相似，却对彼此的命运互不关心，这是独夫政体的必然后果"，再有就是："于是，在已经存在的所有个别的不平等中，又加上一项更加普遍的不平等，从而加剧并维持所有其他的不平等。从那开始，国库的需求随着中央政权权限的增长而增长，军役税也随之扩大和多样化，不久便增加到十倍，而且所有的新税都变成了军役税。这样，捐税的不平等每年都使各阶级分离，使人们彼此孤立，其深刻程度超过了以往的任何时代。最有能力纳税的人免税，最无能力应付的人却得缴税，当捐税以此为宗旨时，就必然导致那一可怕的后果——富人免税，穷人缴税"。[⑧]

这两处议论其实恰好为我们解释了一个社会之所以缺乏普遍同情心的理由：独夫体制和不平等。而托克维尔在初生的美国所发现的促成了一个具有普遍同情心的社会的原因正是那里的"平等"。——"身分越是平等，人们也就越是明白这种互相支援的义务"，从反面的例子来看，当时的白人虽然对陌生人的困难也乐于给以热情的援手，但对黑人却没有多大的同情和友爱。那时候的黑人无疑是处在一种比白人低人一等的地位上，于是，“在剧院里，黑人有钱也买不到同曾经是他们主人的白人并排坐在一起的票……当黑人死去时，他们的骨头就被抛到一旁，身分的差别都造成了死后的不平等”。

无论是从正的一面还是从反的一面来看，社会的普遍同情心主要受限于它的平等程度，而不是取决于苦口婆心的道德说教和别的什么。托克维尔这个百年前的观点对我们现代的一些人恐怕仍有启发意义，当我们试图以传统的儒家思想来教化出一个友爱的社会的时候，我们是在走着一条无数前辈们两千多年来都没有走通的道路，更有甚者的是，真正的那群拦路虎当中，儒家自己恐怕也是一个。——这可一点儿都不荒谬，要知道，儒家思想的核心精神之一就是规范出严密的社会等级，我们几乎可以用“官本位”这个现代词语来解释“礼仪之邦”的真正含义。可是，一个等级森严的社会不正是“平等”的反面吗?

儒家推崇礼治，希望营造出一个复古的“礼仪之邦”来，社会从上到下有一套完整的等级秩序，所有人各安其位，安分守己，政府对贵族阶级、对执政阶层要给以足够的尊重，不能像对待老百姓一样对待他们。

汉初的年轻儒者贾谊在名文《治安策》里有一段很生动的“台阶”的比喻：“天子就像宫殿，老百姓就像平地，官员则是从平地通往宫殿的台阶。大家为什么都觉得天子很尊贵呢，这是因为天子高高在上，令人望而生畏。但是，大家想想，如果玉皇大帝住的天庭不是在彩云之上而是在四川盆地最底部，那恐怕大家就把他老人家当妖精了。我们求神拜佛，造的神像、佛像不都也是高高在上的么，其实都是一个道理。所以呢，通往天子宫殿的台阶是一级一级的，台阶越多，天子的位置就越高，老百姓就越得仰着脖子来崇拜他。如果台阶只有那么一两级，那就坏了，天子和老百姓就没有距离了，老百姓也就不会再拿天子当棵葱了。古代帝王深明此理，这才设立了等级制度——从爵位来说，有公、侯、伯、子、男五等爵[89]；从官秩上说，有部级、厅级、局级等等，这些森严的等级形成了一个金字塔，天子高坐金字塔的最顶端，尊贵无比。

“我们来想想，如果一位贵族，或者大臣，贪污受贿了，犯了大罪了，该怎么处置他呢?

“乡下有句谚语，叫‘投鼠忌器’（现在成了我们的成语）。如果官员队伍里出了一只害群之鼠，我们的确应该打老鼠，但要小心别因为打老鼠而把贵重器皿给打坏了。”

什么是贾谊所谓的“贵重器皿”呢？就是他在前面所讲的那个等级制度，也就是儒家一直追求的“礼治”。

贾谊接着引用了一句中国人都很熟悉的话：“刑不上大夫”，这句话的意思是说：伤残身体的刑罚是不能加在统治阶级身上的，好比说，即便同样是被处死刑，统治阶级的人是被注射死，毫无痛苦和创伤，而被统治阶级里的人却是被枪毙。但很多人不了解的是，这样做的目的倒不一定是当官的利用职权为本阶级捞取好处和逃避处罚，其深层意义在于：贵族官僚阶级是上通天子、下达庶民的“台阶”，尤其高级官员是离天子很近的，如果他们犯了罪所受到的刑罚和普通百姓一样，那就在一定程度上削弱了“台阶”的意义。老百姓会发现：噢，我杀了人会被绑赴刑场砍脑袋，你们这些达官显贵杀了人也一样被绑赴刑场砍脑袋；我犯了错会挨板子，你们这些达官显贵犯了错也一样要挨板子——嘿嘿，看你们平日里趾高气扬、不可一世的，我还以为你们多了不起呢，敢情挨板子的时候也一样哇哇乱叫啊！

贾谊认为，这就好比让一个局里的小科员们和局长在一个澡堂里洗澡，衣服一脱，大池子一泡，平日里的等级标志突然通通消失了，小科员们难免会因此而产生出一些微妙的心理变化。古代儒家认为：这类事情，这类心理变化会使老百姓对统治者产生轻慢之心，对社会的稳定是非常不利的。

那么，难道贾谊认为官员犯了罪就不该打、不该杀么？当然不是，他的意思是：投鼠是一定要投的，但在投的时候一定别忘了忌器——秦朝两位皇帝就是犯了这个错误，投鼠不忌器，结果导致了下民对上层统治者消失了敬畏之心。

那么，该如何做到既投鼠又忌器呢？这也容易，对犯罪的官员该杀就杀，该灭族就灭族，但是，千万不要折辱他们——比如，从政府角度来说，不要让小小的狱吏都能对被收监的高官呼来喝去的，还有，尤其要注意的是，惩治官员的过程千万不能让老百姓看见。而且，对犯了罪的官员还不可指名道姓地斥责他。从官员角度来说，官员犯了罪，自觉一点儿，赶紧自杀，别等着皇帝派人来杀你。皇帝对犯罪的官员只要说一句："你小子不对啊，竟敢贪污这么多钱，该死！可我尊敬你，给你留面子，我不抓你，你自己看着办吧。"然后等他自杀就可以了。皇帝对贵族臣僚要有这般尊敬之心，等级制度才不会遭到破坏。

——大家读汉朝历史，会发现汉朝的官员自杀率很高，出处就

在这里呢。（《孟子他说》）

贾谊的这段议论很能说明儒家的礼治精神，对照前文，这样的礼治不分明是走向平等的对立面么？在这样一个前提之下，期待着儒家思想可以起教化之功，把社会引导向充满同情和友爱之情的人间天堂，这岂不是南辕北辙？

很难想象一个官本位的礼仪之邦真像贾谊憧憬的那样美好，虽然这个理想国里的老百姓们可以被调教得心往一处想、劲往一处使，整齐得就像足球场上的草坪——你只能看到一整块的草坪，却看不出这棵草和那棵草有什么不同，而一座生机勃勃的花园显然不会是这个样子的。草坪这类看似绝对平等的环境却有着和其表面现象截然相反的实质，而花园式的多元化和隐伏在多元化之中的个人主义才是平等的保障："如同今天的情况，一个办公室职员至少可以嘲笑百万富翁，一个可以用自己的双手挣得体面生活的工人不需要害怕政治家、部门长官、代表或者部长。"（莫斯卡《统治阶级》）

令人沮丧的事情还不止这些，如果我们把托克维尔的意见再多想一下的话，儒家孝道鼓吹下的温暖家庭似乎也立不住脚了，更何况，孝道是个被现代人广泛误解的概念，它所诞生的土壤是周代的那种特殊的宗法制度，而在专制时代开始之后，孝道又几乎完全变成了一种政治，其家庭伦理意义是附属于政治意义之上的。（详见《孟子他说》）

即便我们以一种比较单纯的眼光来看待孝道，这同样是一种虽然被儒家精神所鼓吹，却只能在儒家核心思想之下走向自己的对立面的一种东西。正如上文所说，森严的等级体系是天然排斥情感的，传统的家长与子女的关系正是威权体制的一个缩影，尽管子女作为服从的一方会显得心甘情愿，似乎特别喜欢这一副甜蜜的枷锁。

如果我们传统的威权家庭可以类比于旧时代欧洲的贵族家庭的话，托克维尔下面的论述就尤其有了一种特别的说服力：

随着贵族失去权势，父母的那种严肃的、约定俗成的、合法的权威也不见了，而在家庭之内建立起一种平等关系。

总的来说，我不知道社会是否由于这种变化而受到了损失，但我确信个人却由此得到了好处。我认为，随着民情和法制日益民主，父子关系也会更加亲密和温和，而不像以前那样讲究规矩和仰仗权威；他们之间的信任和眷爱也往往是坚定的。看来，父子的天然联系是紧密了，但他们的社会联系却松弛了。

在民主的家庭里，做父亲的除了表示老人对子女的爱抚和向他们传授经验之外，并没有任何权力。他的命令可能无人遵从，但他的忠告一般会发生作用。虽然子女们对他不是毕恭毕敬，但至少对他表示信任。子女同他交谈没有固定的礼节，而是随时可以同他谈话，经常向他请教。在这里，家长和长官的身分不见了，但父亲的身分依然存在。

为了判明两种社会情况在这方面的差异，只看一看贵族时代留下来的一些家书就可以了。书信的文体经常是端庄、死板和生硬的，而且文字冰冷得使人心里感觉不到一点热乎气儿。

反之，在民主国家里，儿子写给父亲的信中，字里行间总有某些随便、亲密和依恋的表现，一看之下就知道家庭里建立了新的关系。

这样的变革也在改革兄弟姊妹的相互关系。

在贵族的家庭里，也像在贵族社会里一样，人人的地位是早已规定好了的。不只是父亲在家庭里另成一级，享有广泛的特权，就是子女之间也不平等。子女的年龄和性别，永远决定着他们每个人在家里的地位，并使其享有一定的特权。

民主制度把这些壁垒大部分废除或减少了。

……贵族家庭的成员彼此联系得极为密切，他们的利益互相关联，他们的想法也颇为一致，但是他们的心却很少互通。

民主制度也使弟兄间互相依靠，但依靠的方式与贵族的不同。

根据民主的法制，一家的子女是完全平等的，从而也是自主的。没有任何东西强制他们彼此接近，也没有任何东西迫使他们互相疏远。因为他们血统相同，在同一家庭里成长，受到同样的关怀，没有任何特权使他们各不相同和把他们分成等级，所以他们之间从小就容易产生亲密无间的手足情感。

成年之后形成的关系，也不会引起他们破裂不睦，因为兄弟的情义在使他们日益接近，而不会使他们反目。

因此，在民主制度下，使兄弟们互相接近的并不是利害关系，而是对往日的共同回忆，以及思想和爱好的自由共鸣。[90]

如果托克维尔是对的，那么，无论我们是渴望一个温情社会还是亲密家庭，对平等的追求或许才是真正的先决条件，尽管这个先决条件看上去和我们所要达到的目的毫无关系；同样的，儒家的礼治和孝道却该被甩得越远越好，尽管这些东西在我们眼前铺起了一条通往天堂的金光大道。

现在，回到我们故事的开头，我们应该会注意到：儒家和道家所一致推崇的那个古公亶父时代恰恰处在儒家和道家的诞生之前，古公亶父之所以饱含同情和友爱，恐怕更多的是因为氏族部落成员之间的关系相当平等之故，领导人并没有被贾谊的台阶提升到九天之上，小弟们也没有被列在等级秩序的第十八层地狱，于是，按照托克维尔所发现的那个普适性的原则，正是氏族成员之间身份的平等导致了这样的结果，而不是因为古公亶父如何英明伟大，更不是因为古公亶父学习了儒家或道家的那些精辟理论。或许同样是因为这个原因，当社会发生了翻天复地的变化之后，是“不平等”导致了古老的牧歌社会始终无法重现，导致了所谓黄帝时代、尧舜禹时代成为渐行渐远的海市蜃楼，任凭一代代精英学者们再如何呼唤、再怎么教化，也都无济于事。

社会的冷漠，人情的淡薄，所谓道德的沦丧，所有这令人沮丧的一切，难道真是能够拿圣人的一部部经典就可以教化而改变的么？

“故贵以身为天下，若可寄天下；爱以身为天下，若可托天下。”——听着老子向领导人谏言的声音，嗯，如果连草根老百姓的一些问题都难以通过教化来改变，又怎么指望能够教化得了那些拥有无限权力的帝王呢？

把问题再多想一层：“平等”既会成为某种政治制度的结果，或许也是实现某种政治制度的基石。马基雅维里曾经斩钉截铁地说道：“有平等的地方，难以建立君主国；没有平等的地方，难以建立共和国。”（《论李维前十书》）——真的不可能吗？也许，马基雅维里过于悲观了吧?

8. 道可道，非常道；名可名，非常名

桓公读书于堂，轮人研轮于堂下，释其椎凿而问桓公曰：“君之所读者何书也？”

桓公曰：“圣人之书。”

轮扁曰：“其人在焉？”

桓公曰：“已死矣。”

轮扁曰：“是直圣人之糟粕耳！”

桓公悖然作色而怒曰：“寡人读书，工人焉得而讥之哉！有说则可，无说则死。”

轮扁曰：“然，有说。臣试以臣之所轮语之：大疾则苦而不入，大徐则甘而不固。不甘不苦，应于手，厌于心，而可以至妙者，臣不能以教臣之子，而臣之子亦不能得之于臣。是以行年七十，老而为轮。今圣人之所言者，亦以怀其实，穷而死，独其糟粕在耳！”

故老子曰：“道可道，非常道；名可名，非常名。”

这个故事里的主人公叫做轮扁，他可不是姓轮名扁，“轮”是他的职业，“扁”才是他的名字，这种称呼在先秦时期是很常见的，如同黄飞鸿那个杀猪卖肉出身的徒弟叫“猪肉荣”，洋一点的称呼比如 Dr. Smith 之类。所以，轮扁这个名字如果翻译成现代语言，就是“做车轮子的阿扁”。

这一天，齐桓公正在堂上读书，轮扁在堂下做着车轮。——这就是故事发生的场景，呵呵，怎么看怎么觉得古怪哦，这不大像是现实世界里能够发生的事情。不过，既然是个故事，那就一直古怪下去好了。

轮扁在堂下干活儿，干得累了，把家伙一放，居然跟齐桓公搭上话了："老板，看什么书呢？"

齐桓公看书正看得入神，冷不丁被轮扁这一嗓门吓了一跳，当即大喝一声："锦衣卫，快把惊驾之人拉下去斩了！"——呵呵，这才是符合人之常情的故事发展，可故事的真正发展是：齐桓公放下手里的书，回答轮扁说："我看的是圣人的书。"

轮扁登鼻子上脸，接着问道："哦，这圣人还活着么？"

齐桓公很有耐心，回答道："早死啦！"

轮扁一听，说了一句超级大不敬的话："这样啊，那您看的这书也不过是圣人留下来的糟粕罢了。"

齐桓公这回可真的恼了："寡人读书，你一个臭工人居然敢当面说三道四的，嘿，你今天要是说不出个所以然来，我非杀了你不可！"

轮扁不慌不忙，还真说出了一番大道理："我是个做车轮子的工人，我就从我的本职工作开始说吧。轮子上，不同部件接合的地方是最难把握的，做得紧了就不容易接在一起，做得松了又容易脱落，一定得做到不松不紧刚刚好，妙到毫巅，差一分一毫都不行。可是，这门手艺我虽然在行，却没法教给我儿子；我儿子虽然聪明，可我无论怎么跟他讲，他一上手还是不行。这都是因为手艺里那些真正的精髓是难以言传的呀。圣人的书也是同样的道理——圣人死了，带着他的思想中那些难以言传的精髓一起离我们而去了，只剩下一些糟粕留了下来，喏，就是您看的书上的那些文字呀。”

故事戛然而止，《淮南子》紧接着便归结出了《老子》最著名的那个大道理：“道可道，非常道；名可名，非常名。”——这一句两千多年来聚讼纷纭的名言在汉初一些知识分子的眼里原来是这个意思哦，并不是现在很多人普遍认为的宇宙论？！

这倒让我想起了一个小典故：有人请美国大诗人弗罗斯特给诗下个定义，弗罗斯特的回答是：“所谓诗，就是在翻译之后失去的东西。”——如果万事万物里边都隐藏着“道”的身影，弗罗斯特的“道”应该就是他的“诗”了，正如轮扁的“道”就是他那手难以言传的绝活儿。

如果这个思路不差的话，我倒觉得，轮扁的故事对阐明“道可道”这句格言来说还不够贴切，因为做车轮子这活儿说到底是个熟练工种，就好比有人问我怎么学英语，我可以马上说出一二三来，这一二三虽然都是我多年积累的心得体会，可任谁也不可能听完了这一二三之后马上就把英语学会了。所以，弗罗斯特的那个说法或许更能准确表达“道可道，非常道”的真切内涵，尽管弗罗斯特是个外国人，更没学过道家文化。

《淮南子》里另有一节应该和这个故事一起来看：

王寿负书而行，见徐冯于周。徐冯曰：“事者，应变而动。变生于时，故知时者无常行。书者，言之所出也。言出于知者，知者藏书。”于是王寿乃焚书而舞之。

故老子曰：“多言数穷，不如守中。”

王寿背着书出门，路上遇见了徐冯。徐冯说：“人应该懂得随机应变的道理，识时务的人是不会拘泥于成法的。书籍虽然是个好东西，里边记载了不少智者们的至理名言，可书是死的，世界是活的，有智慧的人是不藏书的。”

王寿很听劝，把书都烧掉了，还手舞足蹈起来。正如《老子》所谓：“多言数穷，不如守中。”

“多言数穷，不如守中”，这句话从这里来看，应该是随机应变、无招胜有招的意思，和张无忌初学太极拳是一个道理，而不像后人每每把“多言”解释成“政令繁苛”。

从《淮南子》领会的《老子》精神来看，这分明是给我们出难题：《老子》不也是智者之言的记载么，难道这本书也该被我们烧了不成？而且，老子他老人家心中那玄妙的道术早已经随着老子的去世而消失不见了，我们再怎么读他的书也是竹篮打水一场空？还有，研究《老子》的历代著名学者们其实全在围着糟粕打转，他们的解释更是不可听信的了？！

这就好像一个悖论——我对你说：“谁的话都不能信”，那么，我这句话你该不该信呢？

9. 鱼不可脱于渊，国之利器不可以示人

昔者司城子罕相宋，谓宋君曰：“夫国家之安危，百姓之治乱，在君行赏罚。夫爵赏赐予，民之所好也，君自行之。杀戮刑罚，民之所怨也，臣请当之。”

宋君曰；“善，寡人当其美，子受其怨，寡人自知不为诸侯笑矣。”

国人皆知杀戮之专，制在子罕也，大臣亲之，百姓畏之。居不至期年，子罕遂却宋君而专其政。

故老子曰："鱼不可脱于渊，国之利器不可以示人。"

这个故事的主人公叫作司城子罕，看名字像个日本影星，其实"司城"是他的官职，这个官职一般被叫作"司空"，是负责工程建设的，"子罕"是他的字。司城子罕，或司空子罕，和司空摘星没有任何关系。

这位司城子罕在宋国做官，劝说宋国的国君："国家的安危，百姓的治乱，这一切都取决于君王的赏罚之道。爵位和赏赐是大家喜欢的，我建议以后凡是遇到这种给人好处的事情都由您来亲自出面；杀戮和刑罚都是大家怨恨的东西，这种事以后就让我来做好了。"

国君一听，非常高兴："好啊，这样一来，大家的感激都是冲我来的，怨恨都是冲你去的，我的名声会越来越好，诸侯们谁也不会笑话我了。"

——我先不往下讲，大家自己捉摸一下，司城子罕这是什么意思，宋国国君的想法对不对呢？

很快，宋国人都知道杀戮和刑罚的大权完全掌握在司城子罕的手里，于是，大臣们攀附他，百姓们畏惧他，过了不到一年，子罕就杀了宋国国君，篡夺了宋国的君位。

这个小故事阐释的是《老子》的这句名言："鱼儿不能离开水，国家的'利器'不可以展示给人看。"（鱼不可脱于渊，国之利器不可以示人。）

这可是彻头彻尾的帝王权术。司城子罕的建议实际上提出了一个帝王管理学的重要问题：如果“残酷”和“仁慈”只能二选一的话，你选哪一个？如果“被人爱戴”和“被人畏惧”只能二选一的话，你选哪一个？——这个问题也正是马基雅维里在《君主论》里论述过的一个最出名的问题，也是最使他承受骂名的一个问题。马基雅维里给出的标准答案是：“如果一个人对两者必须有所取舍，那么，被人畏惧比受人爱戴是安全得多的。”司城子罕心里肯定也是这么想的，只是藏在心里不说出来罢了，也许正是因为这个原因，大骂司城子罕的人比大骂马基雅维里的人可少得多了。人心真是很难解释，掩耳盗铃竟会成为被社会普遍默许的事情，那些只是把铃声敲响而不去盗铃的人却成了过街老鼠，就连故事结尾的那句《老子》的话竟也在告诫君主“国之利器不可以示人”，其含义似乎是：种种卑鄙的勾当尽管去做，只要别大声说出口来——也许这也可以算作“道可道，非常道”的一种解释吧？

西方人总爱把事情说得实在一些，马基雅维里偏偏就要把这帝王术中不可说的“道”清清楚楚地给说出来了。他不但给前边那个二选一的考题设计了令几乎所有的正人君子都无法接受的标准答案，进而还以直爽的口吻道出了无耻的论证过程：“因为关于人类，一般地可以这样说：他们是忘恩负义、容易变心的，是伪装者、冒牌货，是逃避危难，追逐利益的。当你对他们有好处的时候，他们是整个儿属于你的。正如我在前面谈到的，当需要还很遥远的时候，他们表示愿意为你流血，奉献自己的财产、性命和自己的子女，可是到了这种需要即将来临的时候，他们就背弃你了。”火辣辣的名言一句接着一句：“而且人们冒犯一个自己爱戴的人比冒犯一个自己畏惧的人较少顾忌，因为爱戴是靠恩义这条纽带维系的，然而由于人性是恶劣的，在任何时候，只要对自己有利，人们便把这条纽带一刀两断了。可是畏惧，则由于害怕受到绝不会放弃的惩罚而保持着。……人们忘记父亲之死比忘记遗产的丧失还来得快些。……人们爱戴君主，是基于他们自己的意志，而感到畏惧则是基于君主的意志，因此一位明智的君主应当立足在自己的意志之上，而不是立足在他人的意志之上。”

这些赤裸裸的教唆真是触目惊心，把心照不宣的东西摆在了明面上，受人围攻也是自然而然的。心理学家告诉我们：人类的头脑很难接受直接的负面意见，尤其是对一些笃信弥深的东西，一不小心就会造成“认知失谐”，而后就会更加固执己见。——说句心里话，我在写《周易江湖》的时候对这一点就深为顾忌，所以，尽管关于《周易》的一些要紧问题我是有着明确答案的，但生怕触怒一些人敏感的信仰神经，便在笔法上每多峰回路转，把功夫下在考证与分析思辨上，在结论呼之欲出的当口却戛然而止，免得有人在看了三四千字之后就怒不可遏地跺脚拍砖。呵呵，各位回想一下当初的阅读体验，可有什么新的感觉吗？^_^

但马基雅维里可是个实诚人，《淮南子》眼中的老子似乎也是个实诚人，把种种的帝王权谋伎俩开诚布公出来，并不讳言一些在后人的眼光看来过于龌龊的内容，而在写作之时也和马基雅维里一样，设想着自己的谏言是将要上达君主的——事情很可能真是这个样子，至少从《淮南子》给我们展示出的这些“小故事，大道理”来看就是这样，而我们之所以认为老子不是这样，很可能只是因为他的晦涩的文言文使后人读出了太多的歧义。

但这事也不好说，通行本《老子》在另外一章里却和马基雅维里一样，把这层龌龊的意思给挑明白了："人民如果不畏惧统治者的威势，那么，更大的祸患就快要发生了。"（民不畏威，则大威至。）——如果我对这句话的理解是正确的话，老子在这里确实马基雅维里了一回。那么，老百姓应该畏惧的这个"威"，是否就是"国之利器"呢？

唉，《老子》的歧义无处不在，"国之利器不可以示人"，"利器"一词我前边没有翻译，因为这句话虽然看似好懂，可这"利器"到底指的什么，至今也没有确定的答案。——陈鼓应在《老子注译及评介》里提到了三种解释："一说利器指权道（如河上公）；一说利器指赏罚（如韩非）；一说利器指圣智仁义巧利（如范应元）。"现在看来，我们似乎可以从简本《老子》判断出范应元的解释是不恰当的——"巧利"可以保留，"圣智仁义"或可取消，但河上公和韩非谁对谁错，这问题就只能等待更新的考古发现了。

10. 能受国之不祥，是谓天下王

宋景公之时，荧惑在心。公惧，召子韦而问焉，曰："荧惑在心，何也？"

子韦曰："荧惑，天罚也。心，宋分野。祸且当君。虽然，可移于宰相。"

公曰："宰相，所使治国家也，而移死焉，不祥。"

子韦曰，"可移于民。"

公曰："民死，寡人谁为君乎？宁独死耳！"

子韦曰："可移于岁。"

公曰："岁，民之命。岁饥，民必死矣。为人君而欲杀其民以自活也，其谁以我为君者乎？是寡人之命固已尽矣，子韦无复言矣！"

子韦还走，北面再拜曰："敢贺君！天之处高而听卑。君有君人之言三，天必有三赏君。今夕星必徙三舍，君延年二十一岁。"

公曰："子奚以知之？"

对曰："君有君人之言三，故有三赏，星必三徙舍，舍行七里，三七二十一，故君移年二十一岁，臣请伏于陛下以伺之，星不徙，臣请死之。"

公曰："可。"

是夕也，星果三徙舍，

故老子曰："能受国之不祥，是谓天下王。"

这就是"宋景守心"的故事，我在《孟子他说》里已经讲过。简单再来介绍一下：火星跑到了心宿二的旁边，形成了"荧惑守心"的恐怖天象，按照当时的天文学说法，天上的心宿对应着地上的宋国，这下宋国要遭殃了。

宋国这时候的国君是宋景公，他知道事情不妙，赶紧去找天文学家子韦商量对策。子韦还真有办法，先后给宋景公出了三个主意：老天爷的惩罚是一定要来的，但我们可以应付，一是让天罚移到宰相身上，二是让天罚移到百姓身上，三是让天罚把今年的收成毁了，这三招无论选哪一个，都可以让宋景公自己躲过一劫。

但宋景公哪招都不用，说："宰相是国家重臣，百姓是国家根基，粮食是国家命脉，哪个也少不得，干脆听天由命好了，我这条老命算豁出去了！”

子韦一听，当即给宋景公道喜：“您既然有这般高尚的情怀，老天爷也会感动的，您放心吧，天罚不但不会来，您还会延寿二十一年。”

故事的结尾照例是《老子》的话：“能够承担全国的灾祸的人，才有资格作国王。”（能受国之不祥，是谓天下王。）

《老子》这句话如果仔细捉摸，确实意味深长。我们想想董仲舒搞的那套《春秋》灾异理论，让皇帝看着老天爷的脸色办事，一有个日蚀什么的，皇帝以九五之尊还得降个罪己诏，对全国人民检讨一下自己的工作失误。那个时候虽然没有什么政府要向纳税人负责的观念，但皇帝要向老天爷负责的观念还是有的。所以我们才会在史书中屡屡看到：即便在两千年私天下的专制时代，皇帝也经常要主动承认错误的，不管他们是敷衍了事也好，还是故弄心计也好，反正是肯低头的，而且更重要的是，皇帝们承认的错误通常都是近期发生的事情，比如当年的粮食歉收或者去年的赈灾工作没有搞好，没多少人会拿十几、二十年前的陈芝麻、烂谷子说事的，这多少显得还有一些作皇帝的职业操守。一个永远不会承认错误的皇帝，一个对也英明、错也英明的皇帝在两千年的历史上都是不多见的。从儒家角度上说，皇帝要积极响应老天爷的警告；从黄老角度上说，如果说皇帝是一个管理岗位的话，那么在岗位描述的头一栏里就明白地写着：“能够承担全国的灾祸的人，才有资格作国王。”（能受国之不祥，是谓天下王。）既然承担全国的灾祸是皇帝的天职，更何况写个不疼不痒的检讨书呢?

事情的另一面是：我们回顾一下前文详细讲过的汤祷的传说，商汤王以自虐的方式在桑林祷雨，甚至还险些把自己的老命做了献给上天的祭品，这不正是“能受国之不祥，是谓天下王”么？所以，从这个上古传说的角度来看，《老子》的这一说法恐怕并非空穴来风，这也许并不是老子捋着白胡子靠脑力激荡构想出来的深刻哲理，而是对上古政治传统的一种模糊的继承。

反正，不管怎么说，《老子》在这里再一次地给我们讲了一番政治。正如我常说的，不要以为先秦诸子们讲的都是些什么伦理道德和生活智慧，这些智者们的思想核心几乎都是通往政治的，我们只有在这个层面上去理解他们才会少一些自以为是的误解。

11. 去彼取此

季子治亶父三年，而巫马期絻衣短褐，易容貌往观化焉，见得鱼释之，巫马期间焉，曰：“凡子所为鱼者，欲得也。今得而释之，何也？”

渔者对曰：“季子不欲人取小鱼也，所得者小鱼，是以释之。”

巫马期归以报孔子曰：“季子之德至矣！使人暗行，若有严刑在其侧者。季子何以至于此？”

孔子曰：“丘尝问之以治，言曰：‘诚于此者刑于彼’季子必行此术也。”

故老子曰：“去彼取此。”

故事里的季子一般被认为是孔子的学生宓子贱，他在亶父这个地方做官，已经三年了。同学巫马期想了解一下宓子贱的政绩，于是施展高超的易容术，去亶父微服私访。

如果原文记载无误，巫马期的“微服”可够搞笑的：所谓“絻（wèn）衣短（shù）褐”，大约可以解释出两种意思，一是头戴礼帽、身穿粗布衣服，二是穿丧服配粗布衣服，反正巫马期就这么乔装改扮地去了。

巫马期到了亶父的时候天已经黑了，他看见河边还有人捕鱼，捕上了鱼却又把鱼放回水里。巫马期很奇怪，问道：“请问，您这是在捕鱼还是在搞行为艺术？”

那人回答说：“宓子贱不愿意让人捕小鱼，我方才捕上来的都是些小鱼，所以就放掉了。”

原来是这么回事啊！巫马期取得了这个很有价值的情报，回去向老师孔子汇报——原来巫马期的幕后还另有黑手？！

孔子听罢，感叹道：“宓子贱把德政作到了极至啊！他治下的人民即便是在背地里行事，也像警察和城管就在身边盯着一样。”

故事最后归结为《老子》：“去彼取此。”

这故事可够怪的，如果不提最后那个《老子》的“去彼取此”，而是归结为儒家的那个著名概念“君子慎独”，恐怕文意更加连贯。对了，这故事又一次地为儒家唱了赞歌，赞美了宓子贱的“德治”。

也许《淮南子》没说出“君子慎独”，一是因为捕鱼的应该不是“君子”，而是“小人”，二是因为当时还没有这个著名的“慎独”观念——嗯，这也说不好。对儒家思想稍有了解的人恐怕都知道这个“慎独”，“四书”里的《大学》和《中庸》都提到过它，历来被程朱等等大师解释为君子修身的一个高绝境界：一个人独处的时候也不能胡来，没人监督你的时候要自己监督自己。可近年出土的子思一派的《五行篇》却显示出这个“慎独”原本是另外的意思，大师们全都自作多情地给解释歪了——还不能太怪程朱，这个词至少从郑玄那时候就解释歪了。

至于《老子》的这个“去彼取此”，放在这里实在让人不解。通行本的“去彼取此”先后出现过三次，一次是说：“圣人摒弃物欲的诱惑（去彼）而保持安足的生活（取此）”，一次是说：“舍弃浮华（去彼）而保留敦厚（取此）”，一是说：“不要自吹自擂（去彼），而要自知、自爱（取此）”。[91]——那么，《淮南子》这则故事的寓意到底在说哪一个“去彼取此”呢？

12. 化而欲作，吾将镇之以无名之朴也

武王问太公曰：“寡人伐纣天下，是臣杀其主而下伐其上也。吾恐后世之用兵不休，斗争不已，为之奈何？”

太公曰：“甚善，王之问也。夫未得兽者，唯恐其创之小也。已得之，唯恐伤肉之多也。王若欲久持之，则塞民于兑，道全为无用之事、烦扰之教。彼皆乐其业，供其情，昭昭而道冥冥，于是乃去其督而载之木，解其剑而带之笏。为三年之丧，令类不蕃。高辞卑让，使民不争。酒肉以通之，竽瑟以娱之，鬼神以畏之。繁文滋礼以飧其质，厚葬久丧以侃其家；含珠鳞施纶组，以贫其财，深凿高

垄以尽其力。家贫族少，虑患者贫。以此移风，可以持天下弗失。”

故老子曰：“化而欲作，吾将镇之以无名之朴也。”

这个故事发生在武王伐纣之后不久。周武王得了江山，可心里不大安稳，于是请教姜太公：“我夺了商纣王的天下，这是以臣弑君、以下犯上的行为呀，如果后世有人效法我的样子，搞得兵祸连绵，那可就不好了。你看这该怎么办呢？”

——《淮南子》这里借周武王之口提出来的这个问题，称得上是中国历史上极为经典的一个政治难题，多少聪明人在这个问题上都要犯晕。前文讲过汉景帝“吃马肉不吃马肝”的故事就是被这个问题给带起来的，由此开创了皇帝划定学术禁区的先河。

如果头上没有皇帝，这问题其实很好回答，因为真实的答案自然会质疑到当今皇帝的皇位合法性，而所有不拂逆鳞的答案不用问全是虚的。《淮南子》这里设计的问题也没有把话说尽，其实应该问的是：“我以臣弑君、以下犯上，夺了前朝的江山，可我不想让别人用同样的办法来夺我家的江山，怎么能预防别人这样做？”

咱们先来看看姜太公的答案：“大王您能提出这个问题来，这很好。这就好比打猎，猎物还在活蹦乱跳的时候，猎人唯恐把箭射轻了，可等到猎杀成功之后，又希望猎物的伤口越小越好。”——这得解释一下：那时候打猎是很讲究“杀法”的，有上杀、次杀和下杀三个档次。上杀是古龙小说式的杀法，蓝光一闪，生死立现，这种被“上杀”的动物是等级最高的，肉质最好，可以被做成肉干用作祭祀；中杀是说一箭没有正中心脏，动物挣扎了一阵才死，所以肉质就差了些，不能被做成肉干用作祭祀了，只能退而求其次，给客人们来吃；下杀是金庸和梁羽生小说式的杀法，猎人和野兽你来我往，大战三百合，野兽终于浑身是血，惨死当场，经过这么长时间的磨难，野兽的肉质也不好了，皮毛也伤痕累累了，既不能用来祭祀，也不合适招待客人，那就下厨房好了。姜太公的意思，用现代的话说就好比买房，买之前总嫌房价太高，整天盼着降价，买了之后又总嫌房价太低，整天盼着升值。姜太公对周武王说的就是这个意思："你灭掉商朝之前总想增加以臣弑君、以下犯上的合法性，等自己坐了江山之后，又开始想降低以臣弑君、以下犯上的合法性。"

咱们得承认，周武王的这番顾虑虽然有些龌龊，但毕竟是人之常情。而回答这种非常问题，必须得有非常身份。姜太公很可能就具有这种非常身份。——严肃一点儿来说，姜太公恐怕并不像传说中那样是个草民百姓，在渭水钓鱼的时候被周文王看中，于是辅佐周人灭掉商朝。这样的传说明显带着君权时代的痕迹，真正的姜太公和周文王的风云际会很可能意味着当时东部的姜部落和西部的周部落的联合，于是，姜太公对于周武王恐怕不会像后世里的臣子对君主那样的姿态，《淮南子》恐怕是忽略了这一点了。

姜太公出的主意是："您如果想长久地占有天下，最好的办法就是蒙住老百姓的眼睛，堵住老百姓的耳朵，引导着他们多做一些无用功，同时，用繁琐的礼乐来教化他们，让他们各自安于本职工作，养成他们安逸的心态，让他们的脑袋从清清明明变成浑浑噩噩。达到这种程度之后，再摘掉他们的头盔，给他们戴上以翎毛装饰的帽子；解下他们的刀剑，让他们手持笏板；制定为期三年的守孝规则，以此来限制他们的生育；大力宣讲等级秩序和谦卑退让的精神，让他们不起争斗之心；多给酒肉让他们好吃好喝，再用音乐使他们好玩好乐，用鬼神使他们敬畏天命，用繁文缛礼使他们丧失自然天性，用厚葬久丧使他们耗尽财产，让他们为丧事置办奢侈的陪葬品，这样来使他们陷入贫穷，让他们挖壕沟、筑城墙来耗费体力。这样做下去，就没有多少人还能犯上作乱了。——只有这样移风易俗，就可以永保江山。”

最后归纳为《老子》的一句话：“万物在自然变化中萌生了私欲，我将以道的质朴来镇住这些私欲。”（化而欲作，吾将镇之以无名之朴。）

看完这个故事，有什么感想没有？是不是觉得阶级敌人太歹毒了？呵呵，这是《淮南子》当中要讲的最后一个故事，也是最有意义的一个故事。我们得好好想想：如果《老子》真是这个意思，或者说，如果在汉初知识分子眼中的《老子》真是这个意思，那么，我们对所谓“黄老之道”和“休养生息”就得多一番理解了。

这段《老子》在通行本第三十七章，全部内容是：

道常无为而无不为。侯王若能守之，万物将自化。化而欲作，吾将镇之以无名之朴。镇之以无名之朴，夫将不欲。不欲以静，天下将自正。

还是用陈鼓应的翻译：

“道”永远是顺任自然的，然而没有一件事不是它所为。侯王如果能持守它，万物就会自生自长。自生自长而至贪欲萌作时，我就用“道”的真朴来镇住它。用“道”的真朴来镇住它，就会不起贪欲。不起贪欲而归于安静，天下自然上轨道。[92]

陈老师的引述是：

本章提示出理想的政治在于无为而自化（self-transform）——让人民自我化育，自我体现。

“静”“朴”“不欲”都是“无为”的内涵。统治者自身如能做到清静、真朴、不贪欲，对人民如能做到不骚扰、不侈靡、不扩张私人意欲，百姓的生活自然可以获得安宁。

老子一再强调统治者的态度应出于“无为”——顺任自然而不加干预——让人民自我发展，自我完成，同时要养成真朴的民风，这样的社会才能趋于安定。

陈老师的这些意见可以说代表了绝大多数人对《老子》的定义。可是，和《淮南子》两相对照，我们惊讶地发现：同一个《老子》竟被解读出截然相反的意思来，而且都能够自圆其说！

我们现在先退回《老子》的文本本身，抛开各家的阐释，自己来体会一下。基本可以确定的是：第一，老子这里照例是谏言形式的，是向“侯王”所作的劝说；第二，老子也并不认为纯粹靠自然而然的发展就可以天下太平，而是觉得，如果一任自生自长的话，贪欲早晚会发展起来，到那时候，还得靠政府的手段来进行干涉——用比较现代的语言来说，就是：老子主张“守夜人”型的小政府，管还是要管的，只是以自由放任政策为主；第三，老子认为最大的祸害就是“贪欲”，只有消除了贪欲，天下才会太平——当然，这“贪欲”既包括了君主的贪欲，也包括了老百姓的贪欲。

再看看陈老师的阐释，觉得他在这里恐怕有两处值得商榷的地方：一是“老子一再强调统治者的态度应出于“无为”——顺任自然而不加干预——让人民自我发展，自我完成”，但看来不是这样，老子虽然力主“无为”，但也指出了在“无为”的发展道路上会出现“贪欲”，而这“贪欲”是需要以“有为”之手段来“镇”的；二是“统治者自身如能做到清静、真朴、不贪欲，对人民如能做到不骚扰、不侈靡、不扩张私人意欲，百姓的生活自然可以获得安宁”，这个解释显然带有了太多的民本主义的色彩，是说一切手段的最终目的是“百姓的生活自然可以获得安宁”，但细品《老子》原文，却未必就是这个意思，嗯，说不定还真是姜太公的那种意思呢——应该承认，在这个问题上，《老子》并没有说得那么明确，作解释的人也似乎很容易受到自己的“阶级局限性”的影响，以自己眼中的老子代替了老子本身，而困难尤其在于，在这个问题上，我们恐怕永远也无法了解到老子自己到底是什么意思。

但是，如果我们仅仅把目光集中在“汉初人士对《老子》的理解”的话，陈老师的解释自然就输给《淮南子》了，而且，一种在大一统的时代里能够让统治阶层喜欢的学说恐怕也很难会像陈老师所描述的那个样子。——是呀，凭什么要“以民为本”呢？私天下的时代，江山与百姓都是帝王的私有财产，跟他们讲“以民为本”就如同对养鸡场的主人说“以鸡为本”，虽然“以鸡为本”在一定意义上是成立的，毕竟养鸡场的主人要靠这些鸡来挣钱。所以，我们或许可以把民本思想的第一名言“民为邦本，本固邦宁”替换成“鸡为养鸡场本，本固养鸡场宁”。但是，设想一下，在闹鸡瘟的时候，在闹禽流感的时候，如果这些鸡危及到养鸡场主人的生命（或者危及健康、财产等等），场主对这些鸡当然得有多少杀多少了，虽然忍痛，但不能有一丝的手软。

现代人体会祖先古老的智慧，很少还会有人站在《淮南子》的一方，“以民为本”被赋予了越来越多的开明色彩，儒与道等各家思想也被不断征引来阐明一个个的流行观念，比如“人权”什么的，可是，事情原本真是那样的吗？

夏勇在《中国民权思想》里的一段话颇为耐人寻味：“民本思想是我国古代政治哲学的最主要、也最精彩的部分。从某种意义上讲，古代政治思想之要义在于发挥一个‘民’字，古代政治哲学可以归结为‘民学’，其中蕴含的核心价值乃是民本。尝有论者断言，中国古代哲学里，民学也好，民本思想也好，归根到底，不过是为统治者如何治理好民众想办法、出主意，实质乃用民之道、御民之学。此论于我辈之影响，可谓久且深矣。可是，近些年来阅读古代尤其是先秦思想史料，我越来越多读出的，却是关于民权的思想。”[93]

夏老师收集了不少相关的例句，比如：

天视自我民视，天听自我民听。

民之所欲，天必从之。（《尚书·泰誓》）

天聪明自我民聪明，天明畏自我民明威。（《尚书·皋陶谟》）

天之爱民甚矣！岂其使一人肆于民上，以从其淫，而弃天地之性？必不然矣！（《左传·襄公十四年》）

大道之行也，天下为公。（《礼记·礼运》）

还有一些，就不一一引述了。

关于这个题目，可看的东西很多，金耀基著有一部《中国民本思想史》，专门论述这个问题，我再偷一次懒，借用李明辉在《儒家传统与人权》一文中对金老师论述的儒家民本思想的简要归纳：

1）人民是政治的主体；

2）人君之居位，必须得到人民之同意；

3）保民、养民是人君的最大职务；

4）“义利之辨”旨在抑制统治者的特殊利益，以保障人民的一般权利；

5）“王霸之辨”意涵：王者的一切作为均是为人民，而非以人民为手段，以遂行一己之目的；

6）君臣之际并非片面的绝对的服从关系，而是双边的相对的约定关系。

——这些说法听上去都很让人高兴，可要是较起真来，还真不太好说。第一个问题是：如果单以“文献里有说法”来作为事实判断的话，我们从一些邪教组织的纲领里还能看到更美妙的说辞呢，就连希特勒，纳粹的二十五点纲领也看上去很美，比如：我们要求一切德意志人在民族自决权的基础上联合成为一个大德意志帝国；取缔不劳而获的收入，打碎利息奴役制；取缔和没收一切靠战争发财的非法所得；我们要求对所有（到目前为止）已经组合起来的企业（托拉斯）实行国有化；我们要求参加大企业的分红；我们要求实现一种适合我国需要的土地改革，要求制定一项为了公益而无代价地没收土地的法令，要求废除地租，要求制止一切土地投机倒把；要求对卖国贼、高利贷者、投机商处以死刑……

——这些纲领如果不说是纳粹的，现在肯定就有不少人会举手赞同。

下一个问题是：先秦时期是封建社会，秦朝以后是专制社会，社会结构完全不同，所以说，先秦诸子的思想有不少都是有着封建渊源的，如果疏忽了这一点，就很容易刻舟求剑了。比如前文讲过的赵家村的比喻，那就是封建社会的基本结构，除奴隶之外的几乎全体成员无不拥有对自己国家的一份“股份”，他们是国家的股东，从国君到士人论起血缘来都是一家，国君要是惹大家不高兴了是有可能被大家给赶走的，那时候的老百姓天然就拥有相当的政治权力。所以说，那时候的老百姓和后来的老百姓根本就不是一个概念。

这就牵出一个更麻烦的问题：所谓民本，这个“民”在先秦时代到底说的是哪些人，真的就是我们现代所谓的“人民群众”的意思吗？——这可是个聚讼纷纭的问题，比如梁启超和郭沫若就认为“民”是奴隶，而且是一种特殊的奴隶：这些人原本是战俘，胜利者把他们刺瞎了眼，逼他们干活儿，有些人老实听话，从此就成了奴隶，是为“民”——如果“民本”是指以这些“民”为本，显然是说不通的。当然，“民”还有其他的解释：有泛指人类的，有指庶民百姓的（“百姓”本来都是贵族，这里用它现代的意思），等等，而这些意思在古籍当中往往不是很能分得清楚，尤其是，有些古籍的年代本身就不好确定，像前边引过的《尚书·泰誓》和《尚书·皋陶谟》，都是很可疑的文献，我们就更难搞清楚其中的“民”呀什么的指的到底都是哪些人，何况周朝的开国前贤们总是对自己人说一套，对商朝遗民说一套，其用心很是可疑，至于“天下为公”云云，我在《孟子他说》里有过详细解释，可以参考。

再想想苏格拉底时代的民主，能做主的“民”都是些什么成分的家伙呢，占他们全部人口中多大的比例呢？近一些的，卢梭，这个构建社会契约的伟大先驱，他所向往的模范国家日内瓦虽然公“民”们确实很能做“主”，但实情是，日内瓦的社会分为五个等级，“公民”只是其中的第一等，而最下面的三个等级占到全国人口总数的90%以上，他们是根本没有投票权的——按照我们现在的法律说法，这90%以上的人被“剥夺了政治权利终身”。[94]

现在仔细想想，中国古代最合情合理的“民本”源头恐怕该就是赵家村那样的，一个小邦国里是有不少中小股民的，至于奴隶到底占到多大比重，这一直都是个悬而未决的问题。但是，要命的是，世界变了，封建社会结束了，专制时代开始了，有了大一统的国家，有了私天下的时代，小股民不存在了，国家变成皇帝100%控股的了，在这个背景下，才有了《淮南子》里周武王和姜太公的那个故事。谈什么民本精神的《老子》吗？呵呵，那纯粹是跟皇帝作对。这种私天下的专制时代，也就是前文比喻当中的养鸡场时代，全国老百姓的生活福祉只有跟皇帝的政权稳定性联系在一起的时候才是有意义的，才是会被皇帝“仁慈地”考虑在内的。对于一个有理性的皇帝来说，政权的稳定自然比什么都更重要，所以，如果为了政权稳定就必须提高老百姓的福祉，那就去努力提高他们的福祉——虽然宣传上永远是把老百姓的利益放在第一位的；同样道理，如果政权稳定需要牺牲老百姓的福祉，乃至牺牲千万人的生命，皇帝也会毫不犹豫地去做——虽然宣传上永远会把这些被牺牲的家伙定性为“极少数叛乱分子”，把他们划到“善良”老百姓的对立面去，嗯，“制造敌人”这可是皇帝们高明的政治技巧。

我们现在先像《淮南子》一伙人一样，把“民本主义”等同于“养鸡场主义”好了，再来温习一下姜太公的那一套至理名言，越发感觉可疑的是：我们很难说清这姜太公主义到底是儒家思想还是黄老思想——“蒙住老百姓的眼睛，堵住老百姓的耳朵”，这种意见孔子也说过，老子也说过；“用繁琐的礼乐来教化他们，让他们各自安于本职工作，养成他们安逸的心态，让他们的脑袋从清清明明变成浑浑噩噩”，这倒更像是儒家那套，大搞繁文缛节的礼仪么；“摘掉他们的头盔，给他们戴上以翎毛装饰的帽子；解下他们的刀剑，让他们手持笏板；制定为期三年的守孝规则，以此来限制他们的生育”，这句话表面上看是很儒家的，可问题是，三年守孝的规则其目的竟然是为了限制老百姓的生育，这可真是匪夷所思，难道计划生育政策也能在两千多年前的古人思想中找到源头吗？而且，古人的这个办法倒还真是春风化雨式的，表面上是“但使风俗淳”，鼓励人们对父母尽孝，暗地里却藏着个节制生育的险恶用心。可他们为什么要节制生育呢？那个地广人稀的年代里，人多不就意味着力量大么？难道是说天下已定，用不着人多力量大了，反倒觉得人少好管理了不成？

“大力宣讲谦卑退让的精神，让他们不起争斗之心，多给酒肉让他们好吃好喝”，这个主意好像也还是说孔子出的也行，说老子出的也行，仔细捉摸一下，觉得更像是老子的风格，毕竟孔子还讲过“以直报怨”什么的，而孟子更有“虽千万人吾往矣”的大无畏气概。

“用鬼神使他们敬畏天命”，这却更像孔子的意思。孔子是个无神论者，却主张严肃祭祀、敬拜鬼神，这曾让墨子他们很看不惯，说很难想象一个无神论者居然一本正经地教育大家求神拜佛，这分明是口是心非的伪君子！

“用繁文缛礼使他们丧失自然天性”，这也更像是儒家态度，以礼仪来规范人的行为，而“丧失自然天性”并没有什么不好，因为猴子在受到礼仪教化而“丧失了自然天性”之后就变得文明了，就变成人了。人之所以成为文明的人，是一定要丧失一些自然天性的，而在这个问题上起到重要作用的，一个是社会环境的影响，一个是教育的感化，这都是儒家所极力提倡的。

“厚葬”从字面来说虽然很难说是儒家的正统思想，却可以说是儒家思想的流弊之一，也是被墨家最为诟病的一点。[95] 儒家主张的“厚葬”原本是在符合礼仪规范的前提下做最大可能的厚葬，比如，张三是个局级干部，按照礼仪规范，在他死后，葬礼的最高标准是十万块钱的棺椁和二十万块钱的墓地，吹鼓手的乐班子不能超过十个人，而张三他们家就算再怎么有钱，亲属们就算再怎么爱戴张三，给张三操办的葬礼也不能超过这个标准。如果张三的棺材最后一算账，发现花了十五万，完了，这就是部级标准了，张三逾越了礼治，大错特错了！但是，儒家强调的厚葬，主要还是为了慎终追远，暗中的意思是要以礼仪来规范社会中的各个等级，更深层的意思则是以礼仪规范来凸现祭祀的重要意义，而礼仪规范又限定了小宗只能在大宗的带领下祭祀祖先，这对封建社会的政治稳定是有原则性的重大意义的[96]。可“厚葬”到了姜太公的嘴里，怎么却变成了一条阴险恶毒的计谋了呢？提倡厚葬，居然是为了耗尽老百姓的财产？！这是为什么呢？而且，统治者真能做出如此恶毒的事情来吗？

——“为什么”，前文讲过，人穷就容易管理，赏和罚的手段就越容易派得上用场，一个为了打发寂寞时光而去做了小职员的千万富翁恐怕是最让老板觉得难以管理的家伙了：奖励他吧，他对那点儿奖金根本看不上眼；处罚他吧，就算把他的薪水全部扣光他也毫不在乎。所以，要想让政权稳定，要想让老百姓都能乖乖听话，让他们富裕起来未必是一个恰当的办法。——这事没有那么简单，可称得上是千百年来的一个政治难题：百姓们不能太富裕，也不能太贫穷，否则都容易出乱子，一定要把握好一个度才行，于是，似乎很多税收政策、通货膨胀政策和一些稀奇古怪的经济政策都在一定程度上是为这个目的服务的。

另外，可能连姜太公自己和《淮南子》的主创人员都不知道的是，以某种仪式化的活动来散尽家财，这事可能还有着非常古老的渊源，到战国、秦、汉之际，这渊源可能早已磨灭掉了，但它的阴影还残留着，人们或许对它仅存有一些模糊的感觉，却根本说不清它的具体情况。——这是现代的人类学家告诉我们的：在原始部族时代经常出现这样的场面：部落中最富有的人会搞一次豪华宴会，请部落同仁们一股脑地把自己的财富吃光、分光。他们这种“疯狂”行为的动机还真不好确定，早些年的无政府主义者克鲁泡特金将其归因于土著们的善良性格和淳朴风俗，而更加训练有素的本尼迪克特则认为，有这种风俗的土著们是以此来使自己获得的头衔和特权生效，更重要是在别人面前显摆自己。[97]

我们现代人一般只知道中产阶级会因病返贫，想想倒退几千年回去，或者在现代的一些原始部落当中，居然还有因请客返贫的事情，更有甚者的是，这些因请客返贫的家伙在他们盛大的返贫过程中是充满喜悦之情的，这是多么崇高的思想觉悟啊！

这就是“夸富宴”——这个名词很容易让我们联想到改革开放初期常曝的新闻：两个大款在酒楼砸钱，一瓶瓶地摔高档洋酒，看谁能撑到最后。如果姜太公知道世间居然还有这等奇事，可能就会把“厚葬”替换成“摔洋酒”了，毕竟后者见效更快一些，一个人一生可以摔很多次洋酒，却只能死一回父亲。

“摔洋酒”这类做法在原始部落里却并不是什么荒唐的事情——如果这些摔洋酒的大款可以飞到诸如巴布亚新几内亚或者爪哇之类的“忧郁的热带”，他们可能一下子就会融入到原始部族的生活中去——这会让那些为了同样目的而煞费苦心的人类学家们羡慕死的。

在莫斯的笔下，原始的“夸富宴”似乎是一种部落之间最富激情的战斗方式，双方为了赢得面子全都不惜毁尽家财，而这一对冤

家还很有可能就是近亲关系。（莫斯《礼物：旧社会中交换的形式与功能》）

先秦诸子们很多闪光的念头都可以找到更加古老的渊源——也许不能完全确定，只是疑似而已。姜太公这个让百姓散尽家财的主意就说不好到底有什么来历，或者真有部落遗风也说不准呢。在后文我们还会看到一些疑似的部落遗风，有一些则是相当可以确定的。

“让他们挖壕沟、筑城墙来耗费体力，这样做下去，就没有多少人还能犯上作乱了”，这话大是恶毒，应该是姜太公全部这番话里最令人气愤的一个观点了。但遗憾的是，正如哈耶克曾经感叹的“最坏的家伙最容易爬到权力的顶峰”，最恶毒的主意也同样最容易得到最广泛的实施。我在《孟子他说》里写过一节“劳民伤财有助于社会稳定”，讲的就都是这样的事[98]。有人可能会觉得奇怪：老百姓都挖壕沟、筑城墙去了，都劳民伤财了，这能叫社会稳定么？——当然稳定，这就是黄老思想的一个要点：“君臣异道”。

所谓“君臣异道”，黄老讲，其实儒家也讲，正如前文提到过的，最高统治者“无为而治”（黄老）或者“垂拱而治”（儒家）了，可具体工作总得有人做吧？全国人一起“无为”了，一起“垂拱”了，那就得一起饿肚子了。所以，越是下层的人就越得“有为”，就越得和领导之道反向而行。——从管理角度来讲，这倒没什么错，有过大公司总裁经历的巴纳德曾就这个问题发表过著名的看法：总裁的任务不是亲力亲为，而是为下属们维系一个良好的工作环境。（巴纳德《管理的功能》）

看看现在的大公司，一般来说，董事长总是最轻闲的，需要看的文件大多也只看头一页，甚至只看几句最简明扼要的提纲，至于部门经理们，那可就忙得多了，再看看车间里具体从事生产的工人，加班加点，流血流汗，“清晨四点一刻，天还没亮，睡在拥挤的工房里的人们已经被人吆喝着起身了。一个穿着和时节不相衬的拷绸衫裤的男子大声地呼喊：‘拆铺啦！起来！’接着，又下命令似的高叫：‘芦柴棒，去烧火！妈的，还躺着，猪猡！’”（夏衍《包身工》）

古代的国家管理也脱不了管理学的一些基本原则，在一个头脑正常的皇帝的眼里，政权的稳定自然是第一位的，而老百姓的“不太稳定”（劳民伤财之类）和政权的稳定不一定就是矛盾的，甚至，后者往往还是前者的基础。正如人们大多喜欢乖巧的狗儿却不喜欢素有奸臣之称的猫咪，统治者自然也希望自己治下的人民能像狗儿一样忠诚而乖巧，于是乎“劳其筋骨，苦其心志，饿其体肤，空乏其身”，这不是为了“增益其所不能”，而是为了便于管理，便于操控。从这层意义上说，老百姓生活福祉的提高往往只是统治者稳固政权的副产品，而绝不是统治者的治国目的本身，正如圣西门所谓：“至今为止，统治者一直把民族当作自己的家产；他们的一切政治谋划，实质上不是为了经营这些产业，就是为了扩大这些产业。有些谋划即使给被统治者带来了一些好处，实际上也只是由统治者当作使其财产更有收益和更加牢靠的手段而想出来的。连老百姓也把由此而产生的好处看成是统治者的恩泽，而不视为统治者的职责。”[99]

政权稳固永远是第一位的，所以，老百姓这些福祉是否能够同样“稳固”，这就是一个值得怀疑的问题了。令人郁闷的是：在私天下的时代里，这实在是一个合情合理的逻辑。

“君臣异道”说起来只是一个概念，实际上却有两条截然相反的方向。理想的方向，嗯，找个最极端的例子吧，这是《尸子》说的——先介绍一下作者：这位尸子名叫尸佼，《汉书·艺文志》说他是商鞅的老师，参与了商鞅变法的工作，司马迁说尸佼的著作流传很广，可奇怪的是，这书越传越残，到宋朝就已经基本散光了，现在我们看到的只是古人的辑本。《尸子·治天下》说：

郑简公谓子产曰：“饮酒之不乐，钟鼓之不鸣，寡人之任也；国家之不，朝廷之不治，与诸侯交之不得志，子之任也。子无入寡人之乐，寡人无入子之朝。”

自是以来，子产治郑，城门不闭，国无盗贼，道无饿人。

孔子曰：“若郑简公之好乐，虽抱钟而朝可也。”

夫用贤，身乐而名附，事少而功多，国治而能逸。凡治之道莫如因智，智之道莫如因贤……

这是说郑简公治国的事。郑简公是个超级甩手掌柜，对郑国总理子产说：“喝酒不能尽兴，钟鼓不能长鸣，这是我的责任；国家治理不好，朝廷一团乱麻，外交一塌糊涂，这是你的责任。你别干涉我寻欢作乐，我也不干涉你治理国政。”

于是，子产专心于政治工作，郑国形势一片大好。

评论员孔子发表意见：“像郑简公这种领导，就算抱着电吉他上朝都没问题。”

评论员尸子发表总结性意见："搞政治的关键就在于任用贤人。这多好，君主自己寻欢作乐，不用干多少正经事，国家还能蒸蒸日上。治国要善于使用别人的脑子，用别人的脑子莫过于用贤人的脑子。"

——这就是典型的理想型"君臣异道"的例子，老大要"无为"，事情都交给能干的小弟去打理。历代很多知识分子都追求这种理想，按钱穆的说法，中国历来有君权和相权之争，皇帝要集权，宰相要当子产那样的贤人，于是历代中央政府的政治格局总是围绕着这个斗争在变。现实的问题是：这位郑简公如果不是太傻，就是运气太好，遇上的是子产而不是魏忠贤，子产也没有在绝对权力下腐化变质。齐桓公和管仲是同类事情中更为著名的例子，如果后世的皇帝们有着买三张彩票就能中五百万大奖的信心，学学郑简公他们也未尝不可。

而在《淮南子》的这个故事里，周武王可不是郑简公，姜太公的"君臣异道"走的是另外一条路线，其中一个前提性的重点内容就是"愚民"。

可以说，姜太公开的药方是一张具体而微的愚民计划书，这里值得我们特别留意的是，这张计划书虽然打着《老子》的旗号，其中却融合了儒、道、法三家的愚民思想精粹。——说儒家提倡愚民可能会引起一些人的不快，的确，《论语》里边关于这个问题的最有名的一句话"民可使由之，不可使知之"的解释历来都是争论不休的。杨伯峻的翻译是："老百姓，可以使他们照着我们的道路走去，不可以使他们知道那是为什么。"（杨伯峻《论语译注》）如果杨老师的解释成立，孔子毫无疑问是主张愚民的。

再听听钱穆的，他老人家在这句话上真可谓苦口婆心，大意是说：老百姓的天性都是善良的，但其中也有一些人IQ不高，领导人如果在每次政令发布之前都得给大家讲明白这政令是什么意思，那就什么事都干不成了。诗和礼乐的教化之功也是要靠这个“由”字的，让老百姓“由之而不知，自然而深入”，最后总有一天他们会明白的。（钱穆《论语新解》）

钱老师话说得非常委婉，立场也站在孔子一边，但说来说去还是不脱“愚民”二字。这种观点其实是万古长青的，即便在现代，还经常看到国外新闻报道说某某地方长官高瞻远瞩，不顾当地所有老百姓的反对，毅然搞了个什么什么工程，最后事情办完，老百姓获益良多，这才一致认同了领导人的英明远见。——这种例子如果有闲心去查的话，能查出一大堆来，但如果想让例子变得对论点有支持力的话，就应该拿出符合规范的统计数据，看看一定地区、一定时间之内，地方长官“不顾当地所有老百姓的反对，毅然搞了个什么什么工程”之类的事，到底有多少最后变成了“高瞻远瞩”，又有多少最后变成了“绝口不提”？再有，地方长官这等权力的发展趋势和连带影响都是什么？

这些事情恐怕不是两千六百年前的孔子所能想到的。但是，孔子毕竟是位圣人，圣人似乎是不该鼓吹愚民的，于是，“民可使由之，不可使知之”自然也有一些好心肠的解释。

单从断句来说，有人断成：“民可，使由之；不可，使知之。”还有人断成“民可使，由之；不可使，知之。”愚民思想这就变成民本思想了。谁让《论语》是语录体呢，简单交代一句话，却不提供环境背景，也难怪历代对《论语》中的几乎任何一句话都有好几种解释，更难怪历代中央政府总得规定惟一的一种官方注本。我们可以设想这样一句话："孔子对老婆曰：'等回了家，看我怎么收拾你！'"——如果没有背景材料，我们怎么能知道孔子这是对老婆发脾气了，还是小两口打情骂俏呢？事实上，这类事情在孔子死后没多久就已经出现了，曾子和有若几个同学为孔子一句话到底作何解释争执起来，还好有的同学记得孔子说话时的语境，这才争出了一个结果来[100]。

考古发现给了我们一点儿参考，定州汉墓竹简《论语》虽然残缺得很，却正好也有这句话："可使由之不可使智之"，很可能前边原本有个"民"字，现在看不见了。

其实我们还有另外一条路可走，不必一直在这句话上纠缠不休。我倒觉得，《论语》当中相对来说无可争议的愚民思想是在这句话里："祭如在，祭神如神在。"（《论语·八佾》）杨伯峻的翻译是："孔子祭祀祖先的时候，便好像祖先真在那里；祭神的时候，便好像神真在那里。"这话背后的意思是：我知道祭祖的时候祖先是不在的，我也知道祭神的时候神仙也是不在的，可我还是照祭不误，我就假装他们都在呢。

能给孔子这个思想作证的，最好的证人就是儒家的头等反对派——墨家。用反对派来作证是比较可靠的，因为词语和概念经常一个人一个用法——常见两人争辩，一个说儒家如何好，一个说儒家如何坏，其实这两人头脑里的"儒家"很可能根本就是不一样的，拿一本《论语》就说这是影响了中国历史两千多年的儒家经典，其实未必如此。所以，从某种意义上说，想搞清一个东西到底

“是什么”，得看看它“不是什么”，还得听听它的反对派攻击它什么——没办法，这就是语言的一个特殊性——墨家就大力攻击孔门这种鬼神观，说很难想象一个无神论者居然一本正经地教育大家求神拜鬼，这分明是口是心非的伪君子！由此可见，先秦儒家的鬼神观是确乎如此的。

前文讲过，墨家是很拿鬼神当回事的，认为有了鬼神的监督，大家才不敢为非作歹。其实在这点上墨家真是错怪了儒家，儒家的那个“假装”其实大有深意，这层深意在《论语》里没有挑明，在《孟子》里也没有挑明，这都是心照不宣的东西，挑明了就不好了。但在先秦的儒者当中，最后是由荀子打开天窗说亮话了，这一说还就说得非常透彻，见于《荀子·礼论》：

祭者、志意思慕之情也。愅（gé）诡唈（yì）僾（aì）而不能无时至焉。故人之欢欣和合之时，则夫忠臣孝子亦愅诡而有所至矣。彼其所至者，甚大动也；案屈然已，则其于志意之情者惆然不嗛（qiè），其于礼节者阙然不具。故先王案为之立文，尊尊亲亲之义至矣。故曰：祭者、志意思慕之情也，忠信爱敬之至矣，礼节文貌之盛矣，苟非圣人，莫之能知也。圣人明知之，士君子安行之，官人以为守，百姓以成俗；其在君子以为人道也，其在百姓以为鬼事也。故钟鼓管磬，琴瑟竽笙，韶夏护武，汋桓箾（shuò）简象，是君子之所以为愅诡其所喜乐之文也。齐（zī）衰（cuī）、苴杖、居庐、食粥、席薪、枕块，是君子之所以为愅诡其所哀痛之文也。师旅有制，刑法有等，莫不称罪，是君子之所以为愅诡其所敦恶之文也。卜筮视日、斋戒、修涂、几筵、馈荐、告祝，如或飨之。物取而皆祭之，如或尝之。毋利举爵，主人有尊，如或觞之。宾出，主人拜送，反易服，即位而哭，如或去之。哀夫！敬夫！事死如事生，事亡如事存，状乎无形影，然而成文。

第一段是强调祭祀要表达真情实感，像忠臣怀念去世的国君，孝子怀念去世的双亲，这些感情都是自然而然的，需要渠道来表达出来。先王正是出于这个原因，才制定了祭祀的礼仪制度。

第二段就说上后台的话了：感情的表达和礼仪的反复，这两者之间的关系只有圣人才明白。圣人心知肚明，士君子安然施行，当官的把这当作自己职责的一部分，老百姓把这当作风俗习惯。在君子眼里，祭祀是在尽人事；在老百姓眼里，祭祀就是和鬼神打交道。所以，各种名堂的音乐都是君子们表达感情的工具，各种形式的服丧礼节都是君子们表达哀恸的手段，就好比军队有军纪，刑罚有尺度，君子感情的发泄一样是有规则和尺度的。虔诚地奉献祭品，如同鬼神真的前来享用似的；主人脱下祭服，换上丧服，送走客人之后回到原位哭号，如同鬼神真的离去了似的。悲哀啊！虔敬啊！对待死者如同对待生者，侍奉亡人如同侍奉活人，这就是礼仪。

这个问题依然具有普世意义，伏尔泰曾经调侃过孟斐斯神圣的阿庇斯牛，说善男信女们把它当神，头脑清明的人只把它看作一种单纯的象征之物，至于愚夫愚妇，便对它顶礼膜拜了。后来。暴君冈比西征服埃及，亲手杀了这头牛，让愚民们好好看看，他们的神也是可以被插到烤肉叉上的。（伏尔泰《哲学辞典》）

这个故事再次验证了前文中希尔斯讲过的道理：即便真要破除

旧有的"愚昧的"传统，也要马上搞出一个更加富于神奇魅力的新传统来取而代之。——在这里，冈比西这位精力充沛的暴君或许正是这个"更加富于神奇魅力的新传统"，因为暴君往往是极有领袖魅力的家伙，就像撒旦一样，英俊潇洒，雄辩滔滔，正是韦伯所谓的"卡里斯玛型"领袖。

《荀子·天论》还有另一段泄漏天机的话：

"雩而雨，何也？"

曰："无何也，犹不雩而雨也。日月食而救之，天旱而雩，卜筮然后决大事，非以为得求也，以文之也。故君子以为文，而百姓以为神，以为文则吉，以为神则凶也。"

先是一个设问："搞雩祭求雨，结果真就下雨了，这是怎么回事呢？"

回答是："不为什么，你就算不搞雩祭，到下雨的时候自然下雨。日蚀、月蚀发生的时候，人们敲锣打鼓想把日月救出来，天旱的时候人们搞雩祭来求雨，有了疑难问题就占卜决定，这些事情道理都是一样的。难道搞雩祭、占卜什么的真就管用么，不过是个幌子罢了。君子知道这些都是幌子，可老百姓却以为是神灵的作用……"⑩

想起康德的话："有两件事物我愈是思考愈觉神奇，心中也愈充满敬畏，那就是我头顶上的星空与我内心的道德准则。"康德说这话的时候恐怕心里比谁都清楚：这"两件事物"都对社会有益，可较起真来的话，哪样都靠不住。荀子这就是欺负老百姓不识字，所以公然出来蒙骗傻小子：上流社会的深层用意不足为下层人民道。[102]——彭尼·凯恩曾经以《荀子》这段文字来论证“随着时间的推移，把饥荒视为一种超自然力量的人越来越少了，特别是在孔夫子时代的知识分子，他们‘没有意识到宗教在社会管理中的价值，而是将他们置于宗教之上’”，[103]但彭尼·凯恩明显是搞错了，这些儒家知识分子恰好是“意识到宗教在社会管理中的价值”，所以才从实用性的意义上来宣扬“封建迷信”，在一本正经的脸孔之下藏着一颗偷着乐的心。就这样，两千多年来，那些在儒家思想指导下恭敬地相信祭祀是真的在和鬼神打交道的人全都受骗了，看来学习儒学切不可只读一部《论语》就算完了。^_^

在这个问题上，伏尔泰说得虽然不够准确，却很是有趣：“中国的儒生崇拜一个惟一的上帝，但却听任人民受和尚的迷信行为的蛊惑。他们接受道教、佛教，以及其他几种教。官员们认为人民可以信奉跟国教不同的宗教，就像食用一种比较粗糙的食物那样。”（伏尔泰《风俗论》）

具有讽刺意味的是，愚民之道和说谎骗人其实都是一个道理，骗来骗去很容易把自己也骗进去——儒家还就真出了这个问题，宗师开创的骗人之术原本只瞒着老百姓，可传了几代之后，自己人也相信了，前文讲过的董仲舒的《春秋》灾异理论就是最好的一个例子，后来搞到整个儿两汉时期谶纬流行、祥瑞遍地、灾异满天，真真假假的谁也说不清楚了。

这里有一个问题是绝对应该留意的：但凡这种自欺欺人的事情，之所以能行得通，除了行骗者的个人原因之外还少不了另一个同样重要的条件，那就是：受骗的人期待着受骗。——这其实只是个很简单的道理，看看当代“大师”们的故事，大多都是这么回事。而在一个“足够大”的社会里就更是如此，勒庞为我们阐述的“集体无理性”在此每每发挥催化剂的作用，骗子会在狂热的期待气氛中首先迷失了自己，使自己成为了自己的第一个受害者，在这个过程中，社会和骗子一起互动，很快把骗局推上了高潮。

所以说，《荀子》这篇“礼论”称得上是理解儒家鬼神观和愚民思想的关键——这毕竟是一篇冷静的文字，由此而前窥春秋、战国，后观西汉、东汉，就如同拥有了一把万能钥匙。但是话说回来，孔子和荀子在这个问题上未必就是错的，至少在他们那个时代里，这样的观念绝对是无可厚非的，即便在现在看来，也有着相当程度的合理性（想想勒庞吧）。有多少事情都是“可为智者道，难与俗人言”（韩愈《送陈秀才彤序》），现代也依然如此，只要看看每年的畅销书排行榜就能知道一二了。

“愚民”并不完全像字面上看上去的那样充满贬义，梁启超就曾经揣测说：以孔子那样的高智慧，不可能真相信那些灵异事件的，他当时想要推行“小康社会”的主张，可要搞这套东西就必须依托一国之君自上而下地施行，孔子顾虑到不受限制的君权会导致暴君肆虐的结果，这才巧设鬼神计，在《春秋经》的文本上特意“以元统天、以天统君”，给国君找婆婆，这其实也是不得已而为之的呀。董仲舒也是明白这层深意的，所以“天人三策”才大谈君权神授和灾异祥瑞。汉儒大多都明白的，只是越往后糊涂人就越多。[104]

梁启超的观点看上去过于前卫，而且是有硬伤的（后文再说），这就是他的历史局限性了。不过以梁启超当时的时局，对古人“以常情揣度之”，也自有当时的一番道理。

从另一方面来看，把愚民的源头追溯到孔子也未必就是合情合理的，儒家的这套愚民方式或许有其更为古老的渊源。设想一下，如果这世上当真没有鬼神的话，鬼神观念又是如何产生的呢？尤其重要的是：鬼神观念是在怎样的“现实意义”上被延续下来的？——社会学家布迪厄为我们指出了“欺骗”在原始部族社会当中的重要意义：部族是通过仪式化的敬拜鬼神而紧密团结起来的，即便是明眼人也有义务把事实真相当作义务来严加保守；马凌诺斯基则强调了原始仪式的许多积极意义，诸如增进集体团结、熏陶道德意识、提高个人信心等等，虽然先民们做着那些很不着调的事情，可个人和群体确实都从中获益匪浅。看来，孔子和荀子在这个问题上可比布迪厄他们早了两千多年，呵呵，这可不算是给老祖宗脸上贴金。另外给我们启发的是：不但科学是一把双刃剑，迷信同样也是一把双刃剑，再者，把旧有的社会习俗全部推倒重来，这既是孔子一派所反对的，也是老子一派同样反对的，他们都认识到大范围的一破一立会对社会造成伤筋动骨的损害，而无论这“破”掉的是多么愚昧，这“立”起的是多么先进。

就是这样，仪式和人造的鬼神都是维护社会稳定的有效手段，一个社会群体通过庄严的仪式来敬拜一个共同认可的神圣的人造物，从仪式过程中体会到一种社会认同感——每一个个体都融入到一个群体当中去了，这满足了人天生的一种心理属性。这很原始吗？（可参看涂尔干《宗教生活的基本形式》）有一个例子虽然有些极端，却很能说明这个问题——这是近代中国《醒狮》周报上的一篇颂国旗的文章，周作人把它分行打了回车，就成了一首“很好的诗”：

这是何等的伟大！
何等的神圣！
何等的可敬！
何等的可爱！
所以我每次见到
五色国旗的时候，
恨不能呼她为我的母亲，
恨不能叫她做我的爱人，
当我这样默想的时候，
我的生命已经与
可敬可爱的五色国旗
起了共鸣，
熔而为一了！[105]

我们很容易理解的是：仪式越复杂，庄严程度也就越高——就像订立一个协议，拉钩儿就是最简单的仪式。庄严和神圣总是离不开仪式的，小男孩把心爱的橡皮送给了邻居小女孩，小女孩怕小男孩哪天反悔，会把橡皮要回去，于是两人举行仪式——拉钩儿，并伴以仪式化的语言：“拉钩儿上吊，一百年不许要”。——这很可能就是诗歌的源头，正如法国人类学家葛兰言所谓：“诗歌语言是与特殊活动相对应的一种特殊的表达形式。诗歌表现总有一种强制性的敬重。这是与宗教活动相适合的：诗歌是先知的语言。《左传》和《史记》中记载的预言几乎无一例外地采取了童谣的形式。”（葛兰言《古代中国的节庆与歌谣》）这类仪式化的特殊语言形式原本应该另有一种重要的功用：使很多人可以按照一个固定的节奏一同发出声音——这就好像小学生一起朗诵课文一样，四平八稳的节奏使课堂上的每一个个体都消失掉了，个体会从中产生出一种融入集体的感觉，这感觉既如此的自然，又如此的神秘，这就是仪式的力量所在。（我小时候就总和大家念不到一起去，为此没少挨老师的批评。我那幼小的心灵充满疑惑：正常人怎么可能把书读得那么慢呢？——也许正是因为对仪式的天然迟钝，这个小孩子直到长大以后还一直对人群抱有一种疏离之感。^_^）

人天生就是需要仪式的，更需要神圣的敬拜物。有些聪明人觉得这是不对的，是迷信，真正的信仰应该是对教义的信仰，是内心的，而不是流于形式。我曾经很欣赏弘一法师李叔同的一句话：“敬神佛而不拜神佛”（大意如此，记不清了），但后来发现事情可能不是这样，形式应该是重于内容的——不但“应该”如此，而且事实一直如此。

康德是站在李叔同一边的，据麦克斯·缪勒说：“康德认为那种靠没有道德价值的行为，靠仪式即外在的崇拜来取悦神灵的，不是宗教而是迷信。我看不需要再引用站在相反立场上的观点了，即认为内心默祷的宗教，哪怕它在公众生活中是积极活动的宗教，如果没有外在的崇拜、没有僧侣、没有仪式，那就什么都不是。”[106]

——是的，世界永远是站在李叔同和康德他们的“相反立场”上的，即便古往今来的老百姓们远不如这几个聪明人高明，但他们就是这样，永远如此。

当然，另有一些聪明程度不亚于李叔同和康德的家伙也是和他们对着干的——社会发展了，文明进步了，孔子和荀子这样的聪明人发觉了其中的欺骗和奥妙，却从现实意义出发，认为老百姓们还是继续愚昧下去的好——嗯，这个出发点倒也不坏，如果现在就能用上董仲舒“原心定罪”那个理论的话，这两位儒家先贤应该不会为愚民思想担上什么罪名的。

但同样一个愚民思想，拿到黄老一派那里性质好像就变了。

（九）

青蛙国王

青蛙没有首领，觉得不痛快。他们派代表去见宙斯，要求给他们一个国王。宙斯看他们太天真，就扔一块木头到池塘里去。

最初，他们听见“扑通”一声，吓了一跳，都钻进池塘底下去了。后来，木头停住不动了，他们又钻出来，觉得它没有什么了不起，就爬上去坐着。对这第一个国王，他们很不满意，于是又去见宙斯，说这个国王太迟钝，要求换一个。宙斯生了气，就给他们派去一条水蛇。水蛇便把他们抓来吃。

这故事是说：迟钝的国王总比捣乱的国王好得多。

这是《伊索寓言》里的一则故事，最后那句小结论如果换成中国风格的语言就是：无为的皇帝总比有为的皇帝要好。但这个故事有一点显然与历史常规不符：青蛙们一致觉得需要一个国王，所以求宙斯给他们派一个来，这虽然也说得上是“君权神授”，但显然是民本主义的（尤其考虑到青蛙们在对第一任木头国王不满意之后还能要求宙斯再换一个），而“无为”思想开始流行的时候，世界已经变成“君本主义”了。

于是，既然事事都要以国君为本，“无为”就变了味道：只有广大青蛙们一同变傻，国王的政权才能稳定，国王才能高高在上地轻松享福。所以，不要想当然地认为“无为之治”之下的老百姓是有着充分的自由发展空间的——统治者只有“省心”才能“无为”，而“省心”的前提是：老百姓必须被驯化成老实听话的乖孩子。正是在这层意义上，《淮南子》才借姜太公之口向帝王传授着愚民的不二法门。（虽然《老子》文本中的“愚”字未必是一个贬义词。）

“蒙住老百姓的眼睛，堵住老百姓的耳朵”，这看上去并不像一件很容易的事情。的确，如果还是在春秋战国时代，这个办法根本是行不通的，因为老百姓在很大程度上可以自由流动，知识分子如果在卫国触犯了忌讳可以一拍屁股就跑到秦国去，人们的眼睛总能看到外面的世界，耳朵总能听到外面的声音，每个国家都在努力去使“近者悦，远者来”，他们所散布的信息虽然有可能是虚假的，或者在传播过程中被一次次地以讹传讹，但听众们却有可能从种种不同的声音渠道中对各类矛盾的信息做出自己的判断和辨别。所以，姜太公的坏点子只有在大一统的集权时代才是真正可行的，令《淮南子》的编纂人员兴奋的是，初生的汉朝已经接近于这个标准了。

单纯从技术角度来说，姜太公主义的具体应用即便在现代的发达社会当中都有着极其成功的例子，我们设想一下这样的情形：如何在现代社会中维系一个小国寡民式的团体，使这个团体完全免于外部触手可及的繁华诱惑？

如果我们取一个严谨的例子，可以看看当代美国的“严紧派”，这是一个基督教门诺派中的小教派，对这个鲜活样本的考察有助于我们对古老历史的思考。

严紧派的生活看上去是与现代社会格格不入的，他们不但没有汽车，就连抽水马桶也没有，甚至根本就不用电。他们中的男人大多都是农民，使用的农具还是二百年前的样式，女人在刚过二十岁的时候就会出嫁，婚后便一直都会过着地道的家庭主妇的日子。

在1900年，严紧派的成员总数大约有五千，九十年之后，这个数字便超过了十万，其成员在美国的二十个州和加拿大都有分布。这可真让人百思不得其解，要知道，这些人既不是生活在古代，也不是原始土著，到底是什么力量促成了这样一个结果？

像梭罗那样的家伙也许会去投奔严紧派的，如果现代梭罗足够多的话，确实可以迅速扩充大部队的人数，但问题是，严紧派顾名思义，是个非常“严紧”的教派，并不吸收外来人员。所以，他们的人数扩张便意味着：在严紧派传统中成长起来的绝大多数年轻人在成年之后并没有投奔外面的世界，而是甘愿在小圈子里维持以往的生活。

研究者发现，这样的结果得益于严紧派内部严密的控制手段，与“外人”交往是被严厉禁止的，相应的教育工作是从小孩子抓起的。——考虑到他们既没有电、也没有汽车的生活，不接触外界显然并不像我们一般人想像的那样困难。

在严紧派的封闭社会里，首先是宗教力量在一个至高无上的位置上影响着人们的心理和行为，深厚的传统习俗则很容易对违规者施以重压，如果群体内部当真出了个罗密欧式的人物，他会在全体教徒达成一致意见之后被牧师处以一种类似于隔离的处罚——我们可以想一想霍桑的《红字》。事实上，他们是很少会动用到隔离手段的，单是违规者个人的“良心谴责”和这个封闭社会上的闲言碎语就足以让他悔过自新了。

与这些负面制约相比，正面制约的意义显然更为重要：那些遵循严紧派传统的人在他们的小社会里会得到超乎一般的关爱与友谊。[107]

严紧派的存在给了我们一个极端的成功案例：即便在现代的发达国家里，靠着一些高明的管理技术依然可以维系一个封闭的小社会。严紧派的管理技术和姜太公主义异曲同工的是：首先需要“用鬼神使他们敬畏天命”，然后才是蒙眼睛、堵耳朵，断绝和外界社会的接触。我们转而思考中国的古代社会，大多数的时间里确实也是这么做的，而更加值得我们思考的是：在这个问题上，儒家和黄老一派的意见并不存在本质的分歧，儒家（不论是有意还是无意）甚至表现得更加激烈。

“用鬼神使他们敬畏天命”其实包含了两个问题：一是给社会设置一整套惟一的真神系统，二是给社会设置一整套惟一的价值观，这两点实际上是一枚硬币的两面，是相辅相成的。所以，“罢黜百家，独尊儒术”的政治意义和秦始皇的焚书坑儒并没有什么两样，只是手段更加高明罢了，都是以一种惟一正确的声音压制所有其他的声音，而事实上，这种声音之所以是惟一正确的，仅仅因为它是官方的。至于蒙眼睛和堵耳朵，在一个集权国家里并不是一件难事，想想孟子一直以“正人心，息邪说，距詖行，放淫辞”为己任，一生都在不断地攻击杨派和墨派，可他哪里想到，真有一天这所有的“邪说”和“淫辞”都被打压下去了，社会却没有变成他设想的那个样子。况且，孟子是在“百家争鸣”的自由环境下才能扯开嗓门“息邪说”云云的，他如果也赶上统一思想的时候，焉知道自己的主张就不会被打成“邪说”呢？

这是很有可能的事啊，设想一下，如果孔子和孟子生活在儒学一统的汉朝或者宋朝，会落个什么下场呢？——陈天华在《警世钟》里讲过一件趣事：“日本国从前信奉儒教，有一个道学先生门徒很多，一日有个门徒问先生道：‘我们最尊敬孔子，倘若孔子现在没死，中国把他做为大将，征讨我国，我们怎么做法呢？’先生答道：‘孔子是主张爱国的，我们若降了孔子，便是孔子的罪人了。只有齐心死拒，把孔子擒来，这方算得行了孔子的道。’”（却不知这位先生学的是哪个版本的孔子？）

严紧派的“正面制约”能给我们很大的启发：“无为之治”的最高境界是老百姓们真心相信被灌输下来的价值观念，进而会出于主动地来维护社会秩序，极端的例子是：养鸡场里的鸡会真心认为多下蛋是自己应尽的义务，鸡群当中也把多下蛋当作一种值得为之奋斗的荣誉，尽管这些鸡蛋是要被主人拿去卖钱的。另外，当一只鸡已经无力下蛋之后，它会自觉地走上砧板，为的是不给主人增加负担，嗯，这是一只鸡一生中最后的荣誉了——如果剥夺低收入者作为纳税人的荣誉是一种可耻行为的话，那么，剥夺一只鸡主动走上砧板的权利/荣誉简直就是令人发指了。

严紧派的生活显然不能和养鸡场做简单类比，但集权国家的政治运作却和养鸡场的管理如出一辙。鸡从自我牺牲中体验到荣誉的快感，主人则从鸡的自我牺牲中得到了实利。我们疑惑地看到，春秋战国以至秦汉，人们的一些根本的价值观为什么发生了如此重大的变化（比如新一代的伍子胥就不再会是值得同情的英雄，而是成为千夫所指的汉奸）？这是因为儒家思想或者黄老思想占了主流么？是什么思想在如此强烈地影响着人们的观念？也许关键不在于具体的某个思想流派，而在于社会结构的巨大变迁。

抛开所有的思想流派不谈，仅仅是大一统帝国的成立就注定会发生那些个变化——我们可以看看波普诺的《社会学》这部权威教科书对集权主义的定义：

集权主义国家创造了一种官方的意识形态、一个整体的世界观和一套行为规则。敌对的世界观受到压制，宗教团体受到迫害，艺术家和知识分子的作品受到严格审查。由于看不到集权主义的缺陷而形成了盲目的爱国主义，使民族主义（即认为本民族的利益和安全更重要）通常成为这种政府形式的重要方面。

传统的政府组织不足以确保集权控制。一个有效的集权主义国家必须建立特殊的控制机制。其中一种机制就是官方政党，它成为多数政治活动的中心场所。政党训练、挑选并合法化那些政治统治精英。绝不允许组织任何其他政党，成立政党的企图被谴责为背叛。在希特勒统治时期的德国，民族社会党（纳粹党）是惟一政党，也是合法的政治表达的惟一渠道。

在前苏联体制下，选举活动按常规举行，但不允许选民选择提倡不同政策的其他党派候选人。[108]

这番话对我们回顾历史来说一点儿也不显得“太现代了”。波普诺认为，集权主义的社会里，政府对社会进行着方方面面的控制，这种控制需要现代的技术手段才能做到，所以，尽管古代罗马帝国的许多皇帝都试图进行集权主义的统治，但真正高水平的集权主义直到二十世纪方才出现。——如果波普诺对中国历史足够了解的话，或许会承认高水平的集权管理在中国早已有之。

长沙走马楼吴简的出土更正了我们对中国历史上“国权不下县”的看法，政府不仅势力巨大，而且简直就是无孔不入的，[109]要让全国人民都能做到服从命令听指挥，或许愚民政策还真是个行之有效的办法。

不过，应该承认的是，即便统治者不去刻意地愚民，老百姓的大脑在任何时代也没法和精英分子相比，尤其在人多势众的时候，愚昧更会被无限地放大。这种现象曾经引起过心理学家们的极度好奇，在“二战”过后，他们通过实验的手段试图搞个明白：二十世纪的德国人，普遍受教育水平并不算低，其中更有着不少的高级知识分子，可大家这是怎么了，怎么会那么疯狂地迷上了纳粹呢，怎么会亲手干下那么多令人发指的残暴行为呢？

精英分子普遍具有瞧不起大众的倾向，似乎在历史上的每个时代都是如此，所以，改革家往往是一意孤行的。苏轼曾经让他笔下的人物发出过这样一个老生常谈式的感慨：“民可与乐成，难与虑始”，意思是：老百姓啊，等你把事情搞成功了，他们能跟你一起享受改革成果，可你如果在改革之初想要和他们一起谋划，想要征得他们的同意，那可是门儿都没有！（苏轼《书传》）

但是，在苏轼的笔下，持这种意见的人是以反面教员的形象出现的，其背景就是商朝“盘庚迁殷”的时候。苏轼为《尚书》作注释，注到《盘庚篇》的时候，很是发了一通感慨。

盘庚是商朝的一位著名国君，当时他有迁都的打算，他特有的高瞻远瞩使他比其他人更清楚地看到了迁都的必要性：如果迁都，对大家都好，如果不迁，日子就会越来越难。那么，迁，还是不迁？

历史上的一般情况是：只要现在生活的地方不是人间地狱的话，绝大多数的人都会选择维持现状的——想想那些冒着生命危险的偷渡者吧。现代的心理学研究让我们充分认识到人的维持现状的心理强烈到超乎大多数人的想象，专家们给出的解释是：这是出自一种自我保护的心理根源，变化总要意味着行动，而行动的后果往往是不可预知的，所以选择行动也就意味着可能会后悔和自责，人们为了避免承担责任，通常都会选择维持现状，并会为此寻找借口。在我们这个商业社会，身边随处可见这样的例子：每一种具有革新意义的产品问世时，我们都会看到产品设计时的这种倾向，比如第一代电子书，外形上就很像传统的纸质书。而在我们古老的《尚书》故事当中，没学过现代心理学的盘庚该怎么去解决这个亘古的难题呢？[110]

苏轼说："不仁者"的解决办法才是"民可与乐成，难与虑始"，这种人搞政治，大家全都摸不着头脑，但盘庚是个好领导，不会这么做的，他并没有强迫大家服从自己的迁都决定，更没有把大家的眼睛和耳朵一起蒙上，挥着鞭子就往预定方向赶路。盘庚不是的，他对大家开诚布公，仔细讲清楚迁都和不迁都之间的利害关系，他虽然没有和大家一起谋划，但毕竟最后是靠"说"来达到了原先的目的。（苏轼《书传》）

苏轼这番话很可能是有感而发的，矛头针对当时的王安石变法：盘庚的开诚布公显示出了一位仁君的泱泱风范，而像王安石那种愚民的搞法，结果如何暂且不说，单是这手段就不符合"仁者"的标准。

上古的那些真真假假的圣王们一直都被后世知识分子们拿来给自己扯大旗用，但这些大旗在两千年来都没能在现实的政治生活中起到多大的作用，其中的根本原因正是苏轼在此时忽略掉的一个问题：盘庚他们那时候还是部族社会呢，连封建社会都还没到，所以，盘庚（其他如尧舜禹他们也是一样）充其量只是一个酋长，根本就没有专制时代的皇帝那种予取予夺的生杀大权——我们可以从近现代的很多土著部落社会的情况来想象古老的商代社会，比如非洲中部具有相当规模的努尔人，作酋长的虽然拥有神圣的地位，却经常得作一些赔本儿的买卖，在绝大多数时候他只能通过说服而非强制来使部落成员接受自己的意见——从各方面综合来看，酋长们确实当得起“人民公仆”这个光荣称号。[111]

直到封建社会的周代，领袖们的权力也是受到同胞们的很大制约的，同胞们都是国家的股东，废绌一个倒行逆施的领导人并不像在专制时代那样被认为是大逆不道的。正是这种社会结构的不同，使苏轼他们对尧舜禹汤文武等人政治风格的呼唤永远徒劳无功。——我们再来体会一下《淮南子》里姜太公的那一番话，分明可以看出这种区别：在封建社会之前，大家的利益都是绑在一起的，而在专制时代以后，皇帝为了永保江山，既要在一定程度上满足老百姓的利益，又必须要以“恰当的”手段来损害老百姓的利益。

当然，这种损害老百姓利益的手段只能是秘而不宣的，在一切公开的场合和所有铺天盖地的宣传里，皇帝经常被塑造成一个无私的奉献者的形象，他总是在殚精竭虑地忧国忧民，深切关怀着万民的福祉。——很少有人认真思考这里边的逻辑矛盾，比如，同是儒家知识分子却是政治上的大对头的王安石和司马光，他们都清楚这样一个放之四海而皆准的真理：“人是贱虫，不打不中”，所以都主张靠明确的赏罚来治理国家，他们在这一点上和商鞅表现得并无二致——司马光明确表示，搞好政治只有三大原则：用对人，功必赏，过必罚[112]，好像从中看不出有什么“德”的因素哦，那么，天下间就只有一个人不是“贱虫”，这个人就是皇帝。

如此一来，这分明又是一种“君臣异道”的体现，看来，只要社会结构进入了专制时代，无论是哪种思想占了上风，都得首先认可皇帝的这种特殊地位。于是，“用鬼神使他们敬畏天命，用繁文缛礼使他们丧失自然天性”，这样的愚民政策就更显得是必须的，复杂的等级仪式把皇帝推到了近乎于神的位置上，让全国人民顶礼膜拜。

只要存在专制的地方，就存在着全国性的造神运动和说谎运动——在古代，这主要是靠独尊官学来体现；在近代，这主要是靠发达的传媒技术来体现，后者正所谓“西餐叉子吃人肉”是也。马克思对这一潮流的洞见既适用于近代资本主义，也同样适用于古代专制王朝：“按照马克思的观点，新闻工作者本身属于无产阶级成员，但是他们像官吏、教师、牧师一样，通过把他们从游业无产者较低阶层的社会地位提升出来，允许他们进入统治阶级的上流圈子以便在上层建筑中获得补偿，他们在维护现政权中成了资产阶级的同盟军，其最重要的职能便是欺骗人民，使人民不能认识到自身异化的状况。”⑬

皇帝哪怕只做了一件屁大的好事，也必须动用全国的宣传力量来大张旗鼓地渲染一番。史书里常有这样的场面：皇帝只是抽了一小会儿工夫摆摆样子，上上下下一班人马就得跟着折腾好几个月，对了，别忘了前期还得准备好几个月和后期收拾好几个月。当然，皇帝的小小辛苦通常都不会白费，老百姓们再一次由衷感受到皇恩浩荡，遥向金銮殿磕头谢恩。——时至近代仍有此风，幸好是在外国：钱单士厘女士（钱恂之妻，钱玄同的大嫂，娘家姓单）旅经俄国，慨叹那里的仁政，说水灾、旱灾的时候发粮食救济灾民这本是政府的分内之事，可在俄国这却成了朝廷对老百姓的恩惠，让听者感觉俄国老百姓遭灾受难才是天经地义的，一旦衣食有点儿着落，那便是国政仁厚——所以俄国算不上是文明国家呀！⑭

观察外人的眼光总难免掉进“乌鸦站在猪身上”的窠臼，我们不妨参照一下黑格尔耳闻当中几乎是同时代的中国的样子——对于这同一个问题，钱单士厘的着眼点在政府那里，而黑格尔的则是在老百姓身上：“皇帝对于人民说话，始终带有尊严和慈父般的仁爱和温柔，可是人民却把自己看作是最卑贱的，自信生下来是专给皇帝拉车的。逼他们掉进水深火热中去的生活的担子，他们看作是不可避免的命运，就是卖身为奴，吃口奴隶的苦饭，他们也不以为可怕。因为复仇而作的自杀，以及婴孩的遗弃，乃是普通的、甚至每天的常事，这就表示中国人把个人自己和人类一般都看得是怎样轻微。”[115]

钱单士厘和黑格尔各自所说的无非是一件事情的两面，这“两面”之间互相影响是勿庸置疑的，但是，究其原委的话，哪一面才更加本质呢？或者说，这“两面”之间有没有因果关系，如果有，谁是因，谁是果？

钱单士厘这次旅行既看到了俄国的“仁政”，也看到了俄国的愚民——这可是一次难得的对“异于文明国”的专制政权的愚民手段的近距离观察，内容可比秦汉魏晋的史料清晰多了：火车在阿臣斯克停下了，下车去找吃的，发现吃的东西还真不少，车场中间有卖书的，可全是宗教书，奇怪的是，居然没有报纸卖，大概因为俄国教育不普及，识字的人太少，加之政府报禁太严，既不许刊载开启民智的文章，也不许刊载外交内容，还有种种数不清的禁区，这就造成写文章的人处处需要顾忌，简直无从下笔，而读者也觉得文章乏味不值一看，所以报业在俄国是断然不会发达的——钱单士厘最后归结了一句："此政府所便，而非社会之利也。"[116]

这句话正可以做姜太公愚民主张的注解，交代清楚了一个大前提：政府利益和社会利益是两回事，统治者经常混淆这两个概念，强调一个"我们"或"咱们"而使大家发生错觉，比如乾隆皇帝在搞文字狱的时候在上谕里说："夫谤及朕躬犹可，谤及本朝则叛逆耳"，[117]玩的就是这个手段。——其实钱夫人对俄国的议论还真刻薄了些，就在她的《癸卯旅行记》的另外一处，写托尔斯泰的小说被俄国政府严厉查禁，又说俄政府对托尔斯泰极其残酷，不但"剥其公权"，还把他"摈于教外"，但最终还是碍于托尔斯泰是位国际名人，又只是在纸上散布邪说，却从未亲自做过任何一件，于是，政府虽然恨之入骨，却也终究不敢杀他。[118]——这些内容也是钱夫人亲手所记，托尔斯泰以一代文宗之身份，著作遭受查禁，人身安全却能保全，这难道还不够说明俄国的"文明"么，这要是换在康乾盛世，早就被抄家灭族了。

钱夫人所处的时代，正是中国千年未见之变局，所以用不了多少时候，她在俄罗斯冷眼旁观的托尔斯泰的遭遇便一般无二地降临到她一位同胞的头上——民国十八年是个战事频仍的一年，罗隆基却把目光特别关注在"一件小事"之上："我预料后人在民国十八年的历史上，除了俄人侵入满洲这奇辱极耻外，定还可以寻得这样一段故事：十八年时有胡适其人，做了《知难，行亦不易》，《人权与约法》一类的文章，批评党义，触犯党讳，被党员认为侮辱总理，大逆不道，有反革命罪……"这个逻辑能够成立吗？罗隆基搬出了孙中山："孙中山先生是拥护言论自由的。压迫言论自由的人，是不明了党义，是违背总理的教训。倘使违背总理教训的人是反动或反革命，那么，压迫言论自由的人，或者是反动或反革命。这些话不是杜撰的。在党义上确有证据。清光绪三十年（1904），孙先生曾做过《中国问题真解决》一篇文章（见中山书局出版的《中山全书》第四卷）。这篇文章，孙先生把满清的罪孽宣布于世界。他举出满清罪状十条，内有这两项：

“第二条抑遏吾人智识之发展”

“第六条禁止言论自由……”[119]

这些事情越是玩味，就越是觉得含义无穷：“抑遏吾人智识之发展”和“禁止言论自由”竟然贯穿了专制时代之始终，《淮南子》所描述的姜太公主义虽然已经换过了数不清的马甲，可真实面目却历两千年而不变，这总该让人吃上一惊吧？谁是始作俑者？是黄老一派还是董派儒家呢，或者是其他的什么人和什么原因？

我们把姜太公的愚民主张对照一下董仲舒的“天人感应”，咦，很奇怪哦，这两者之间竟似没有什么本质上的区别，只不过董仲舒说得含蓄一些，姜太公的话却是赤裸裸的。这倒真是让人生疑：董仲舒到底是哪一派的，《淮南子》到底又是哪一派的？

换一个思路，看看贝格尔这句描述：“例如在中国，甚至极富理性的、实际起着世俗化作用的‘道’（指事物的‘正常秩序’或‘正确道路’）的概念的非神话化形式，也认可了把制度结构视为宇宙秩序反映的延续下来的概念。”[120]你能说出贝格尔这里说的“道”是儒家的“道”呢，还是道家的“道”，是董仲舒的“道”呢，还是《老子》的“道”？

——动动脑筋，先看一副对联：

上联是：无始无终先作形声真主宰；

下联是：宣仁宣义聿昭拯济大权衡；

横披：万有真元。

这副对联应该是挂在哪儿的呢？乍看之下，挂在道观里比较合适，太上老君的塑像前边来这么一个，应该合适；可转念想想，又是仁，又是义，应该挂在孔庙才对吧？——开拓思维：挂在佛寺里难道就不可以吗？

事实上，这副对联是康熙皇帝赐给在北京的传教士的，被刻在天主教堂里。——伏尔泰在《风俗论》里以这副对联为例，驳斥一些西方人认为中国是个无神论国家的“轻率举动”，原编者注给出了这副对联的出处，其记载见于霍尔德的《旅华实录》。

很多思想都是这样，一旦流行开来之后，就会枝繁叶茂，四下蔓延，虽然名目还是原先的名目，可距离发源地却渐行渐远了，正如无神论的佛教最后变成了鬼神的世界，强烈抵制偶像崇拜的基督教最后也到处是对基督的膜拜，这几年祭孔争议不断，这么多人争来辩去，可其中能有几个是真正学习过孔子的“教义”的，有几个是真正了解过“儒家传统”的？正如孔子和荀子的先见之明：祭祀的仪式才是重要的，内容只是幌子。是呀，在这类问题上，形式永远大于内容，这是个不争的事实。相对于内容来说，人们真正需要的似乎只是图腾，只是仪式，是越来越精美的图腾，是越来越雕琢的仪式，这是从原始部落时代就表现出来的人的本性，迄今不变。百年前，法国的东方学会邀请郭嵩焘写个论文，有个题目很有趣："老子的学问和今天的道士截然不同，可道士们为什么尊老子为祖师爷呢？"（郭嵩焘《使西纪程》）——只要仔细观察一下，我们会发现同类的问题在历史上随处可见。

这一怀疑，我们就该想想汉武帝了，他老人家"罢黜百家，独尊儒术"，当真把"百家"都"罢黜"了么？他所"独尊"的当真是"儒术"么？表现在汉武帝和窦太后之间的儒学与黄老之争当真像看上去的那样胜负分明么？——好像很可疑哎！

（十）

于吉之死的三个版本——小说是如何做到"比历史更真实"的

我们先来就法国东方学会的问题看看道家的动静。

如果不提"道家"，只说"道教"，那么，形成于两汉之际的《太平清领书》应该是他们最早期的经典之一。《太平清领书》，看这个书名我们就能模糊猜出它的年代——想想前文讲过的汉代纬书，《易纬乾凿度》《尚书璇机钤》《河图括地象》《春秋命历叙》，感觉很像是吧？好在《太平清领书》还有一个简明的别名：《太平经》。

《太平经》的内容可比《老子》丰富多了，而且论事极为具体，这倒是便于理解了，可书中内容，如果抽掉那些过于玄玄虚虚的东西，再抽掉个别反对一言堂的议论，和董仲舒的《春秋繁露》也没有多大的区别。《太平经》和《春秋繁露》一样，大讲祥瑞和灾异，通篇的阴阳五行，还讲人分几等（神仙也分几等），大家都要各安其份，不过也可以通过个人努力而迈上社会等级的一个台阶。两书之间的另一个重要共同点就是都善于把基础理论发挥成繁复的技术——比如董仲舒的求雨仪式，这可不是随便什么人到龙王庙里上上供那么简单，非得受过专业训练的人才做得了。种种对“高深”理论的实用化和技术化常常会令我们现代人瞠目结舌，比如《太平经》阐发《易经》的哲理，说阳爻和阴爻一奇一偶，所以阴阳配对就得是一个男人配两个女人，这才是符合自然法则的，大家如果都这么做了，“太皇天上平气”就会受到人类行为的感应而降落下来，人间就是太平盛世，反之，如果世间实行的是一夫一妻或者一夫多妻（两个以上），老天爷就会生气，后果很严重。[121]

以我们现代人的眼光来看，“一男二女法”和“天人感应”都是一种货色，其间的区别只是技术层面的，而整体来看，这道教理论和儒家学说竟没有什么不同？！但汉朝人却不这么看，结果汉顺帝的时候，有官员奏称《太平经》“妖妄不经”，皇帝也就把这书“收藏之”了。

——此事见于《后汉书·郎顗襄楷列传》，其中还提到了《太平经》神奇的来历，说汉顺帝的时候，琅琊人宫崇到朝廷献书，说这书是他的老师于吉在曲阳泉水上所得的神书。这书的外表看上去也确实够神的，“皆缥白素朱介青首朱目”，反正就是说装帧极其精美，怎么看怎么都像是仙界的东西，这就是《太平清领书》——看来汉朝人就已经重视起书籍装帧了。

这位获得神书的于吉可不是个普通人，而他的一段经历正好又能说明儒、道、法这些学派在专制体制内的一致性，我们就详细来看看好了。

《后汉书》李贤注引《江表传》说琅琊道士于吉跑到南方去了，烧香读道书，还以符水给人治病。江南这时候正是孙策的地盘，孙策有一回在郡城楼上宴请宾客，这位于吉身穿盛服不期而至。于吉这一来，立时引发了全场的大地震，正在吃吃喝喝的宾客们有一大半马上放下了碗筷，下楼去拜见于吉，管宴会的人怎么呵斥都没一点儿作用。

孙策可不干了：这江东是我的地盘哎，这些宾客都是我的人哎，有不少都是我手下的将军，怎么于吉这小子倒成了老大了！

孙策立即下令，把于吉收押，准备处斩！

于吉可能还不明白呢：我犯什么法了？

孙策手下的小弟们当然要救于吉，这些人还真有主意，自己不出面，让家中女眷去求孙策的母亲，搞起了夫人外交。老太太这一了解情况，也觉得儿子过分，对孙策说："于先生助军作福，医护将士，对我们有这么大的帮助，怎么反倒要杀了人家呢！"

孙策这回可没听劝，说出了一番道理："当初南阳张津为交州刺史，抛弃了圣人的教诲，废除了汉家的法律，常常奇装异服，读些邪俗道书，说是这些书有助化之功。可结果呢，张刺史却被蛮夷所杀。于吉这些人搞的东西绝对没什么好处，只是大家现在还被蒙在鼓里罢了。"

于吉算是没救了。孙策出刀之快，简直能赛过李寻欢："即催斩之，悬首于市"。[122]

"即催斩之，悬首于市"——这八个字是意味深长的，孙策杀于吉刻不容缓，随即挂出于吉的人头，警示众人。

这件事乍一看还真让人看不太懂，按说《太平经》和《春秋繁露》能有多大的不同呢？董仲舒主义和于吉主义又能有多大的不同呢？为什么这两者的命运遭际却有如此的云泥之别呢？

按照孙策的说法，促成他这个毅然决然的决定的是这样一个逻辑：于吉"抛弃了圣人的教诲"，搞的是一些"邪俗"。——乍听之下，孙策确实言之成理，想想西方历史上的教派之争，各自都坚持自己所持的是宇宙之间的惟一真理，而对方的"邪俗"必须要予以铲除。可是，问题是，这正是东西方的一个极大差异所在：中国历史上对"教义"的信仰经常都是一团糨糊，如果从"儒教"[123]的意义上来看儒家，信奉儒教的人在祭祀祖先和祭祀古圣先贤之余也并不介意烧个香、拜个佛什么的，民间就更没的说了，关公居然成了财神，大户人家办道场的时候也往往是和尚、道士一起请，整天念经拜佛的人不一定就对佛教教义真有多少了解，黄鼠狼大仙可以和太上老君一起享受供品……法国汉学家谢和耐在谈到宋朝士大夫的排佛态度的时候，很到位地说过中国的这种信仰特色："士大夫们的这种排佛态度，在大多数场合下只涉及到个人信仰问题。事实上，官方祭祀偶尔亦有向佛教神灵祷求保护的。如果这在我们西方人看来有点匪夷所思，那唯不过是因为西方在宗教领域划分了门户森严的教派，各有各的教理和信条罢了。然而在中国，教义的分野从来就无关宏旨。惟一的区别只在于各种宗教在社会中的不同地位，即看它是官方的还是家庭的祭祀，或者地方的、地区的、村落的祭祀，要不就是行业神的崇拜。而在所有这些情境中，教义都居于次要的地位。”[124]

这样看来，问题的答案就有可能在马克斯·韦伯那里：“……一般也没有由于纯粹的宗教观点招致的迫害，除非巫术的原因（类似希腊的宗教裁判）或政治的观点要求这种迫害。不过，政治观点总是要求相当残酷的迫害。”[125]

——孙策杀于吉的理由不再那么冠冕堂皇了，事实上，于吉的“教义”就算再“邪俗”一万倍，也不干孙策什么事，可是，不管有意还是无意，于吉挑战了孙策的政治权威，这却是绝对不能容忍的。设想另外一种情况，盛装出席宴会的不是于吉，而是董仲舒，甚至是孔子或者孟子，结果会如何呢？这些人不仅没有“抛弃圣人的教诲”，甚至自己就是如假包换的圣人，孙策难道就会换一副毕恭毕敬的面孔，和他手下那些小弟们一起下楼拜见么？呵呵……

说到这节，有人可能会不以为然：“从孙策母亲的话来看，于吉当时肯定尽搞一些神神鬼鬼的东西，儒家说到底毕竟是搞政治学问的，这两者之间有着本质的不同，所以说，如果真是孔子、孟子、董仲舒参加宴会，肯定不会落得于吉那样的下场。”

——孔孟暂且不论，董仲舒搞的那套和于吉还真没有本质区别，如果说有区别的话，那可能就是：于吉会给具体的某个人治病，而董仲舒的法术玩的则比较大，但是，更加现实的区别，也就是导致了这两人实际命运截然不同的缘由，却是因为董仲舒直接打进了政治最高层，获得了官学身份之后，再以官学最高代言人的身份搞一些自上而下的东西，而于吉却是从中下层入手的——稍有常识的人都知道这叫作死，这和“教义”根本就没有关系。

一个值得参考的例子是：汉武帝时代，天下有两大学术中心：北方是河间王刘德，南方是淮南王刘安。淮南王刘安前文已经介绍过了一些，他网络了数千名知识分子，编纂出了一部卷帙浩繁的《淮南子》，另外，汉朝的文学体材以赋出名，汉赋是和唐诗、宋词、元曲、明清小说并称的独步一个时代的文学，而汉赋的高手大多都集中在淮南王那边。按现在的话说，淮南集团就是当时最大的原创作品出版集团，余秋雨、易中天、韩寒、郭敬明这些老少英雄们全被淮南王以非常优厚的待遇礼聘了去，当然，像好熊熊逸这样的无名鼠辈也能混进去蹭两顿饭吃。北方的河间王刘德集团虽然缺少当红作家，原创性也不太强，但它相当于现在的中华书局，专门整理古籍善本——当时正值秦始皇焚书之后，刘德以重金向民间求访先贤书册，为延续和弘扬传统文化立了大功。所以，河间王集团虽然没什么当红作家，却聚集了一批整理文献的专人和抄书匠，而且偏重于儒家经学——私心想想：我要是到了汉朝，既可以在淮南王那边发表小说，也可以在河间王这边整理古籍，看来饭碗还是能有着落的。^_^

汉武帝时期确实文化繁荣，南有文学出版集团，北有中华书局，两大学术中心名闻遐迩。汉武帝是要弘扬儒学的，按说和黄老一派的淮南王该会有些隔阂，但对河间王应该非常亲近才是，而河间王为人也很憨厚，别看那么大的一个王爷，从来不会为非作歹、仗势欺人，只是专心整理学问，真有长者之风啊。而且，最重要的是，河间王刘德“好儒学，被服造次必于儒者，山东诸儒多从之游”，在喜好儒学这一点上分明就是汉武帝的同道。

但是，政治舞台上的逻辑往往不是和常人一样的。汉人杜业告诉了我们河间王的离奇结局：河间王精通经学，道德高尚，天下的英才与儒生都归附于他。汉武帝的时候，河间王进首都朝见，言谈举止很有仁义之风。汉武帝向他请教国事，河间王说得头头是道。——汉武帝应该高兴才对吧？不是，他反倒恼火起来，向河间王发了一句狠话：“汤以七十里，文王百里，王其勉之。”

“汤以七十里，文王百里”，这是儒家的一句经典台词，我在《孟子他说》里没少介绍过，大意是说：商汤王当初只有方圆七十里的地盘，可他大行仁政，结果夺取了夏朝的天下；周文王当初也只有方圆百里的地盘，可他大行仁政，结果夺取了商朝的天下。儒家用这番道理本来是阐释“仁者无敌”的，劝国君们多行仁政，只有施行仁政才有望称王天下，瞧，商汤王和周文王就靠着那么可怜的一点儿家底，不也成就大事了么！

可如今这话从汉武帝嘴里说出来，味道就不一样了，最后那句“王其勉之”，是告诉河间王：你老兄可要“仁者无敌”了哎，商汤王和周文王都是你的好榜样，你就再接再厉吧！

不知道河间王听完这话是个什么表情，想来肯定是出了一身冷汗。杜业说：“河间王听出了汉武帝的意思，回到封国之后，再也不搞儒学和古籍整理了，成天喝酒、听音乐，就这么度过了后半生。[126]”

看，河间王刘德，多老实本分的一个人，踏踏实实做学问，没有任何宗教和巫术色彩，结局虽然比于吉幸运一些，可事情的本质却和于吉之死没什么两样。于吉参加了孙策的宴会，河间王也等于是参加了汉武帝的宴会，是呀，有什么不同呢？

“汤以七十里，文王百里”，这句儒家的经典台词在现实的政治生活中从没派上过想象中的用场，可被人拿来害人却不是第一次。——据说当年荀子游荡到楚国的时候，楚国正值著名的“战国四公子”之一的春申君掌握大权。春申君倒还看重荀子，派给他一个兰陵令的官职。兰陵虽然地方不大，但在这里做官也算个不错的差使，可儒家贤者们在他们所生活的时代里总是摆脱不了霉运，荀子做官没多久，就得罪小人了。

小人向春申君说荀子的坏话，这坏话说得极有水平：“头儿，我给您提个醒，您可一定得小心荀子！”

春申君一愣：“荀子这人不错啊，挺踏实啊，是位真正的贤者！”

小人说：“您说得不错，荀子确实是位真正的贤者，可是，正是因为这一点，我才劝您多加小心。”

春申君被说糊涂了：“你这都是哪儿挨哪儿啊？”

小人说：“您好好想想，商汤王靠着七十里的地盘就能称王，周文王靠着百里的地盘就能一统天下，荀子可是位大贤者啊，不在商汤王和周文王之下，他要有了兰陵这片小地盘，难保不会从此起家，最后也来个一统天下。真到那时候，咱们楚国可就要完蛋了啊！”

春申君一听，立时就出了一头冷汗：“不错，是这个理啊！”怎么办？春申君赶紧炒了荀子的鱿鱼。[127]

时隔百年，河间王刘德再次因为这句“汤以七十里，文王百里”遭了殃，不少人都是少年为纨绔子弟，成年后变得老成持重，刘德正好相反，前半辈子老成持重，后半辈子却被迫变成纨绔子弟了。

两大学术中心这么容易地就倒了一个，另一个也不会有美满收场。淮南王刘安意图造反，结果阴谋败露，畏罪自杀，从此之后，天下的学术中心便只有一个了。

从事情的结局来看，淮南王的谋反着实可疑。说来也巧，淮南王死后，墙倒众人推，“春秋大义”正是推墙众人的一个重要武器。——这事得从火灾说起。

汉武帝建元六年六月丁酉，辽东高庙发生火灾，四月壬子，高园便殿又起火了。火灾在古人的眼里颇为神秘，这也难怪，有些火灾可能是乱丢烟头之类的行为造成的，开始的时候没人觉察，火势一起更显得突如其来，还有些火灾是雷电造成的，就更像是老天爷的惩罚。直到明清，火灾依然影响着人心。我曾在《明实录》里见过一些十分离奇的火灾记录，像天上飞火球这类事，很难说不是灵异事件呀。

对于火灾的原理，整个儿汉朝恐怕也没有人比董仲舒更明白了。所以，对辽东高庙和高园便殿这两起火灾，董仲舒自信满满地对汉武帝长篇大论地解释道：“《春秋》之道，是从以前的事来推知未来，所以说，当咱们现实生活发生什么事情的时候，应该到《春秋》里边查查有没有同类事情曾经发生过，仔细体会一下其中道理，这样一来，天地之变，国家之事，什么事都能一清二楚。就说这个火灾吧，翻翻《春秋》，鲁定公和鲁哀公的时候，权臣季氏的邪恶势力已经成熟，孔子的圣德也正在最耀眼的时候，这正是以圣德铲除邪恶的最好时机。别看国君势力薄弱，可笑到最后的一定是国君。于是，鲁定公二年五月，两观发生了火灾。两观僭越礼治，老天爷降火去烧，这是在说：僭越礼治的臣子可以被除掉啦，你们大家快动手吧！这是天意啊，可惜，鲁定公和老天爷之间有着语言障碍，良机就这么被错过了。

“到了鲁哀公三年五月，桓宫、釐宫发生火灾，老天爷还是那个意思：不义的显贵之臣该被铲除啦，大家快动手吧！可鲁哀公很迟钝，没反应过来。老天爷急了，在第二年的六月又在亳社放了把火。上述这几次火灾，老天爷都是以烧掉僭越礼治的东西来启示鲁国国君，叫他们除掉僭越之臣而任用圣人。

“这里有个问题，季氏乱政已经很久了，为什么老天爷不早点儿放火呢？答案是：以前鲁国还没有圣人显现呢，所以没有足够的力量来除掉季氏，鲁昭公的时候就是这样。可等到鲁定公和鲁哀公的时候，圣人已经出现了，除掉季氏的时机这才成熟了，所以老天爷也就以火灾来给大家发信号了。

“不到适当时机绝不出手，这就是天道的特点。看看今天，高庙不应当建在辽东，高园便殿不应当建在陵墓旁边，这都是违反礼治的，所以老天爷这才来放火。可是，辽东高庙和高园便殿都建了很长时间了，为什么老天爷早不放火，偏要等到现在才来放火呢？大概他老人家这是认为时机到了。

“想当初，秦朝接了周朝的烂摊子，没治理好，我们汉朝又接了秦朝的烂摊子，也不好治理呀，现在皇亲国戚又这么多，无法无天的，正到了所谓积重难返的时候，实在让人担忧。老天爷在这个时候降下火灾，似乎是在提醒陛下：‘该大刀阔斧地改革啦，先挑皇亲国戚当中那些刺儿头铲除之，不要留有情面，我怎么烧辽东高庙的，你就怎么下手除害。再看看朝中近臣，把其中的坏蛋除掉，就像我烧掉高园便殿那样。’如此，在外省而行为不端的，就算显贵如辽东高庙也毫不留情地烧掉，何况诸侯呢；在朝中的，就算显贵如高园便殿也大火焚之，何况近臣呢。这就是天意啊！外地有坏蛋，老天爷就在外地降灾；内部有坏蛋，老天爷就在内部降灾。灾情的大小和罪行是成正比的，我们要顺应老天爷的意思办事啊。”

在建元六年这两次火灾之前，淮南王刘安入朝，和汉武帝的舅舅武安侯田蚡说过些叛逆之言，其后，胶西于王、赵敬肃王、常山宪王屡屡犯法，甚至还杀人全家、毒杀部长级高官，接着，淮南王和衡山王就造反了，胶东王和江都王也都准备响应。直到元朔六年，这些家伙才都完蛋了，田蚡死得早，没赶上被正法。这个时候，汉武帝才想起董仲舒的那番话来，就派董仲舒的学生吕步舒持斧钺查办淮南王谋反一案。吕步舒不愧是董仲舒的学生，《春秋》学得好，依“春秋大义”在外独断专行，遇事并不奏请皇帝。事情办完之后，回朝交差，汉武帝对吕步舒的判决给予了全盘肯定。[128]——从《汉书·淮南衡山济北王传》来看，因为淮南王的谋反而连带受到惩处的有几千人之多啊——原文说这几千人“受诛”，也弄不清这里是不是说这几千人全被杀了。反正不论是全杀还是分别惩处，都够吕步舒忙活的。看看，学好《春秋》是能做大事的，洪七公那么高的武功，一辈子杀人也不过才三位数。

所以，元代马端临《文献通考》评董仲舒的“《春秋》决狱”，说汉武帝驭下以机心深重为明察，大法官张汤断案以残酷为忠诚，董仲舒以经术附会他们的意思。王弼、何晏以老庄的宗旨解释儒家经典，人们还都说他们的罪行比桀纣还大，更何况董仲舒以圣人的经典来粉饰刑狱，引导皇帝多多杀人，这罪过不比王弼、何晏他们要大得多么！[29]

——这就提出了一个重要的问题：到底是断案本着“春秋大义”，还是“春秋大义”装点断案的门面呢？

就在《汉书·淮南衡山济北王传》，给淮南王议罪的时候，胶西王也拿“春秋大义”来落井下石，说《春秋》有所谓“臣无将，将而诛”——这也就是前文讲过的“春秋大义”之“君亲无将”，是说臣下别说不能谋反，就算心里动了动谋反的念头，也是该杀的。刘端说：“连动动谋反的念头都该杀，淮南王刘安这小子可不止是动了动念头吧？”[30]——这个议论在《盐铁论》的大辩论里还能够多看到一些端倪：论战的焦点是“君亲无将，将而必诛”vs“桀犬吠尧，各为其主”，看来那时候专制统治尚且为时不久，“君亲无将”的观念还没有完全地深入人心。[31]——后来可就不一样了，就连忽必烈这个蒙古老板在处置查无实据的反臣的时候，大臣们也全都抬出来“人臣无将，将而必诛”的“春秋大义”。[32]

《春秋》这部圣人书也能成为杀人利器啊。淮南王刘安的死因据不少人推测都跟“学术中心不两立”有关，再看看河间王刘德的下场，其间的逻辑和于吉之死有什么不同吗？

返回头来再看于吉，前文讲于吉之死，出处是《后汉书》李贤注引《江表传》，而《三国志》裴松之注也引述《江表传》来说明此事，字句稍有不同，[33]裴松之另外引了《志林》，却对《江表传》的说法提出了一些质疑，说孙策举张津的例子在时间上是有矛盾的。但对我们现在要讨论的问题来说，《志林》里边最重要的信息是对于吉死亡年龄的推测和对孙策此举的评价。

《志林》说当初于吉得到《太平青领书》，后来他的学生宫崇入朝进献的时候，是汉顺帝执政时期，从那时候算到孙策这会儿，已经过去了五六十年，于吉怎么说也得有一百岁上下了。对于一位百岁老人，别说没犯罪，就算当真犯了罪，按照礼法的规矩也不该对他施加刑罚的，而且，天子出行的时候如果遇上了这样的高龄老人，以至尊的身份都要上前嘘寒问暖几句，以表示亲爱之情，这是圣王之教啊。可于吉呢，论岁数有一百了，论罪行又哪有什么实际罪行呢，孙策对一位无罪的百岁老人暴施极刑，实在太过分了哎！[134]

《志林》说的一点儿不错，汉朝号称以孝道治天下，皇帝们的谥号全带个“孝”字，于吉都一百岁了，熬不了几年了，可就这样孙策还迫不及待地把他杀了，生怕慢了一分一秒似的，确实不像话。

不过，话说回来，于吉真有一百岁么？“人生七十古来稀”，何况一百？更何况一百岁的老人了还活蹦乱跳的？难解，难解，这也许正是中华文化博大精深的地方吧？

但是，从后文来看，说于吉是位百岁老人恐怕还说少了。裴松之又引《搜神记》，说：

孙策准备渡江袭击许昌（大概是想趁曹操不在的时候把汉献帝给接过来），带着于吉一起出发。当时天干物燥，酷热难当，待着不动都一身大汗，何况行军了。孙策也知道这种天气里行军不容易，有点儿难为大家，所以经常身先士卒，早早起来督促大家牵引船只赶路。

孙策这一早起，发现有些事情不大对劲：咦，怎么有不少将士大清早的就往于吉那儿聚啊，他是领导还是我是领导啊？！

孙策不干了，抓了于吉，大骂道："现在天旱不雨，道路难行，恐怕不能按时渡江，所以我这个当领导的天天都起大早，操碎了心啊。可是你，你你你，不但不为我分忧，反倒像个没事人似的，装神弄鬼，涣散我的军心，我我我，我今天非得杀了你不可！"

孙策着人把于吉绑在烈日底下，让他祈雨，如果到中午能下雨就赦免他。——这可真是难为于吉，前文讲过，祈雨可是个技术活儿，要有一大堆材料、一大群人和一大套仪式，而且也没有短短半天工夫就可以奏效的。董仲舒称得上是西汉祈雨第一人，可就算把他绑在这儿，给他仅仅半天时间，八成董仲舒也难逃一死。

可于吉还真有两下子，没多一会儿，烈日当空就变成阴云密布了，等到中午时分，果然天降大雨。将士们都很高兴，为于吉担了半天的心现在总算放下来了。可谁都没想到的是，孙策没守诺言，还是把于吉给杀了。将士们都很难过，在船上收拾好于吉的尸体。可是，奇怪的事情又发生了：到了夜里，突然有一朵怪云覆盖住于吉的尸体，等第二天早上大家去看，那尸体却踪迹全无！

孙策杀了于吉之后，每当独坐的时候就恍惚看到于吉，搞得自己有些精神失常。后来孙策被人行刺，负了伤，揽镜自照的时候却在镜子里看见了于吉，惊回头看却寂然无人，再看镜子却又看见了于吉，就这样三番五次，孙策终于崩溃了，把镜子摔在地上，大叫一声，身上的创伤全部迸裂，就这么死了。[135]

对于于吉之死，《江表传》和《搜神记》的记载从表面看上去似乎截然不同，其实呢，实质却是一般无二的。——很多人都会以为，《搜神记》不过都是些怪力乱神的内容，当不得真，根本没法和正史相比。其实不然，之所以有一种极端的说法：“小说比历史更可信”，这是有原因的：单从事件来看，正史的记载可能是真的，也可能是假的，但小说的记载通常都是虚构的，没有人会把小说当真；可是，对思想的记录，小说却有可能比历史更真——小说虽然略去了历史事件的来龙去脉，却以文学的手法把事件背后所隐藏的“思想上的真实”（或者说“本质上的真实”）给突出地表现出来了。我们看《搜神记》这段于吉的故事，故事可能除了人名之外全是虚构的，却通过这样的虚构，把孙策杀于吉的真实原因给凸现出来了：故事是以于吉祈雨这个虚构的情节强化了孙策的真实意图，孙策先是交给于吉一个不可能的任务，读者这时候已经知道这个任务多半只是一个借口，知道这是存心刁难于吉，但心里还是为于吉抱有一线希望，等到于吉当真完成这个不可能的任务之后，读者总算为于吉松了口气，因为孙策当初毕竟是当着三军将士的面下的命令，总不能当场反悔吧？就这样，孙策被虚构的情节逼到了一个要么承认失败，要么必须“彻底摊牌”的地步，最后孙策选择了后者，放弃的是作为一名统帅的“令行禁止”，这可是极大的代价哦。也正是因为凸显出代价之大，才更强化了孙策要杀于吉的决心。而小说最后交代的孙策之死，体现的则是作者的褒贬——在这个独立成章的故事里，孙策作为一个活生生的人物的复杂性被简化掉了，而思想/实质上的真实却更加明朗了。从这一点上来看，小说做的和正史并无二致，而小说的表现力却比正史强得多了。

再来看看另一个问题：于吉到底犯没犯法?

其实，如果较真的话，也真能指摘他一二三的。《江表传》里，于吉出现在孙策宴会的时候，穿的是一身“盛装”——《三国志》此处的引述要详细一些，说：“吉乃盛服杖小函，漆画之，名为仙人铧，趋度门下。”单是奇装异服这一节，已经是犯罪了。

——奇装异服也犯罪，这是哪条法律规定的呢?这是不是太过分了呢?

我们不用去找法律条文，这个说法在《礼记》里就有。这又提示了我们一点：别以为《礼记》这类讲礼仪的典籍里全说的是温文尔雅的行礼仪式，这里边可有不少血腥内容呢。就说这个“奇装异服罪”吧，别不当回事，别以为就算真穿了奇装异服大不了也就被判个拘留，《礼记·王制》说：“作淫声、异服、奇技、奇器以疑众，杀！”翻译过来就是：“搞邪淫的音乐、奇装异服、稀奇古怪的技术和器物，用以惑乱民众的，杀！”

年轻人可要小心了，你们如果生活在过去那个“礼仪之邦”里，穿错了衣服是要没命的！还有哦，听重金属这等“淫声”也要没命的（“淫”字的本义是“过度”），玩手机短信和网游这等“奇技、奇器”也是要没命的！

就连我这样的老人家也很危险，看看《礼记·王制》这一段的好几个“杀”字：

析言破律、乱名改作、执左道以乱政，杀！

作淫声、异服、奇技、奇器以疑众，杀！

行伪而坚、言伪而辩、学非而博、顺非而泽以疑众，杀！

假于鬼神、时日、卜筮以疑众，杀！

翻译过来就是：

专门在法律条文上寻找漏洞的、变乱名号更改制度的、以旁门左道来扰乱政治的，杀！

搞邪淫的音乐、奇装异服、稀奇古怪的技术和器物，用以惑乱民众的，杀！

行为虚伪骗取别人信任的、言辞虚伪却很善辩的、学的不仅不是正经学问而且还在其中涉猎广博的、文过饰非的，凡是以这些行为来惑乱民众的，杀！

假托于鬼神和占卜以惑乱民众的，杀！

按照第一条规定，至少现在这些律师和法学家们都该杀，那些走在法律前边干坏事的家伙们自然也该杀，这都属于“专门在法律条文上寻找漏洞”；房地产开发商也有一批人该杀，明明是钢筋水泥的楼群，他们非得搞个某某花园之类的名目，这都属于“变乱名号”。

按照第二条规定，从滚石乐队到超女，都该杀，这属于“搞邪淫的音乐、奇装异服”；爱迪生最该杀，他搞的“稀奇古怪的技术和器物”比谁都多。

按照第三条规定，这个……我自己好像就属于该杀之列的，“言辞虚伪却很善辩的、学的不仅不是正经学问而且还在其中涉猎广博的”，这两条我都占。^_^

——大家都知道朱元璋算是历代皇帝里边搞专制搞得很厉害的

一个，他曾经给天下读书人制定过学规，规定大家只能读哪些书而不能读哪些书，其中说道："其有剽窃异端邪说，炫奇立异者，文虽工，弗录"，这就是说：凡是在思想上标新立异的，就算文采盖过唐宋八大家，考试也不得录取。

第四条规矩"假托于鬼神和占卜……"，该杀的人就太多了。（这里边也有我，《周易江湖》不说，我还写过鬼故事在网上连载过呢，真可怕哦！）

——有人可能会问："古人杀人也太苛刻了吧？！至于么！"

呵呵，这四项杀人规定里真正值得注意的其实是每句话的最后：三个"杀"字之前都有"以疑众"三个字，这才是问题的关键。奇装异服也好，奇音异乐，奇谈怪论也好，这些东西都有一个共同的特点，那就是：吸引眼球，进而可能的效果就是：聚拢追随者。这才是统治者最害怕的。

以上这四个"杀"，于吉犯了第二条和第四条。第二条的"奇装异服"现代人不大容易理解了，其实看看古书，对奇装异服的出现常有特殊的关注。比如前文讲过的隽不疑以《春秋》断事，毅然抓了宫门外真假难辨的卫太子，《汉书》就特别记载了这位卫太子当时的打扮："乘一辆黄色牛犊拉的车子，车上插着黄旗，旗上画有龟蛇图案，身穿黄衣，头戴黄帽"，而他引来的围观者多达数万。

孙策杀于吉的关键原因正在这里。如果单从对罪行的惩罚来看，就算是杀人放火也该经过正常审判程序，然后等秋后问斩，可对于吉这种看似无害的家伙却要迫不及待地予以翦除，因为，领导人最关心的既不是正义，也不是老百姓，而是自己的政权稳固。于吉就算什么都没做，但他太得人心了，而所有的人心都应该只归向一个人的，那就是最高统治者。

所以，如果站在统治者的立场上，于吉是必然要杀的，也必然是“迫不及待”地要杀的。在这个问题上我们不妨看看一段后事：于吉从神仙手里拿到的那本《太平清领书》虽然被皇室藏之秘府，后来却成为了一个民间教派所尊奉的经典文献，这个民间教派以这部经书的名字命名自己的组织，这就是“太平道”，他们后来搞出来的运动就是黄巾起义。

看来事情真如科塞所说的：“审查制度的出现比印刷文字早得多”。[136]——我们是不是总爱把别人往坏出想呢，也许，《礼记》里的这些严苛规定仅仅是像字面上那样表达了对社会道德水准的适当的忧虑，就好比要给电影分级一样？

科塞为我们指出了事情的另外一面：“某些时代的某些政府，对其公民可能的道德堕落漠不关心，却深为担心不合常规的政治观念对他们的污染。”[137]——对这一类的“某些时代”，我们很容易从沉埋在古老文献之下的一些社会现象中得到自由和民主的印象，但事情的本质是，这样的自由和民主（即便是导致道德堕落的）之所以能够存在，仅仅因为它们与政治无关。——魏特夫称之为“乞丐式的民主”。[138]

统治者为了不让别人有得民心的机会，真可谓煞费苦心。我们仅从朝廷上看，看看历代的朋党之争就能想象一二。有心的皇帝是很难容忍朋党的，无论这朋党是君子之党还是小人之党。清人舒铁云《书〈壮悔堂文集〉》诗有："南部烟花歌伎扇，东林姓氏党人碑"，平朴的字面里似藏着无限的隐痛。当初，欧阳修曾经以《朋党论》论述君子之党的积极意义，文章虽成名文，却没有明白专制政体的特性所在啊。在这个问题上，皇帝最希望看到的局面是：手下人全是一盘散沙，大家各干各的，谁也别想团结起来。只有这种局面，对政权来讲才是最安全的。而一旦形成朋党的时候，有心的皇帝也往往会努力平衡朋党的势力，绝不能使某一朋党的力量明显强于其他朋党或利益集团。记得小时候看历史故事，看到好人集团和坏人集团做斗争的时候就很着急生气，觉得皇帝怎么不帮助好人集团把坏人集团铲除掉呢。后来才明白了这个道理，皇帝才不管你好人坏人呢，即便好人集团全是由包青天和岳武穆这些人组成的，也不能让他们占了明显的上风。而更为理想的结果是：包青天和岳武穆互相不和，抱不起团儿来。所以，一直被人们称颂的"将相和"的局面其实正是君王们大为忌讳的。

在史书上常会看到这样的情况：皇帝在人事安排上不但不会主动促成"将相和"，反而极力拆散已经形成的"将相和"，另一方面，官场丛林也是遵循市场经济的逻辑的，经济学上讲的"资源是稀缺的"在这里也是一样，权力资源永远是稀缺的，而为了争夺稀缺的权力资源，野兽们马上就会认识到个人力量的渺小而势必会勾结起来，于是，在老虎大王的眼皮底下，狼群和狼群在血腥厮杀着。对这样的厮杀，老虎通常不但默许，而且纵容，因为它也知道"恶虎斗不过群狼"的道理。老百姓们会看到这个过程中不断有十恶不赦的贪官落马，他们天真地以为这都是因为皇上圣明。

对于专制统治者来讲，最优的局面就是“团结”——让大家全都团结在自己的麾下，让他们干什么他们就干什么，哪怕让他们去死；而大家各自之间的最优关系则是“一盘散沙”，就算是皇帝不够强势，号召力不足以达到“团结”的话，使臣民们形成“一盘散沙”的局面对政权的安全就更显得重要了。

专制的高明技术是无处不在的，即便是科举考试这样的看起来给读书人提供了跳龙门的机会的政治举措，或许也是皇帝们为了维护政权的稳定、为了造成一盘散沙之局面的刻意设计。——这话是马克斯·韦伯说的，他说起有一次有人向皇帝建议废除科举制度（这可不是1905年那次，而是遥远的1372年），认为当官只要凭道德这一项指标就足够了，用不着考那么复杂的东西，“这个建议很快就撤回了，这倒不难理解，毕竟皇帝与应试者在考试制度里存在着利害关系，或者至少双方都如此认为，从皇帝的立场而言，考试制度扮演的角色，正如俄国专制君主用来操纵其贵族的品位秩序（Mjestnitshestwo）——虽然就技术而言，手段并不相同。此一制度导致候补者互相竞争俸禄与官职，因而使他们无法连成一气地形成封建官吏贵族。获取官职的机会对任何人开放，只要他们能证明自己有足够的学养。考试制度也因此而完全达到了它的目的。”[139]这里尤其值得关注的句子就是“使他们无法连成一气地形成……”李弘祺也在为我们指出事情的另一面：“考试制度固然是一个‘公正’的建制，但是它的作用与现代社会所要求的‘平等’绝对没有关系。相反地，它是建立在一个维持不平等社会的基础上面，利用重酬，荣誉和权力来牢笼社会中的士绅阶级，以维持社会的安定。在传统社会里，稳定远比其他任何东西重要。这是明清科举制度的基本精神。”这里的关键句子是：“稳定远比其他任何东西重要。”至于什么是“其他任何东西”，嗯，大概只有老百姓想不到的，没有皇帝做不出的。[140]

韦伯所分析的科举考试可能只是管中窥豹而已，也许还有很多很多我们以为是为了老百姓的福祉或其他什么神圣目的的政府行为其实都只不过是皇帝为了维护政权的稳固。当然，好的副产品毕竟也是好产品，但是，难道所有的副产品都是好的吗？

鲁迅也曾经论及这个问题，他有一篇小文，针对“近来的读书人，常常叹中国人好像一盘散沙”，文章的题目就叫《沙》。虽然我并不是十分赞同他的看法，但他文中有一句话我却是非常欣赏的，那就是：“他们（指老百姓）的像沙，是被统治者‘治’成功的，用文言来说，就是‘治绩’。”[141]

在鲁迅那个年代里，很多人都气愤于国人的“一盘散沙”，殊不知这正是专制统治的后遗症啊，凡有专制的地方就必然如此。

话说回来，在孙策的刀下，于吉并不是第一个死于“疑众”的，还曾有过一位仁兄，既没有奇装异服，也没有掐诀算卦，却和于吉一般的死因，他就是江东名士高岱。

据《三国志》裴松之注引《吴录》，高岱是位隐士，精通《左传》，孙策闻之其名，派人去请。为了这个即将到来的会面，孙策还真下功夫，临阵磨枪搞《左传》速成，想到时和高岱有个学术讨论，大概想显显自己也是有文化的吧。没想到有人从中使坏，对孙策说：“高岱觉得您就是个武将，不通文墨的。您看着吧，等您问他《左传》的时候，他肯定一问三不知，不愿意搭您这个茬儿。”

把孙策这边打理好了，这位使坏的又跑到高岱那儿去了，“好心”劝说道：“孙将军这人有个毛病，不喜欢别人胜过自己。等他问你《左传》的时候，你就装作不懂，多让他出出风头。”高岱一听：“嗯，说的有理。”

奸计总是容易得逞的（但我想不出这样一个秘计是怎么曝光的），结果，在会面的时候孙策勃然大怒，认为高岱轻视自己，就把他下了狱。

按说高岱也没多大的罪过，就算真是在言辞上轻视孙策，孙将军大人大量，等怒气一消也就会把高岱放了。这个时候，使坏的小人完成了自己的历史使命，从史书中悄然退场了，接下来整装上场的是一大群好人，是高岱的知交好友和仰慕者们。

一个坏蛋的出场充其量只能使高岱多坐几天监狱，可如今这一大群好人的出场却要了高岱的命。——孙策登楼一望，只见为高岱求情请愿的人挤满了好几条大街。好家伙，这高岱如此得人心，怎能留他！杀！《吴录》这里原文说的是：“策恶其收众心，遂杀之。”[142]

高岱比于吉更冤，于吉不管怎么说也奇装异服和装神弄鬼过，可这高岱仅仅是因为有很多人为他求情这才丢了性命。于吉和高岱表面上看所作所为完全不同，获罪经过也完全不同，其实被杀的原因却是完全一样的。

高岱之死更有代表性，大家以为求情的人越多，领导就越会开恩，结果却适得其反。看看，古人活得也不容易啊，人缘太差了不行，人缘太好了更不行。历史上还常有这样的情况：人缘超级差的大臣反倒会得到皇帝的重用，原因也在于此。

专制权力的获得与保持总是离不开煽动的，一般来说，一位出众的统治者必须是一位出众的煽动家，也正是因此，他们所深为顾忌的也就是那些同样具有煽动力的家伙。罗素讲过这样一个真谛："国家权力与其说是通过法律莫如说是通过社会舆论发挥作用。"[143]当然，罗素的话是针对近现代社会来说的，可就专制和舆论的本质来说，近现代和古代的不同只是技术层面的不同而已。希特勒可以史无前例地设置出一个一言堂的国家宣传部门，这和秦始皇的焚书坑儒，和汉武帝的"罢黜百家，独尊儒术"，和唐太宗的"英雄入彀"，[144]和朱元璋的朱熹主义八股取士，[145]和"康乾盛世"里的文字狱、编修《四库全书》难道真有很大的不同吗？[146]一个耐人寻味的现象是：这些登峰造极的手段往往是伴随着轰轰烈烈的"盛世"而出现的。

对煽动的意义体会得更深，对愚民的意义也就相应地体会得更深。这从罗素那句话的上下文就能看得出来："正像通常在英国的情况那样，国家权力与其说是通过法律莫如说是通过社会舆论发挥作用。在新闻界喋喋不休的影响下，国家大造舆论。专制的舆论如同专制的法律，同样是自由的敌人。如果年轻人拒绝参加战争，他就会发现无人雇佣他，走在街上就会遭到朋友的侮辱和蔑视，过去喜欢他的女人就会嘲笑他。这样的惩罚如同死刑一样使他难以忍受。"——这个年轻人"拒绝参加战争"，嗯，无论他是站在正义一边还是相反，后果确实会是那样的。这个年轻人可能会困惑起来：我到底是站在了暴君的对立面上，还是站在了亲人和同胞们的对立面上？

对于统治者来说，民越愚，煽动就越有效，而煽动越有效，民也就越愚，这是一个良性互动的关系，惟一的问题是："愚民"是一把双刃剑，如果民众当中站出来一个卡里斯玛型的人物，并且他同样掌握着高明的煽动技巧的话……

于吉就是这么一个人物，还有淮南王刘安、河间王刘德，还有无数的死于各式名目的人，不论他们有没有争权之心，反正是触了统治者的忌讳。这就好比皇帝的后宫，在征选男性仆役的时候，尽管这些男人也很可能具备坐怀不乱之风，也可能被儒家的教育法宝培养出高尚的道德操守，但皇帝还是无一例外地选择了一劳永逸的阉割。——阉割的确是一个最保险的办法，所以，不仅后宫要阉割，全国上下都要阉割（尽管技术手段上有些差异），再看于吉他们，竟隐隐然长了些胡子，这就非死不可了。[147]

（十一）

屠龙术——小尧舜——夷夏之防

当初，梁启超分析过为什么在汉武时代儒家会被定为一尊，在他提出的六个原因当中，第三个原因是和我们现在的话题比较相关的：当时诸子百家谁不想给自己争个地位，可为什么其他学派终被罢黜，却只有孔子之学得以独尊呢？要知道，周末的大学派里，老子学派和墨子学派都是能和孔子学派比肩而立的，但墨家主张平等，对专制是大大不利的，老子主张放任，也不利于皇帝施展手脚，而只有孔学严明等级秩序，并把施政权力的合法性归结于君主身上，虽然孔学也讲些大同世界云云，可那到底都是当压箱底的绝技宝贝着，得到传授的人并没几个，至于孔子当初真正上干君王、下传弟子的学问，则主要都是些“上天下泽之大义，扶阳抑阴之庸言”（熊逸按：正是董仲舒那套），这些内容对帝王驾御百姓最是合适。想当初汉高帝刘邦在马上打天下的时候，拿儒生的帽子当尿壶用，可在天下平定之后，却跑到鲁地搞祭祀去了，究其原委，大约打天下时孔学是阻力，而治天下时孔学却是法宝吧？[148]

梁启超的这个意见是有些代表性的，其中“虽有大同之义、太平之制，而密勿微言，闻者盖寡”这句话尤其令人伤心，但这恰是一切学术走入官学或成为普及的必然之势，毕竟屠龙术总不如屠狗术吃香——“汗漫学屠龙，绛灌学屠狗。屠狗位通侯，屠龙不糊口”[149]是也。但是，梁启超也许把“学说”理解得过于僵化了些。秦汉之际，学派之间早已互相影响和渗透，单凭标签已经很难说明内容了。就拿贾谊来说，《汉书·艺文志》把他的作品列为儒家，可读起来又何尝真是儒家呢？傅斯年《中国古代文学史讲义》有《贾谊》一文，说他兼通儒家思想及三晋官术，不谈“亲亲”却讲“形势”，何尝是儒家的话？

傅斯年所谓“三晋官术”是指刑名之学，指鹿为马的那位赵高就是秦代这个领域里的学术带头人。傅斯年在《儒林》一文中进而点明：“刑名出于三晋，黄老变自刑名”，这是把黄老和老庄截然为二来看了。[150]

汉初最负盛名的贾谊如果算不得纯儒，那么，那位地位崇高的董仲舒，与其说是儒家泰斗，更不如说是阴阳术士了，甚或说是墨家的传人似乎也无不可——胡适即谓："儒教的大师董仲舒便是富于宗教心的方士，他的思想很像一个墨教信徒，尊信上帝，主张兼爱非攻。"[151] 汉初的黄老学派，现在我们一般称之为"道法家"，确是要把它和"老庄"区别开来，这真是一个很说明问题的标签啊。魏源所谓"有黄老之学，有老庄之学"（《老子本义序》），又说"晋人以庄为老，而汉人以老为老也"[152]，都是极精辟的意见。再想想无为而治、等级秩序、君臣异道、愚民之术，在这些原则性的政治学概念上，大家到底有多大的区别呢?

或许事情可以这样来说：历史上的任何学术，当成为官学之后都只会变成一副样子，无论它曾经是儒家、道家还是法家，还是其他的什么家，成为官学之后便只有一个"官家"。

或许真是权力改变思想，而非思想改变权力。最极端的例子或许就是东汉的石渠阁和白虎观两次中央级学术会议，学者们论辩经义，争论不下的地方由皇帝来作最终裁决。这样的学术，哪里有一点儿"独立之思想，自由之精神"呢? 汉朝因缘际会，"罢黜百家，独尊儒术"，其实细细想来，只要是"罢黜百家"，不论"独尊"的是哪一门学术，最后都只会是一副嘴脸。这时候再来回顾一下郑振铎为我们分析的"汤祷"的故事——这个"回顾"就请白寿彝前辈来说说吧："远古帝王所以要说天下有罪，在余一人，就是因为他要对神负责。汉代的帝王亲自讲经，判断各家的是非，就是以教主的身份出现的。他们被礼赞：'万岁、万岁、万万岁'，他们被称为'金口玉言'，他们可以封山川土地之神，他们可以赠与仙人道号，都是以教主的身份出现的。不懂得这一点，就不会懂得皇权之所以神秘，也不会懂得封建道德之宗教的起源，甚至也不会懂得封建社会为什么在土地权问题上缺乏真正的私有权。郑先生想得也许不会这么远，但他却提出了一个重要的历史问题。”[153]

在实践当中真正使儒家从其他思想中凸现出来的或许只有两点：第一是“礼”，第二是“夷夏之防”，而不是孔子所谓的“仁”与孟子所谓的“义”——更何况这两个宝贵的概念已经在专制社会里被充分地曲解掉了。

——文章写到这里，已经三十五万字上下了，今天读书时忽然看到1931年6月10日《北京大学日刊》载有胡适给学生们出的一套“中古思想史试题”，说：“下列七题，任择一题，作论文一篇，于6月22日交到注册部。班上人数太多，论文请以三千字为限。”其中第一题是：“试证明秦以前无‘道家’，‘道家’即是战国末年齐国新起的一个混合学派，又称黄老之学。参考《史记·乐毅传》及论，又《曹相国世家》，又《太史公自序》。又《汉书·艺文志》。”——呵呵，真不知该作何表情才好。再有，我这篇本该限定在三千字的“论文”只因为超了篇幅，便晚交了七十五年。

“礼”，乍看上去是个好词，《春秋》学就是大谈特谈这个“礼”字的。如果在现代社会依然以“通经致用”的态度来看待“礼”的话，张岱年前辈的这个意见便既是有代表性的，又是悦耳动听的：“儒家宣扬人际和谐。孔子弟子有若说：‘礼之用，和为贵。’孔子也说：‘君子和而不同，小人同而不和。’所谓和即是多样性的统一。……孟子赞扬‘人和’的价值说：‘天时不如地利，地利不如人和。’他认为人和是战争胜利的决定条件。人和即人民的团结一致。”[154]

但是，就历史论历史的话，儒家的这个“和”明明白白地就是等级贵贱各安其位的“和”（详见《孟子他说》第二册），在这个“人际和谐”的社会里，大到祭祀，小到穿衣，各阶层都有自己的定位，即《春秋繁露·度制》所谓：“贵贱有等，衣服有制，朝廷有位，乡党有序”，一旦超标就是“僭越”，就是儒家常用的一个贬义词——“非礼也”。（这个“非礼”可绝对不是要流氓的意思。）况且，“礼”还有一个广为人知的重要原则：“礼”是“不下庶人”的，照这么说，当今中国十三亿人，倒有一大半以上是应该“非礼”的。

如果严格而论，“非礼”一直都是两千年历史的主流。汉朝立国之初，叔孙通为刘邦设计朝仪，使刘邦感受到帝王的尊贵，也认识到了儒者的实用功能。[155]叔孙通本来是秦朝的博士，他为汉朝设计的礼仪基本就是因袭秦朝旧制，而考之秦朝的礼仪，按《史记》的说法已经“不合圣制”了，多重在“尊君抑臣”一节，想来和孔子所缅怀的周礼早已经大相径庭了。至于秦汉以后，“尊君抑臣”始终都是礼治的一大原则。[156]

后来，汉武帝喜欢场面，召集儒者定制礼仪，可搞了十几年也没搞成，诸如明堂之类，一个儒者一个意见，一个个还都大有以生命捍卫真理的作风，而旁观者看得出来，在那时候就已经搞不清到底什么是周礼了。

“礼”的来龙去脉是个太大的问题，只好留到以后再谈，单说专制时代已经“非礼”的礼意义何在。其中之一就是仪式的意义，前文已经论之甚详，再有一点就是孝的应用——不错，孝道也是礼的重要一环，比如《大戴礼记·曾子大孝篇》所谓："居处不庄，非孝也；事君不忠，非孝也；莅官不敬，非孝也；朋友不信，非孝也；战阵无勇敢，非孝也。"看，这些都是孝，也都是礼，难道这真是在说孝顺父母吗？

专制时代的"礼"和"孝"全都是"忠"的不同侧面，其意义无非两点，一是"尊君抑臣"，二是驯化臣民，无非都是专制君主的愚民手段罢了。儒家经典当中，除了"三礼"之外，《论语》重点在"仁"，"《春秋》三传"重点在"礼"，"礼"之详情会在以后陆续讲到。

至于"夷夏之防"，看似简单明确，其实也是一个非常含糊的概念，每个时代的"夷夏之防"都是大不一样的。晚清革命家们大讲"夷夏之防"，主要用意在于排满，当年那些革命言论现在看来已经大有反动之嫌了，比如陈天华《猛回头·地理略述》：

普天之下，共分五大洲。中国是亚细亚洲一个顶大的国，内地有十八省，称为中国本部。在本部东北方，有东三省，即从前宋朝那时候的金国，现在的满洲。那满洲乘着明末的乱，占了我们中国，改号大清国。

直隶、山西、陕西之北有蒙古，即元鞑子，灭了宋朝，一统中华，明太祖把他赶回原处，后亦为满洲所灭。由甘肃过去，有新疆省，是一个回回国，乾隆年间灭的。四川之西有西藏，是一个活佛做国主，亦归服清朝。除了十八省外，从前都是外国，于今都是大清国。虽然中国也不过与那蒙古、新疆、西藏同做了满洲的奴隶。

再看《猛回头·人种略述》：

天下的人，自大处言之，约分五种：亚细亚洲的人，大半是黄色种……专就黄色种而言之，则十八省的人皆系汉种，我始祖黄帝于五千年前，自西北方面来，战胜了苗族，一统中国。今虽为外种所征服，其人口共四万万有余，居世界人口四分之一。满洲是通古斯种，金朝亦是此种人，其人口共五百万。蒙古为蒙古种，其人口共二百万。新疆为回回种，其人口一百二十万。西藏为吐蕃种，其人口一百五十万。苗、瑶是从前中国的土人，其数比汉种较多，于今只深山之中留了些微。满洲、蒙古、西藏、新疆的人，从前都是汉族的对头，无一刻不提防他。其人皆是野蛮，凶如虎狼，不知礼仪，中国称他们为犬羊，受他等之害不少，自满洲入主中国，号称中外一家，于是向之称他为犬羊者，今皆俯首为犬羊的奴隶了。

再如《猛回头·猛回头》：

从前做中国皇帝的，虽然朝代屡易，总是我汉人，总是我黄帝的子孙，只可称之为换朝，算不得灭国。惟有元鞑子灭了中国，后来赖有朱太祖恢复转来了。如今这满洲灭了我中国，难道说我们这些人就不想恢复了吗?

再如《警世钟》：

中国从前的亡国，算不得亡国，只算得换朝（夏、商、周、秦、唐、宋、明都是朝号，不是国号，因为是中国的人），自己争斗。只有元朝由蒙古（就是古时的匈奴国），清朝由满洲（就是宋朝时的金国）打进中国，这中国就算亡过二次。

……须知种族二字，最要认得明白，分得清楚。……单就黄种而论，又分汉种（始祖黄帝于四千三百余年前，自中国的西北来，战胜了蚩尤，把从前在中国的老族苗族赶走，在黄河两岸建立国家。现在中国内部十八省的四万万人，皆是黄帝公公的子孙，号称汉种），二苗种（从前遍中国皆是这种人，如今只有云、贵、两广稍为有些），三东胡种（就是从前的金，现在的满洲，人口又五百万），四蒙古种（就是从前的元朝，现在内外蒙古，人口有二百万），其余的种族，不必细讲。……这种族的感情，是从胎里带来的。对于自己种族的人，一定是相亲相爱；对于以外种族的人，一定是相残相杀。

这些话在现在看起来都是触目惊心的。我们现在中小学课本里讲陈天华决不会讲这些内容，这也算是《春秋》精神之一的“为贤者讳”吧？

陈天华的这些看法可以称得上是前人对“夷夏之防”的一种典型认识，那么，有一位历史人物恰恰适合作为参照来看，这就是金朝的皇帝金世宗。

我们很多人都受《精忠岳传》的影响太大，以为金朝人都是些没文化的游牧者，典型代表就是金兀术、粘罕，有点儿头脑的就是没鼻子军师哈迷赤，他们对头领的称谓就更透着野蛮——叫“狼主”。可我们当真要看看“二十四史”里的《金史》，定然会大吃一惊的。

历朝历代，皇帝们经常喜欢自比尧舜，臣下们也喜欢用尧舜来规劝或阿谀皇帝，但真正被许多人以尧舜看待、并誉之为“小尧舜”的，两千多年来只有一位金世宗。如果《金史·世宗本纪》里的记载哪怕只有一半属实的话，这个“小尧舜”之称就确实是实至名归的。

“小尧舜”自然是一个和平主义者，所以，金世宗在位期间极力促成宋金和谈，还给宋朝开出了优惠条件：宋朝以前对金朝是称“臣”的，现在称“侄”就可以了，这真是给了宋朝好大的面子呀。他还组织专人把“五经”翻译成女真文，适度地推行汉文化，同时还维护着女真早期的淳朴风格。如果和一些明君比较一下，汉文帝是出了名的节俭的，但恐怕还比不上金世宗，金世宗一顿饭只有四五样菜，有一次公主没预约就赶着饭点儿过来，结果闹得饭菜不够吃。唐太宗是出了名的以宽厚对待臣下，可金世宗有一次叮嘱太子，说：“你在储君的位子上，我为你打理天下，已经没有什么再要你去经营的事了，你只要别忘记祖宗淳朴的作风，以勤修道德为孝，以赏罚分明为政就够了。当年唐太宗对他的太子说：‘我攻打高丽没有成功，你要接着干。’像这种事我是不会留给你的。……唐太宗是个有道之君，可他还对太子说：‘你对李勣无恩，如今我无故把他贬走，等我死后，你要立刻给他个大官当，他一定会为你效死力的。’[157]——照我看，当皇帝的哪能用这种小心机呢。我统治群臣，靠的只是诚实二字。”

金世宗的统治时代堪称是金朝的黄金时代，《剑桥中国史·辽西夏金元卷》评价这段历史说：“短短几年之内，世宗就这样成功地使他的国家无论内外环境都得到了稳定。在他统治的漫长时间之内，在诸多领域如行政机构、经济以及教育等方面进行了改革，除了在与蒙古的边境上战争还时有发生之外，金朝享有了长达25年不受干扰的和平时期”，至于外交方面，则是“宋金和议拖延数年才得以缔结，确实应该归咎于宋”。

至于为华夏儒家文化所津津乐道的“孝”，在金朝也大有表现：有个叫移剌余里的契丹人，有一妻一妾，妻子生了六个儿子，妾生了四个儿子。妻子死后，她那六个儿子在妈妈的墓边搭了草庐，昼夜轮班守墓。妾的孩子们听说之后，议论道：“死的那位虽不是咱们的亲妈，却是嫡母，咱们也应该守墓才对。”于是，这四个孩子也加入了轮班的队伍。就这样，十个孩子昼夜轮班，三年如一日。金世宗打猎路过当地，听说了这件事，便赏赐了孝子们五百贯钱。这钱还特意让县官堆在集市上（五百贯能堆个小山了），让大家都看见，然后再让孝子们拿走。[18]

例子还有很多，我就不多举了。可怜金世宗，两千年惟一的一位“小尧舜”，在后世却居然默默无闻，难道说老百姓们坚守“夷夏之防”，不把他当自己人吗？好像也不是，“康乾盛世”不是一直被人赞不绝口么，想那康熙和乾隆，文字狱冤杀了多少人，《四库全书》捣毁了多少文化，不也被大家交口称赞么？人心啊，统计一下十年来清宫题材电视剧的数量就能看出个大概了。可金世宗呢，有多少人知道这位金世宗呢？

如果我们从疆域来看，以传统的标准（不妨就参照上文中陈天华的标准），黄河流域的中原地区当时已经全在金朝的版图之内，而金朝与南宋又并不是对等的南北两个政权——金朝是宗主国，南宋是藩属国，再看文化，金朝分明已经成为了汉文化的中原重镇，所以，无论从以上哪个角度来看，在通史的记载上，北宋以后不应该是南宋，而应该是金，南宋的地位约略等同于南明，尽管南宋地盘较大、历时较久。

金朝当时也确实是以中原正统王朝自居的，于是，一个奇怪的问题就出现了：金朝比之南宋，在政治、军事、文化、地理上都占优势，又加上一位“小尧舜”的出现，南宋面对的已经不再是一个北方蛮族了，而南宋这边尚且“西湖歌舞几时休”，于是，人家“小尧舜”再打过来可就不是野蛮入侵了，而是冠冕堂皇的“吊民伐罪”；不再是以落后文化毁灭先进文化，而是以先进文化讨伐腐朽文化；不再是边远部落入侵中原腹地，而是中原政权统一南方割据势力——也就是说，金朝如果入侵南宋，看上去居然会是一场“正义战争”。即便退一步讲，金朝和南宋之间的“夷夏之防”也已经算是不存在了，即便金朝灭了南宋，也不过算是一家一姓的改朝换代而已。

这不是危言耸听，南宋的知识分子们确实面临着这个难题，金朝，这个本该是“夷狄”的部落，如今居然也捧出“春秋大义”来论证自己的正统性了——赵秉文在《蜀汉正名论》里大讲《春秋》的褒贬之道：“《春秋》，诸侯用夷礼则夷之，夷而进于中国则中国之。”这就是说，即便你是华夏诸侯，只要你搞夷狄文化，圣人就把你当夷狄看待；即便你是夷狄，只要你搞华夏文化，圣人就认可你是中国人。——想想前文《春秋》的例子里对“吴子”和“吴”的那些咬文嚼字，好像圣人还真是这个意思。

元朝大儒郝经还说过一句更为有名的话：“能行中国之道，

则中国之主也。”[19]这位郝经先生在“引子之一”当中已经出现过了，就是张弘范的老师之一。

这问题越捉摸就越麻烦。中国历来都有很深的正统王朝的意识，也就是说，硕大的版图之上只能有一个王朝是“正统的”，如果同时还有其他独立政权的存在，则要么是伪政权，要么是藩属，要么是夷狄，不容许有两个或两个以上的独立正统政权和平并存。“春秋大义”的两种精神在这里起着关键作用：一个就是“夷夏之防”，一个就是“大一统”。——“大一统”又是个复杂的话题，只好留待以后再讲。

从赵秉文和郝经的话来看，如果蒙元政权能“行中国之道”，自然应该被认为是货真价实的“中国之主”，这道理不大容易让人想得通，因为，如果日寇和美帝也“行中国之道”，难道也可以被尊为“中国之主”吗？

具有参考意义的是，在元末明初的时候，不少汉人知识分子一点儿没有“夷夏之防”，坚持认为元朝是正统政权，执意要为元朝效忠——在民间故事里极为著名的那位刘伯温就是这么一个角色。刘伯温才干极高，在乱世当中无比的忧国忧民，只不过忧的是蒙元政权。他为元政府的平乱工作做出过不小的贡献，后来实在是被元政府内部的腐败搞得没办法——又是猜忌又是掣肘的，最后才咬牙投了朱元璋。

还有那位宋濂，也是元末明初极著名的人物，他很有知识分子的气节，在明朝建国之后还坚持自己的遗民身份，不肯在明朝为官。他在《送杨廉夫还吴浙》一诗里写过这样的句子：“不受君王五色诏，白衣宣至白衣还。”——这样的气节实在令人费解：难道蒙元政权不是异族政权吗？难道朱元璋的驱逐鞑虏不是恢复了汉家江山吗？可为什么这么多饱读诗书的知识分子们却把元朝当作和唐、宋一脉相承的正统政权呢？为什么还要为这样一个政权守节效忠呢？文天祥如果复生，看到这种场面不知道会是什么心情？

这是中国历史上一个极难解释的现象，看来忠君思想已经大大超过了“夷夏之防”。那么，这真是所谓的孔孟之道么？嗯，我们总说中国两千年历史都是孔孟之道，真的是这样吗？

由此再来说一件骇人听闻的事情：明清易代之际，朱明遗民朱舜水立志反清复明，他曾和郑成功联手，失败后流亡日本，为德川光圀招揽，住在江户。德川光圀从朱舜水那里得知了满清入主中原的经过，认为在异族征服之下中国已经亡国，而日本才是继承了华夏文化的正统国家，于是仿照《史记》体例，编修了一部《大日本史》，阐扬“正统”观念。——这话乍看之下倒真还言之成理，我们却很难想象华夏文化还可以这般的“一脉相承”。

可能更为骇人听闻的是：商朝便已经是夷人的世界了。傅斯年曾在《夷夏东西说》里发表过这个观点，张光直又曾在《商文明》里引述过傅的观点，简要说道：“夷夏对立的文献中，商人显然是一个夷人城邦，它在整个夏代统治期间始终保持一定的政治地位。”[160]丁山前辈也讲：“周人伐商，例称商人为‘戎商’，为‘夷商’”。[161]——嗯，难道说，我们所谓的华夏文明其实却是东夷文明吗？

这问题我也不知道答案，还是谈一下现实一些的内容吧。——

“夷夏之防”在实际的政治生活中通常还会表现为一种技术手段，这是专制君主们所常用的：通过设置一个敌人（夷狄），从而在内部制造紧张空气，使人们忽略当前的内部矛盾，提高政权的稳定性。想想中学语文课本里那句孟子的名言：“入则无法家拂士，出则无敌国外患者，国恒亡。然后知生于忧患而死于安乐也”，这话常是被反过来用的：对于聪明的君主来说，即便外边没有敌人，也有必要制造出一个敌人；换句话说，为了团结起“我们”，就有必要创造出一个对立的“他们”。哈耶克对这个问题有着精辟的见解：

第三个消极的选择因素，或许是最重要的，它恰恰是和训练有素的政治煽动家要把有密切联系的成分相同的支持者团结在一起的那种有意识的努力分不开的。

人们赞同一个消极的纲领，即对敌人的憎恨、对富人的忌妒，比赞同一项积极的任务要容易些，这看来几乎是人性的一个法则。若要用一个信条将某个集团牢牢地团结在一起以便共同行动的话，那么，将“我们”和“他们”对立起来，即向一个集团以外的人进行共同的斗争，则似乎是这个信条中的重要组成部分。

因此，那些不仅想要获得对一个政策的支持，而且要获得广大群众的无保留的忠诚的人，都总是运用它来为自己服务。从他们的观点来看，这种共同斗争的巨大优越性在于，它几乎比任何积极的纲领更能够留给他们以较大的自由行动的余地。

敌人，不管他是内部的，如“犹太人”或者“富农”，或是外部的，似乎都是一个极权主义领导人的武器库中不可或缺的必需品。[62]

所以，当我们观察专制时代的历史时，不必惊讶于它的处处树敌，因为这是它的特性所决定了的。即便在现代的办公室政治里，作为一个部门主管，如果你正在面临团队成员对你的信任危机，那么，树立一个外部的“迫在眉睫的敌人”是有助于你度过难关的。——在感觉到有危险迫在眉睫的时候，人们很容易尽弃前嫌，携手与共，所以，一个出色的政客总是善于制造敌人、也善于制造紧张气氛的，而且，既然“敌人”是经常需要的，最好的办法自然不是三下五除二地消灭敌人，所以我们在历史上常会见到这样的情况：天真的老百姓们在巧妙的煽动之下为如何尽早解决掉最后一个敌人而干着急，却不知道就算这敌人真被解决掉了，主子很快也会再找一个敌人的。而在这个过程当中，自然需要强化“我们”的共同点，同时也要强化“我们”和“他们”之间的不同点，这就是“夷夏之防”的巧妙应用，而这又是和“图腾”的实质意义关联在一起的（如前文所述），谁是“我们”，谁是“他们”，这也是可以随着统治者的心意和需要而随时变换的。——我们可以看一下罗兰·巴特对一幅照片的描述：

我在理发店里，一本《巴黎竞赛》（Paris-Match）抄本到我手里了。封面上，是一个穿着法国军服的年轻黑人在敬礼，双眼上扬，也许凝神注视着一面法国国旗。这些就是这张照片的意义。但不论天真与否，我清楚地看见它对我意指：法国是一个伟大的帝国，她的所有子民，没有肤色歧视，忠实地在她的旗帜下服务，对所谓殖民主义的诽谤者，没什么比这个黑人效忠所谓的压迫者时所展示的狂热有更好的答案。因此我再度面对了一个更大的符号学体系：有一个能指，它自身已凭前一个系统形成（一个黑人士兵正进行法国式敬礼）；还有所指（在此是法国与军队有意的混合）；最后，通过能指而呈现所指。[163]

一位军人庄严地敬礼，仰望国旗，这一类的画面绝非罕见，但如果画面元素一切不变，只是把军人换作警察——嗯，你见过这样的画面吗？

注释

① 详见［清］崔述《尚友堂文集》“书苏子瞻乐毅论后”。崔述认为苏轼说法的来由滥觞于夏侯玄。夏侯玄也写过一篇《乐毅论》，这文章被王羲之抄了一份，所以在书法界享有盛名。崔述显然看不惯苏轼的学风，开头便抨击说：“苏子瞻以纵横权术之学，发为文章，言多不衷于理，故所作诸论皆以强词私意讥议古人得失。然不过见之偏而已，未有如《乐毅论》考据之不详也。”想想崔述以辨伪知名，苏轼却是以文辞行世，这就是学者和文人的差异吧（偏巧朱熹也不喜欢苏轼）。这段故事，倒可以联系崔述下文之“以己度人”云云。

② 乐毅这段故事，不可靠的地方很多，这封《报燕惠王书》就是尤其不可靠的一个。我这里就从俗了。关于此事的辨伪，详见杨宽：《战国史》（增定本）（上海人民出版社2003年第一版，第16–20页）。

③［宋］文天祥《文信国公纪年录》：“当此之时，社稷为重，君为轻。吾别立君，为宗庙社稷计，所以为忠也。”——文天祥的《指南录后序》曾被选入中学课本，入选的时候删了一段，而这段恰好是很适合说明当前问题的，补录如下：“呜呼！予之生也幸，而幸生也何为？所求乎为臣，主辱，臣死有余僇；所求乎为子，以父母之遗体行殆，而死有余责。将请罪于君，君不许，请罪于母，母不许，请罪于先人之墓。生无以救国难，死犹为厉鬼以击贼，义也。赖天之灵，宗庙之福，修我戈矛，从王于师，以为前驱，雪九庙之耻，复高祖之业，所谓“誓不与贼俱生”，所谓“鞠躬尽力，死而后已”，亦义也。嗟夫，若予者，将无往而不得死所矣！向也，使予委骨于草莽，予虽浩然无所愧怍，然微以自文于君亲；君亲其谓予何！诚不自意返吾衣冠，重见日月，使旦夕得正丘首，复何憾哉！复何憾哉！”

④《汉书·严硃吾丘主父徐严终王贾传》：“捐之对曰：‘……臣愚以为非冠带之国，《禹贡》所及，《春秋》所治，皆可且无以为。愿遂弃珠厓，专用恤关东为忧。……’”

另见《汉书·元帝纪》：“珠厓郡山南县反，博谋群臣。待诏贾捐之以为宜弃珠厓，救民饥馑。乃罢珠厓。”

⑤［英］爱德华·吉本：《罗马帝国衰亡史》（黄宜思、黄雨石/译，商务印书馆1997年第1版）

⑥ 详见［法］埃蒂耶纳·卡贝：《伊加利亚旅行记》（李雄飞/译，余航/校，商务印书馆1978年第1版）

⑦《史记》对这件事的记载有些小小的自相矛盾的地方。

《史记·乐毅列传》：乐闲居燕三十余年，燕王喜用其相栗腹之计，欲攻赵，而问昌国君乐闲。乐闲曰："赵，四战之国也，其民习兵，伐之不可。"燕王不听，遂伐赵。赵使廉颇击之，大破栗腹之军于鄗，禽栗腹、乐乘。乐乘者，乐闲之宗也。于是乐闲奔赵，赵遂围燕。燕重割地以与赵和，赵乃解而去。

《史记·廉颇蔺相如列传》：自邯郸围解五年，而燕用栗腹之谋，曰"赵壮者尽于长平，其孤未壮"，举兵击赵。赵使廉颇将，击，大破燕军于鄗，杀栗腹，遂围燕。燕割五城请和，乃听之。

《史记·燕召公世家》：今王喜四年，秦昭王卒。燕王命相栗腹约欢赵，以五百金为赵王酒。还报燕王曰："赵王壮者皆死长平，其孤未壮，可伐也。"王召昌国君乐闲问之。对曰："赵四战之国，其民习兵，不可伐。"王曰："吾以五而伐一。"对曰："不可。"燕王怒，髃臣皆以为可。卒起二军，车二千乘，栗腹将而攻鄗，卿秦攻代。唯独大夫将渠谓燕王曰："与人通关约交，以五百金饮人之王，使者报而反攻之，不祥，兵无成功。"燕王不听，自将偏军随之。将渠引燕王绶止之曰："王必无自往，往无成功。"王蹵之以足。将渠泣曰："臣非以自为，为王也！"燕军至宋子，赵使廉颇将，击破栗腹于鄗。［乐乘］破卿秦［乐乘］于代。乐闲奔赵。廉颇逐之五百余里，围其国。燕人请和，赵人不许，必令将渠处和。燕相将渠以处和。赵听将渠，解燕围。

《史记·赵世家》：十五年，以尉文封相国廉颇为信平君。燕王令丞相栗腹约驩，以五百金为赵王酒，还归，报燕王曰："赵氏壮者皆死长平，其孤未壮，可伐也。"王召昌国君乐闲而问之。对曰："赵，四战之国也，其民习兵，伐之不可。"王曰："吾以鱭伐寡，二而伐一，可乎？"对曰："不可。"王曰："吾即以五而伐一，可乎？"对曰："不可。"燕王大怒。髃臣皆以为可。燕卒起二军，车二千乘，栗腹将而攻鄗，卿秦将而攻代。廉颇为赵将，破杀栗腹，虏卿秦、乐闲。

⑧ 即便到了鸦片战争的时代，"汉奸"之"奸"依然被当作"奸民"的意思来用，比如魏源《筹海篇》："今日沿海所患安在乎？必曰：械斗之民也，烟盐私贩也，海盗也，渔艇蛋户也。今日陆地所患安在？必曰：回匪也，盐匪也，捻匪、红湖匪、曳刀匪也。官吏切齿为乱民，有事则目为汉奸。"《夷艘寇海记》："岂特义民可用，即莠民亦可用。以汉奸攻逆夷也。"

⑨《论语·阳货》：子之武城，闻弦歌之声。夫子莞尔而笑，曰："割鸡焉用牛刀？"子游对曰："昔者偃也闻诸夫子曰：'君子学道则爱人，小人学道则易使也。'"子曰："二三子！偃之言是也。前言戏之耳。"

⑩《史记·刘敬叔孙通列传》：于是叔孙通使征鲁诸生三十余人。鲁有两生不肯行，曰："公所事者且十主，皆面谀以得亲贵。今天下初定，死者未葬，伤者未起，又欲

起礼乐。礼乐所由起，积德百年而后可兴也。吾不忍为公所为。公所为不合古，吾不行。公往矣，无污我！”叔孙通笑曰：“若真鄙儒也，不知时变。”

⑪ 两句俱见于《论语·子路》。

⑫《史记·曹相国世家》

⑬ 从“鞠”这个字说个小插曲，比较有趣。《汉书·外戚传》里记载吕后虐杀戚夫人的事，最惨的就是“太后遂断戚夫人手足，去眼熏耳，饮瘖药，使居鞠域中，名曰‘人彘’。”戚夫人被囚禁的地方就叫“鞠域”。颜师古注释说“鞠域，如蹋鞠之域，谓窟室也。”这就是说，戚夫人被关押在一个足球场里（“蹋鞠”就是踢足球），就算汉代的足球场比较小，可也觉得于理不通哦，颜师古又说这个足球场是个“窟室”，也让人很难理解。

现在的通俗历史读物里说到戚夫人这段，一般都说她被扔进厕所里了——这个说法出自《史记》，但古文的“厕”倒不一定真指厕所。不过，不管怎么说，“厕”都是指最脏的地方，可以是厕所，也可以是猪圈。古人经常是猪圈连着厕所的，人一拉，猪就吃，然后人再吃猪肉……好恶心哦！

好了，话说回来，“鞠域”不管怎么解，但应该不会是厕所。

咬文嚼字一番。《艺文类聚·刑法部》有东汉李尤的《鞠城铭》：“圆鞠方墙，仿像阴阳。法月衡对，二六相当。建长立平，其例有常。不以亲疏，不有阿私。端心平意，莫怨是非。鞫政由然，况乎执机。”什么是“鞠城”，现在很多出版物里都解释成古代足球场，而且解释得头头是道，比如：“在《鞠城铭》中，李尤笔下的足球场，是“圆鞠方墙，仿像阴阳”。即“鞠”是圆形的，球场四周围着方墙，它象征着天圆地方，阴阳相对。竞赛中，效法月份，双方各6人，共12人进行对阵互相抗衡，称为“法月衡对，二六相当”。由于是有一定规则的竞赛，因而要设置裁判员建立公正的标准，对于裁判的判罚，也有约定俗成的常规。担任裁判的人，不能亲一方而疏另一方，裁判要公正。同时，对参赛队员的要求是心平气和地服从裁判，不要报怨裁判的裁决。其健全的竞赛规则，反映出这时的蹴鞠已经具备了现在代足球运动的比赛规模了。”——看起来还真是这样，但是，这篇《鞠城铭》明明是出现在“刑法部”的分类之下的呀。

细心的人可能发现了，李尤写的是《“鞫”城铭》，“鞫”和“鞠”不是一个字。呵呵，其实这倒无妨，这两个字是可以互通的，《龙龕手鉴·革部》说“鞫”是“鞠”的俗字——颜师古的误会可能就在这里，没分清，结果把监狱当成足球场了。——“鞠城”反正是监狱了，“鞠域”应当也是监狱才对?

⑭《史记·曹相国世家》

⑮ 详见《汉书·食货志》

⑯《论语·先进》：鲁人为长府。闵子骞曰："仍旧贯，如之何？何必改作？"子曰："夫人不言，言必有中。"

⑰［英］爱德华·吉本：《罗马帝国衰亡史》（黄宜思、黄雨石/译，商务印书馆1997年第1版）

⑱［英］爱德华·吉本：《罗马帝国衰亡史》（黄宜思、黄雨石/译，商务印书馆1997年第1版，第13-15页）

⑲ 王夫之对此有过详论，消极的一面如："入粟六百石而拜爵上造，一家之主伯亚旅，力耕而得六百石之赢余者几何？无亦强豪挟利以多占，役人以佃而收其半也；无亦富商大贾以金钱笼致而得者也。如是，则重农而农益轻，贵粟而金益贵。"详见《读通鉴论》"汉文帝第十八"。

⑳ 详见：［英］哈耶克：《自由秩序原理》（邓正来/译，三联书店1997年第1版，第15页及该页注27）

㉑［英］亨利·梅因：《古代法》（沈景一/译，商务印书馆1959年第1版）

㉒［日］木村正雄：《中国古代专制主义的基础条件》（见《日本学者研究中国史论著选译》第三卷，刘俊文/主编，黄金山、孔繁敏等/译，中华书局1993年第1版，第682页）："中国古代的基本生产关系，是一种可成为'齐民制'的特殊形态。它不像希腊和罗马那样的以自由市民和他们所占有并役使的私人奴隶的生产关系为基础，构成多数的自律生产体；而是所有的人民基本上被纳入所谓国家生产体之中，作为国家的劳动力而隶属于国家的这种生产关系。人民在国家生产体之中，虽然每一个家族可以分得标准为一百亩的耕地，但终于不能形成独立的生产体。从而在经济上、政治上、社会上都不能完成自由和独立，基本上作为国家的劳动力，为出生地的户籍所束缚（编户之民），没有迁徙自由（本籍主义），税役等按人头缴纳（直接的、个别的、人头的支配），处于国家的支配、隶属之下（人身支配）。"

㉓［德］黑格尔：《历史哲学》（王造时/译，上海书店出版社1999年第1版，第136页）。同一段落的后文也颇有些意思，说的是"大家是一样卑微"的后果，其内容足以使一部分同胞吹胡子瞪眼，所以引过来一起看看："……大家既然没有荣誉心，人与人之间又没有一种个人的权利，自贬自抑的意识便极其通行，这种意识又很容易变为极度的自暴自弃。正由于他们自暴自弃，便造成了中国人极大的不道德。他们以撒

谎著名，他们随时随地都能撒谎。朋友欺诈朋友，假如欺诈不能达到目的，或者为对方所发觉时，双方都不以为可怪，都不觉得可耻。他们的欺诈实在可以说诡谲巧妙到了极顶。欧洲人和他们打交道时，非得提心吊胆不可。”

㉔ ［德］黑格尔：《历史哲学》（王造时/译，上海书店出版社1999年第1版，第133页）。

㉕ “请粥庶弟之母”，这个“粥”字这里通“鬻”，郑玄注释为：“粥，谓嫁之也。妾贱，取之曰买。”

㉖ 这书身世复杂，我这里只是简略一提。

㉗ 《荀子·正论》：世俗之为说者曰：“治古无肉刑，而有象刑：墨黥，慅婴，共、艾毕，剕、枲屦，杀、赭衣而不纯。治古如是。”是不然。以为治邪？则人固莫触罪，非独不用肉刑，亦不用象刑矣。以为人或触罪矣，而直轻其刑，然则是杀人者不死，伤人者不刑也。罪至重而刑至轻，庸人不知恶矣，乱莫大焉。凡刑人之本，禁暴恶恶，且惩其未也。杀人者不死，而伤人者不刑，是谓惠暴而宽贼也，非恶恶也。故象刑殆非生于治古，并起于乱今也。

㉘ 《汉书·礼乐志》：王者必因前王之礼，顺时施宜，有所损益，即民之心，稍稍制作，至太平而大备。周监于二代，礼文尤具，事为之制，曲为之防，故称礼经三百，威仪三千。于是教化浃洽，民用和睦，灾害不生，祸乱不作，囹圄空虚，四十余年。孔子美之曰：“郁郁乎文哉！吾从周。”及其衰也，诸侯逾越法度，恶礼治之害己，去其篇籍。遭秦灭学，遂以乱亡。

《后汉书·袁张韩周列传》：永元六年，宠代郭躬为廷尉。性仁矜。及为理官，数议疑狱，常亲自为奏，每附经典，务从宽恕，帝辄从之，济活着甚觽。其深文刻敝，于此少衰。宠又钩校律令条法，溢于甫刑者除之。曰：“臣闻礼经三百，威仪三千，故甫刑大辟二百，五刑之属三千。礼之所去，刑之所取，失礼则入刑，相为表里者也。今律令死刑六百一十，耐罪千六百九十八，赎罪以下二千六百八十一，溢于甫刑者千九百八十九，其四百一十大辟，千五百耐罪，七十九赎罪。《春秋保乾图》曰：‘王者三百年一蠲法。’汉兴以来，三百二年，宪令稍增，科条无限。又律有三家，其说各异。宜令三公、廷尉平定律令，应经合义者，可使大辟二百，而耐罪、赎罪二千八百，并为三千，悉删除其余令，与礼相应，以易万人视听，以致刑措之美，传之无穷。”未及施行，会坐诏狱吏与囚交通抵罪。

㉙ 《佛学大词典》“三千威仪八万细行”条：为佛弟子持守日常威仪之作法。坐作进退有威德仪则，称为威仪。比丘所应持守之二百五十戒，配以行住坐卧四威仪，合

为一千戒，循转三世（一说三聚净戒），即成三千威仪。再配以身口七支（杀、盗、淫、两舌、恶口、妄言、绮语）、贪嗔痴三毒及等分等四种烦恼，共成八万四千。诸经举其大数，但称八万细行；净心诫观法以小乘、大乘之不同着眼，而谓菩萨戒有八万威仪，声闻戒有三千威仪。又八宗纲要卷上谓僧戒与尼戒不同，僧有二百五十戒，即三千威仪，六万细行。尼有三百四十戒，即八万威仪，十二万细行。考诸文献，最早采用三千威仪之名目者，或即袭用自我国古代成语，即《中庸》之“优优大哉，礼仪三百，威仪三千。”［大佛顶首楞严经卷五、法华三大部补注卷十一、大藏法数卷六十八］

㉚ 童书业：《春秋史》（上海古籍出版社2003年第1版，第113页）：“周初刑罚最严，凡不孝不慈不恭不友和酗酒的人都处死刑……”

［美］许倬云：《西周史》第五章第一节：“成康之世，据说四十年刑措不用，号为太平。究其实际，北方并未完全肃清。康王时代的小盂鼎铭文残缺，不见全貌，但由其残文看来，周人与鬼方之间，曾有十分激烈的战事……”

㉛ ［东汉］王充《论衡·艺增》：光武皇帝之时，郎中汝南贲光上书，言孝文皇帝时居明光宫，天下断狱三人。颂美文帝，陈其效实。光武皇帝曰：“孝文时不居明光宫，断狱不三人。”积善修德，美名流之，是以君子恶居下流。夫贲光上书于汉，汉为今世，增益功美，犹过其实，况上古帝王久远，贤人从后褒述，失实离本，独已多矣。不遭光武论，千世之后，孝文之事载在经艺之上，人不知其增，居明光宫，断狱三人，而遂为实事也。

㉜ “三从”之本义未必如此。参见谢维扬：《周代家庭形态》（中国社会科学出版社1990年第1版，第40页）：故《丧服传》说：“妇人有三从之义，无专用之道。故未嫁从父，既嫁从夫，夫死从子。”这个从，不是服从，而是归从。即属于哪一方宗亲之意。

㉝ 陈鼓应：《老子注译及评介》（中华书局984年第1版，第253页）：常无心：今本作“无常心”，据帛书乙本改。……王安石说：“圣人无心，……以‘吉凶与民同患’故也。”……河上公注云：“圣人重更改，贵因循，若自‘无心’。”

㉞ 详见《管子·任法》

㉟ 郭沫若：《十批判书》（收录于《中国古代社会研究（外二种）》下册，河北教育出版社2000年第1版，内容详见该书第759页）

㊱ 尤其是“礼从俗”，可谓礼乐政治的一项重要原则，体现出对大刀阔斧式的改革

的深切质疑。正如苏洵《礼论》中所谓："夫人之情，安于其所常为，无故而变其俗，则其势必不从。"

㊲ 郭沫若：《十批判书》（收录于《中国古代社会研究（外二种）》下册，河北教育出版社2000年第1版，引文见该书第756页）

㊳ 《马克思恩格斯全集》第2卷（人民出版社1963年第1版）

㊴ ［法］西蒙娜·薇依：《扎根——人类责任宣言绪论》（徐卫翔/译，三联书店2003年第1版，第6页）

㊵ 这个简化也不知道是从什么时候开始的，但在我看过的文字当中，至少陈天华的《警世钟》里还引的是完整的句子："中国自古以来，被把君臣大义的邪说所误。任凭什么昏君，把百姓害到尽头，做百姓的总不能出来说句话。不知孟夫子说道：'民为贵，社稷次之，君为轻！'君若是不好，百姓尽可以另立一个。何况满洲原是外国的鞑子，盗占中国，杀去中国的人民无数，是我祖宗的大仇。"

㊶ 需要说明的是，蒲鲁东这里可不是说气话或者反讽，而是以不短的篇幅严密论证出了这个结论。

㊷ ［法］莫斯科维奇《群氓的时代》（许列民、薛丹云、李继红/译，江苏人民出版社，2003年第1版，第12页）

这个"老问题"确实是够古老的，前人的论述几乎多达一个人一辈子也看不完的程度。我以为群体心理学在这方面的贡献是有革命意义的。

㊸ 这个问题并非本章的重点，却会在后文加以讨论。继续参看一下莫斯科维奇的《群氓的时代》也许是有益的：更糟的是，一个人一旦加入一个群体，深陷于一群民众之中，就可能变得过分暴躁、惊惶、热情或者残忍。他的行为举止与道德良心相抵触，与其利益也相违背。在这种情况下，他似乎已完全变成了另一个人。那就是不断困惑和惊扰我们的难解之谜。英国心理学家巴特利特（Bartlett. F.）在他的一部经典著作中引述一个政治家的言论，对此作了清楚的表述："社会行为是所有行为中最大的奥秘。我为此不得不研究了一辈子。但我仍然不敢假装全部都理解了。我可能对一个人已经了如指掌，但我仍然不敢说，他在一个群体中首先会做些什么。"

㊹ 见《雪莱政治论文选》，不过雪莱就违法问题却有着比较保守的看法，他在同一篇文章说："任何人都无权独自反抗不管怎样坏的法律的执行，从而扰乱公众的安宁。他应该服从，同时竭尽他自己的理智力量，来促成这种法律的废除。"

㊺ ［意］贝卡里亚：《论犯罪与刑罚》（黄风/译，中国大百科全书出版社1993年第1版）

㊻ 哈耶克曾经给出过另一个有效的办法："要使人民承认他们要为之服务的这些价值标准的正确性，最有效的方法是说服他们相信这些价值标准的确是和他们，或者说，至少是和他们当中的最优秀者一直所持有的价值标准相同的，只不过它们在以往没有得到应有的理解和认识罢了。使人民将对旧偶像的忠诚转移到新偶像上去的借口是新的偶像的确是他们健全的本能一直启示给他们的东西，只不过他们从前对它们的认识很模糊。达到这种目标最有效的技巧，就是仍然使用旧的字眼，但改变这些字眼的意义。极权主义制度的特色中，很少有像对语言的完全曲解——即借字义的改变来表达新制度的理想——这件事那样使肤浅的观察者感到困惑不解的了，而同时也很少有什么像这件事那样典型地体现整个极权主义精神氛围了。"（《通往奴役之路》，王明毅/译，社会科学出版社1997年第1版，第11章）

㊼ ［英］哈耶克：《通往奴役之路》（王明毅/译，社会科学出版社1997年第1版）第11章

㊽ 在这个问题上毛泽东有过精辟的论述，见《所谓"不服从政令、军令"》（收录于《毛泽东选集》第三卷）：

国民党政府还经常以"不服从政令、军令"责备中国共产党。但我们只能这样说：幸喜中国共产党人还保存了中国人民的普通常识，没有服从那些实际上是把中国人民艰难困苦地从日本侵略者手里夺回来的中国解放区再送交日本侵略者的这种所谓"政令、军令"，例如，一九三九年的所谓《限制异党活动办法》，一九四一年的所谓"解散新四军"和"退至旧黄河以北"，一九四三年的所谓"解散中国共产党"一九四四年的所谓"限期取消十个师以外的全部军队"，以及在最近谈判中提出来的所谓将军队和地方政府移交给国民党，其交换条件是不许成立联合政府，只许收容几个共产党员到国民党独裁政府里去做官，并将这种办法称之为国民党政府的"让步"等等。幸喜我们没有服从这些东西，替中国人民保存了一片干净土，保存了一支英勇抗日的军队。难道中国人民不应该庆贺这一个"不服从"吗？难道国民党政府自己用自己的法西斯主义的政令和失败主义的军令，将黑龙江至贵州省的广大土地、人民送交日本侵略者，还觉得不够吗？除了日本侵略者和反动派欢迎这些"政令、军令"之外，难道还有什么爱国的、有良心的中国人欢迎这些东西吗？没有一个不是形式的而是实际的、不是法西斯独裁的而是民主的联合政府，能够设想中国人民会允许中国共产党人，擅自将这个获得了解放的中国解放区和抗日有功的人民军队，交给失败主义和法西斯主义的国民党法西斯独裁政府吗？假如没有中国解放区及其军队，中国人民的抗日事业还有今日吗？我们民族的前途还能设想吗？

㊾ ［美］魏特夫：《东方专制主义——对于极权力量的比较研究》（徐式谷/译，中国社会科学出版社1989年第1版，第139页）

㊿ ［日］车田正美：《圣斗士星矢》（无名氏/译，大陆某奸商非法出版，版次不详——因为没有版权页）——我这才叫严谨的学风。^_^

51 ［美］斯特伦：《人与神——宗教生活的理解》（金泽、何其敏/译，上海人民出版社，1991年第1版）

52 《太一生水》这段话我只是简单一说，就不较真了。对这些文字专家们争议极多，有兴趣的可以找几期《道家文化研究》《中国哲学》和《古文字研究》看看。

53 详见尹振环：《楚简老子辨析——楚简与帛书〈老子〉的比较研究》（中华书局2001年第1版）

54 参看聂中庆：《郭店楚简〈老子〉研究》（中华书局2004年第1版，第218–219页）："王亦大"句傅奕本、范应元本均作"人亦大"。范应元云："'人'字傅奕同古本。河上公本作'王'，观河上公之意，以为王者人中之尊，故有尊君之义。然按后文'人法地'，则古本文义相贯。况人为万物之灵，与天地并列为三才，身任斯道，则人实亦大矣。"奚侗云："两'人'字各本均作'王'，《淮南子·道应训》引亦作王，盖古之尊君者妄改之，非老子本义也。" 验之简本及帛书甲、乙本均作"王亦大"，则"王亦大"应为老子原文。

55 《汉书·艺文志》：《文子》九篇。老子弟子，与孔子并时，而称周平王问，似依托者也。

56 ［清］孙星衍《问字堂集·文子序》

57 《四库全书总目提要》卷一百四十六·子部五十六·道家类·《文子》条：……因《史记·货殖传》有"范蠡师计然"语，又因裴骃《集解》有"计然姓辛，字文子，其先晋国公子"语，北魏李暹作《文子》注，遂以计然、文子合为一人。文子乃有姓、有名，谓之辛鈃（案：暹注今已不传，此据《读书志》所引）。……

58 详见钱穆：《先秦诸子系年》（河北教育出版社2002年第1版，第134–135页，第252–253页）

59 《管子·法法》：舜之有天下也，禹为司空，契为司徒，皋陶为李，后稷为田……

⑥⓪ [法] 摩莱里：《自然法典》（黄建华、姜亚洲/译，商务印书馆1985年第1版）

⑥① [法] 卢梭：《论人类不平等的起源和基础》（李常山/译，商务印书馆1962年第1版，第71页），下同。

⑥② [英] 爱德华·泰勒：《人类学》（连树声/译，上海文艺出版社1993年第1版），第16章："这就从家庭传播到较为广阔的范围。部族的自然形成道路，就是由家庭或群体形成部族，这种群体随着时间的流逝而扩大并分成许多经济单位，而这许多经济单位彼此仍然承认是亲属。这种亲族关系作为整个部族的关系，被所有的人都如此深刻地承认，甚至当各不同的部族发生混合的时候，只要一想为所有群体建立一种想象的关系，那么人们就常常虚构一位共同的祖先。因此，kindred（亲属关系）和kindness（爱护）是携手前进的——这两个同源的派生词，最恰当地表现了社会生活中主要的基本原则之一。"

⑥③ 图腾与旗帜的渊源可参考伊利亚特·史密斯《人类史》和涂尔干《宗教生活的基本形式》。

⑥④ 详见胡适：《中国哲学史大纲》

⑥⑤ 陈鼓应：《老子注译及评介》（中华书局1984年第1版，第216页）

⑥⑥ 详见许地山：《道教史》（上海古籍出版社1999年第1版）

⑥⑦ [清] 魏源《老子本义序》（《魏源集》，中华书局1983年第1版，第255页）

⑥⑧ 舜圣人也有可能是"西域人"。[清] 王谟辑《汉魏遗书》[汉] 颖容《春秋释例》："舜居西域，本曰妫汭。"不过这个"西域"并不是碧眼胡僧的那个西域。

⑥⑨《左传·昭公六年》：三月，郑人铸刑书。叔向使诒子产书，曰："始吾有虞于子，今则已矣。昔先王议事以制，不为刑辟，惧民之有争心也。犹不可禁御，是故闲之以义，纠之以政，行之以礼，守之以信，奉之以仁，制为禄位以劝其従，严断刑罚以威其淫。惧其未也，故诲之以忠，耸之以行，教之以务，使之以和，临之以敬，莅之以强，断之以刚。犹求圣哲之上，明察之官，忠信之长，慈惠之师，民于是乎可任使也，而不生祸乱。民知有辟，则不忌于上，并有争心，以征于书，而徼幸以成之，弗可为矣。夏有乱政而作《禹刑》，商有乱政而作《汤刑》，周有乱政而作《九刑》，三辟之兴，皆叔世也。今吾子相郑国，作封洫，立谤政，制参辟，铸刑书，将以靖民，不亦难乎？《诗》曰：'仪式刑文王之德，日靖四方。'又曰：'仪刑文

王，万邦作孚。’如是，何辟之有？民知争端矣，将弃礼而征于书。锥刀之末，将尽争之。乱狱滋丰，贿赂并行，终子之世，郑其败乎！肸闻之，国将亡，必多制，其此之谓乎！”复书曰：“若吾子之言，侨不才，不能及子孙，吾以救世也。既不承命，敢忘大惠？”

⑦⓪ ［唐］杜佑《通典·职官七》：汉宣帝地节三年，初于廷尉置左、右平，员四人。宣帝诏曰：“今遣廷吏与郡鞫狱，任轻禄薄，其为置正平，员四人，其务平之。”涿郡太守郑昌上言曰：“圣王立法明刑者，非以为理救衰乱之起也。今明主躬垂明听，不置廷平，狱将自正。若开后嗣，不若删定律令。律令一定，愚民知所避就，奸吏无所弄法。今不正其本，而置廷平以理其末，代衰听怠，则廷平将摇权而为乱首也。”宣帝始置左、右平。

⑦① 详见［伊朗］拉明·贾汉贝格鲁：《伯林谈话录》（杨祯钦/译，译林出版社2002年第1版）

⑦② 《吕氏春秋·淫辞》：宋王谓其相唐鞅曰：“寡人所杀戮者众矣，而群臣愈不畏，其故何也？”唐鞅对曰：“王之所罪，尽不善者也。罪不善，善者故为不畏。王欲群臣之畏也，不若无辨其善与不善而时罪之，若此则群臣畏矣。”居无几何，宋君杀唐鞅。唐鞅之对也，不若无对。

⑦③ 这两句的释文一直有争议，相关文章一大堆，我就举一个好了。裘锡圭：《纠正我在郭店〈老子〉简释读中的一个错误——关于“绝伪弃诈”》（收录于裘锡圭：《中国出土古文献十讲》，复旦大学出版社2004年第1版，第230–241页，原载《郭店楚简国际学术研讨会论文集》，湖北人民出版社2000年第1版）。

⑦④ 详见［英］拉德克利夫布朗：《原始社会的结构与功能》（潘蛟、王贤海、刘文远、知寒/译，潘蛟/校，中央民族大学出版社1999年第1版，第11章）

⑦⑤ ［清］崔述《考信录提要》“以己度人”条：“人之情好以己度人，以今度古，以不肖度圣贤。至于贫富贵贱，南北水陆，通都僻壤，亦莫不互相度。往往径庭悬隔，而其人终不自知也。汉疏广为太子太傅，以老辞位而去，此乃士君子常事；而后世论者谓广见赵、盖、韩、杨之死故去。无论盖、韩、杨之死在此后，藉使遇宽大之主，遂终已不去乎！何其视古人太浅也！昭烈帝临终托孤于诸葛武侯，曰：‘嗣子可辅，辅之；若不可辅，君可自取，毋令他人得之。’此乃肺腑之言，有何诈伪，而后世论者谓昭烈故为此言以坚武侯之心。然则将使昭烈为袁本初、刘景升而后可乎！此无他，彼之心固如是，故料古人之亦必如是耳。……”

⑯ 详见［意］马基雅维里：《论李维》（冯克利/译，上海人民出版社2005年第1版，第244–245页）

⑰ 易顺鼎《读老札记》：按此章有后人窜入之语，非尽老子原文。庄子天下篇引老聃曰："知其雄，守其雌，为天下溪。知其白，守其辱，为天下谷。"此老子原文也。盖本以"雌"对"雄"，以"辱"对"白"。辱有黑义，仪礼注："以白造缁曰辱。"此古义之可证者。后人不知"辱"与"白"对，以为必"黑"始可对"白"，必"荣"始可对"辱"，如是，加"守其黑"一句于"知其白"之下，加"知其荣"一句于"守其辱"之上；又加"为天下式，为天下式，常德不忒，复归于无极"四句，以协"黑"韵，而窜改之迹显然矣。以"辱"对"白"，此自周至汉古义，而彼竟不知，其显然者，一也。"为天下溪"，"为天下谷"，"溪""谷"同意，皆水所归，"为天下式"，则与"溪""谷"不伦，协合成韵，其显然者，二也。王弼已为"式"字等句作注，则窜改即在魏、晋之初，幸赖庄子所引，可以考见原文，亟当订正，以存真面。（转引自陈鼓应：《老子注译及评介》，中华书局1984年第1版，第178–179页）

⑱ 详见郭沫若：《中国古代社会研究（外一种）》下册（河北教育出版社2000年第1版，第766–768页）

⑲ 陈鼓应：《老子注译及评介》（中华书局1984年第1版，第76–77页）

⑳ 全文见《圣西门选集》第一卷（王燕生、徐仲年、徐基恩/译，董果良/校，商务印书馆2004年第1版）"组织者"。圣西门显然认为那些所谓的"国家栋梁"们并不比我们普通人强出多少，他继续论述道："这首先是因为遗缺的职位可很容易补上。能履行国王兄弟职务的，法国大有人在，而且完成得能像这位先生一样好；很多人能够胜任大公亲王的职务，而且跟安古雷姆公爵殿下、贝利公爵殿下、奥尔良公爵殿下、波旁公爵殿下完全一样胜任；许多法国女性都能象安古雷姆公爵夫人、贝利公爵夫人、奥尔良夫人、波旁夫人和龚德小姐一样，成为贤良的公主或王妃。

"宫廷里有的是侍从可以出任高官，军队中有许多人比我们现在的元帅们还善于治军带兵。有多少听差可以充任我们的国家大臣！有多少职员比现任的省长和副省长更善于管理省务！有多少律师同我们的法官一样精通法律！有多少神甫跟我们的红衣主教、大主教、主教、大本堂神甫和议事司铎一样精明能干！至于那些数以万计的养尊处优的财主，他们的继承者无须经过什么训练，便能像他们本人一样善于送往迎来，保持其沙龙的荣誉。"

——看来圣西门时代的政治、军事和法律对技术要求并不太高哦，而且，"有多少律师同我们的法官一样精通法律"——这至少说明他们在任的法官确实都是精通法律的，这难道还不够吗？

⑧1 看看唐兰的有趣小考据："……旧式的训诂学家，往往不懂得'字'和'语'的分别，被字面所误，把双音节语拆开来，一个一个去解释。例如：……'犹豫'也本是双音节语，可从《老子》就说'豫兮若冬涉川，犹兮若畏四邻'，分做两处，那就难怪要把两个多疑的兽名来解释了。'狼狈'的意义本等于'狼跋'、'刺癶'，也是一个双音节语，由于字面是两个兽，段成式《酉阳杂俎》卷十六附会着说：'或言狼、狈是两物，狈前足绝短，每行常驾两狼，失狼则不能动，故世言事乖者称狼狈。'后来人就更说到'狼狈为奸'了。"（唐兰：《中国文字学》，上海古籍出版社2001年第1版，第26页）

⑧2 陈鼓应：《老子注译及评介》（中华书局1984年第1版），下同

⑧3 这像是战国时代的流行故事，除《孟子》记载之外，还可见《庄子·让王》和《吕氏春秋·审为》。

⑧4 比如《资治通鉴》第二百五十六卷讲的这个典型的例子："时溥遣使献黄巢及家人首并姬妾，上御大玄楼受之。宣问姬妾：'汝曹皆勋贵子女，世受国恩，何为从贼？'其居首者对曰：'狂贼凶逆，国家以百万之众，失守宗祧，播迁巴、蜀；今陛下以不能拒贼责一女子，置公卿将帅于何地乎！'上不复问，皆戮之于市。人争与之酒，其馀皆悲怖昏醉，居首者独不饮不泣，至于就刑，神色肃然。"——人心并不都在唐僖宗一边，宋代周煇《清波杂志》"黄巢姬妾"条特别感谢司马光把这位奇女子载入史册，并惋惜唐史记《列女传》遗此不载。

⑧5 "盛世"的另一个问题是：我们经常很难搞清，哪些是真实情况，哪些是被粉饰出来的。汉武帝的"盛世"即便在正史里也有不少骇人的记载，后来的一些"盛世"却往往只在一些野史笔记里留存些个不那么主旋律的说法。就拿被很多人誉为中国历史第一盛世的康乾盛世来说吧，清人汪辉祖《病榻梦痕录》回忆了乾隆年间的物价飞涨，树皮被吃光了，还有不少人吃观音土致死——这可是杭州附近，不是什么塞外边荒。清人俞蛟《梦盦杂著》记载"棚民"之患，等等等等。

⑧6 转引自陈鼓应：《老子注译及评介》（中华书局1984年第1版，第111页）

⑧7 ［法］托克维尔：《论美国的民主》（董果良/译，商务印书馆1988年第1版）

⑧8 ［法］托克维尔：《旧制度与大革命》（冯棠/译，桂裕芳、张芝联/校，商务印书馆1992年第1版）

⑧9 "五等爵"疑点多多，这里只是简要从俗而论，详情容后细表。

⑽ ［法］托克维尔：《论美国的民主》（董果良/译，商务印书馆1988年第1版）

⑼ 《老子》第十二章：五色令人目盲，五音令人耳聋，五味令人口爽，驰骋畋猎，令人心发狂，难得之货，令人行妨。是以圣人为腹不为目，故去彼取此。

第三十八章：上德不德，是以有德；下德不失德，是以无德。上德无为而无以为，下德为之而有以为。上仁为之而无以为，上义为之而有以为。上礼为之而莫之应，则攘臂而扔之。故失道而后德，失德而后仁，失仁而后义，失义而后礼。夫礼者，忠信之薄，而乱之首。前识者，道之华，而愚之始。是以大丈夫处其厚，不居其薄；处其实，不居其华。故去彼取此。

第七十二章：民不畏威，则大威至。无狎其所居，无厌其所生。夫唯不厌，是以不厌。是以圣人自知不自见；自爱不自贵。故去彼取此。

⑽ 陈鼓应：《老子注译及评介》（中华书局1984年第1版，第111页，第221页）

⑽ 夏勇：《中国民权思想》（三联书店2004年第1版，第2–3页）

⑽ ［美］萨托利：《民主新论》（冯克利、阎克文/译，东方出版社1998年第1版，第177页）。另外，关于卢梭时代的日内瓦，详细可参看朱学勤：《道德理想国的覆灭——从卢梭到罗伯斯庇尔》（上海三联书店1994年第1版）

⑽ 虽然墨家主张薄葬，极力反对儒家的厚葬主张，但王充《论衡·薄葬》却把厚葬之风分别归咎于儒、墨两家，各打五十大板。听起来好像不可思议，但王充批评墨家的理由是：墨家虽然主张薄葬，但他们的“明鬼”主张却必然导致人们的厚葬行为——如果大家都知道死人会变鬼，还敢对死人吝啬么？——“圣贤之业，皆以薄葬省用为务。然而世尚厚葬，有奢泰之失者，儒家论不明，墨家议之非故也。墨家之议右鬼，以为人死辄为神鬼而有知，能形而害人，故引杜伯之类以为效验。儒家不从，以为死人无知，不能为鬼，然而赙祭备物者，示不负死以观生也。陆贾依儒家而说，故其立语，不肯明处。刘子政举薄葬之奏，务欲省用，不能极论。是以世俗内持狐疑之议，外闻杜伯之类，又见病且终者，墓中死人来与相见，故遂信是，谓死如生。……”

⑽ 熊逸《孟子他说》第二册：儒家推崇礼治，有各式各样的很复杂的一些仪式，其中丧礼是特别讲究的。做人要做孝子，这在儒家的理论里可绝不仅仅是伦理范畴的事，而是政治范畴的事。评书里常说一句话，叫“忠孝不能两全”，这很给人造成误解，以为忠和孝是对立的，其实在儒家看来，这两者就是一枚硬币的两面：在家做孝子，出门做忠臣。同样的，在家要是逆子，出门做官肯定得是奸臣。

有人可能会问：即便是在家做孝子，那么，在父母生前多尽孝不是很好么，何必还要讲究死后那些劳师动众的繁文缛节呢？——我们现代社会很推崇这种观念，宣传生前多尽孝、丧事要从俭，这是一点儿错没有的。但古人讲究厚葬也自有他们的道理。

那，这是因为古人的鬼神观和来世观吗？——有一定的关联，但说到底这还是为现实服务的，为政治服务的。这就不得不讲讲周代的宗法制。简单举个例子：第一任周天子一共讨了三个老婆，生了六个儿子，等他死了，这六个儿子里谁来接他的班呢？是考试？是比武？还是抽签？都不行，那就乱套了，按照严格规定：他的大老婆生的大儿子才是合法接班人。好了，大儿子接了班，然后这位大儿子（第二任周天子）又讨了三个老婆，生了六个儿子，等他死的时候，他的大老婆生的大儿子又会接他的班成为第三任周天子，往后就依此类推。这个大老婆大儿子的系统叫做“大宗”，其他那些儿子们都叫“小宗”。周朝人尤其讲究祭祖，第一任周天子生的老二、老三一向跟爸爸关系不错，有一天，两人一合计，爸爸死了这么长时间了，很是想念，唉，祭奠他老人家一下吧！

人家的祭奠可不像老百姓那样在坟头上烧点儿纸钱就完了，那可是个无比盛大的活动。可老二和老三虽然有这个想法，却不能真正去做。为什么呢？因为他们没这个权利。

啊？！难道做儿子的还没权利祭奠过世的爸爸么？——的确没有，从老二到老六都没有这个权利，只有老大才有。换句话说，就是只有“大宗”才有。

可是，从老二到老六要是不能祭祖，这不是不合人情么？所以，他们其实也是可以去祭祖的，但一定要在老大的带领之下才行。如果自己要单独祭祖，那就等于造反。

再拿老二做例子。老大接了班，当了新任的周天子，老二和其他兄弟一起早已被分封到全国各地做诸侯了。老二被分封到了齐国，做了第一任的齐王。（严格说是不能叫“王”的，只能是“公”或者“侯”什么的，不过这里就从俗了。）这位齐王讨了三个老婆，生了六个儿子，接班的方法和周天子的“大宗”系统一样，照样是大老婆生的大儿子接班做第二任的齐王，依此类推，这一支就是齐国的“大宗”，而其他子弟就是齐国的“小宗”。齐国的小宗也没有单独祭奠第一任齐王的权利，而只有在“大宗”的带领下才能参加祭祖活动。

第一任齐王所生的六个孩子里，老大接了班做了第二任齐王，另外五兄弟被分封到各自的采邑，成为卿大夫，在他们这个卿大夫的更小的系统里，也一样再分“大宗”和“小宗”。依此类推。

明白了这种宗法制度，我们就能想像得到祭祖的意义了：如果要尊奉祖先，就要隆重祭祀；如果要去祭祀，“小宗”就得听“大宗”的——在齐国的祭祖是齐国的各个卿大夫都得紧跟齐王，在周王室的祭祖是各个诸侯国的国君都得紧跟周天子。所以，孝道在政治上的重要性也就不言而喻了。……

明白了宗法制度大概结构，我们就会明白，所谓“孝道”在那样的社会里是带有很大的政治意义的：与其说是情感，不如说是现实；与其说是伦理，不如说是政治。

到后来封建社会解体，中国进入漫长的专制社会，孝道也就失去了它原来的意义，而又在新的政治环境下被赋予了新的意义。现代社会有人讲我们要弘扬传统文化，恢复中国古代的孝道，这些人的用心虽好，却忽视了孝道之所以成为孝道的历史背景。我们不妨想想，我们说中国传统文化讲求孝顺父母，可人家外国人也没有鼓励孩子去虐待父母啊？那我们这个“孝道”的独到之处到底在哪里呢？——在中国古代从宗法制度而来的政治意义之内。

⑰ 克鲁泡特金《互助论》和本尼迪克特《文化模式》，这类记载还有很多。

⑱ 熊逸《孟子他说》第一册：如何解决闲散劳动力的安置问题，或者说是失业问题，这是朱元璋曾经操心过的问题，也是现代西方经济学中一个重点课题。所以我们可以很自豪地说：“对于这个问题，我们中国人很早很早以前就想出了很有效的方法。”——真的很早，比朱元璋还早。

先说朱元璋，他很清醒地认识到失业问题是个影响社会稳定的大问题。他那时候不是自由市场经济，所以失业问题不必非要通过市场机制来解决。朱元璋的思路据推测是，让这批人（失业人口或者潜在失业人口）上山下乡做无用功去，当然，能多创造点儿价值更好，不能的话也没关系，不闹事就行。这就好比让这些人挖沟，挖完大沟再把沟填上，然后再挖，然后再填！而且，用驿站来安置这么多人，驿站工作本身也确实也很重要，这就是一举两得啊。所以，即便驿站有大量冗员，即便机构臃肿，即便人浮于事，那也是轻易裁撤不得的！

宋朝皇帝更早就认识到了这点。我们知道，北宋地盘不大，可常备军规模空前，为什么？不是单单为了加强国防，而是在用军队来安置失业人口，所以北宋一到灾荒年景军队就会大量征兵，就是怕这些人下面流落在社会上会成为不安定因素，会闹事。

⑲ 《圣西门选集》第一卷“我的《社会组织理论》一书的摘要”。（王燕生、徐仲年、徐基恩/译，董果良/校，商务印书馆2004年第1版）

⑳ 《礼记·檀弓》：有子问于曾子曰：“问丧于夫子乎？”曰：“闻之矣，丧欲速贫，死欲速朽。”有子曰：“是非君子之言也。”曾子曰：“参也闻诸夫子也。”有子又曰：“是非君子之言也。”曾子曰：“参也与子游闻之。”

有子曰：“然，然则夫子有为言之也。”

曾子以斯言告于子游。子游曰：“甚哉，有子之言似夫子也。昔者夫子居于宋，见桓司马自为石椁，三年而不成。夫子曰：‘若是其靡也，死不如速朽之愈也。’死之欲速朽，为桓司马言之也。南宫敬叔反，必载宝而朝。夫子曰：‘若是其货也，丧不如速贫之愈也。’丧之欲速贫，为敬叔言之也。”

曾子以子游之言告于有子。有子曰：“然，吾固曰，非夫子之言也。”

曾子曰：“子何以知之？”

有子曰："夫子制于中都，四寸之棺，五寸之椁，以斯知不欲速朽也。昔者夫子失鲁司寇，将之荆，盖先之以子夏，又申之以冉有，以斯知不欲速贫也。"

⑩① 可参看［美］贝格尔：《神圣的帷幕——宗教社会学理论之要素》（高师宁/译，上海人民出版社，1991年第1版，第34页），贝格尔解释了这个问题的另外一面：在这种层次上，神圣的反义词是世俗，可以简单地将其定义为神圣性质的匮乏。所有并未"突出来"成为神圣的现象都是世俗的。日常生活的程序都是世俗的，除非能够证明它们在后来被认为以这种或那种方式输入了神圣的力量（如从事神圣的工作）。然而，即便在这种情况下，被认为属于生活本身的普通事件之神圣性质，仍然保留有其非常的特点，即要通过种种仪式去象征性地重新肯定的特点，而失去这种特点就相当于世俗化，相当于把这些事件看作仅仅是世俗的东西。

⑩② 在这个问题上，本尼迪克特的一种观点值得参考：在英语中，我们常说我们是"heirs of the ages"（历史的负恩人）。两次世界大战和严重的经济危机，多多少少减弱了讲这句话时的自信。但这种变化并没有增加我们对过去的负恩感。东方各民族的观点则与此相反，总认为自己是历史的负恩人。他们那些西方人称之为崇拜祖先的行为中，其实很大部分并不是真正崇拜，也不完全是对其祖先，而是一种仪式，表示人们承认对过去的一切欠有巨大的恩情。不仅如此，他们欠的恩情不仅是对过去，而且在当前，在每天与别人的接触中增加他们所欠的恩情。他们的日常意志和行为都发自这种报恩感。（［美］本尼迪克特：《菊与刀》，吕万和、熊达云、王智新/译，商务印书馆1990年第1版，第68页。）

⑩③［美］彭尼·凯恩：《中国的大饥荒（1959–1961）——对人口和社会的影响》（郑文鑫、毕健康、戴龙基等/译，中国社会科学出版社1993年第1版，第34页）

⑩④ 梁启超：《论中国学术思想变迁之大势》（载于《饮冰室合集》"饮冰室文集之七"）：灾异之说何自起乎？孔子小康之义，势不得不以一国之权托诸君主。而又恐君主之权无限，而暴君益乘以为虐也，于是乎思所以制之。乃于《春秋》特著以元统天、以天统君之义，而群经亦往往三致意焉。其即位也，誓天而治；其崩薨也，称天而谥。是盖孔子所殚思焦虑，计无复之，而不得已出于此途者也。不然，以孔子之圣智，宁不知日蚀、彗见、地震、星孛、鹢退、石陨等，地文之现象，动物之恒情，于人事上、政治上毫无关系也。……孔子盖深查夫据乱时代之人类，其宗教迷信之念甚强也，故利用之而申警之。

⑩⑤ 周作人：《国旗颂》，收录于《周作人文类编》第1卷（钟叔河/编，湖南文艺出版社1998年第1版，第563–564页，本文原载1927年1月1日刊《语丝》112期）

⑯ ［英］麦克斯·缪勒：《宗教的起源与发展》（金泽/译，陈观胜/校，上海人民出版社，1989年第1版，第12页）

⑰ 克菲阿特和泽尔内《极端群体》，详见［美］戴维·波普诺：《社会学》第十版（李强等/译，中国人民大学出版社1999年第1版，第136–137页）

⑱ 波普诺《社会学》第10版（李强等/译，中国人民大学出版社1999年第1版）。这里的“集权主义”是指Totalitarianism，这个词经常是一个作者一个用法。

⑲ 秦晖的《传统十论》（复旦大学出版社2005年第1版）有对这个问题的详细阐述，比如：我们看到上至秦汉之际，下迄唐宋之间，今天所见的存世“生活史料”涉及的几百个实际存在过的村庄，包括湖南（长沙一带）、湖北（江陵一带）、四川（成都平原）、中原（洛阳一带）、河西走廊（张掖敦煌一线）等诸代表性区域类型——从内地到边疆，黄河流域到长江流域，全是非宗族化的乡村，其非宗族化的程度不仅高于清代农村，甚至高于当代乡间一般自然村落，而与完全无宗法因素的随机群体相仿。在这许多案例中没有任何一例聚族而居或大姓居优的。当然，没有发现并不意味着不存在，也许今后人们会找到典籍中那种族居乡村的生活实例，但在编户齐民的乡村中几乎可以断言其比率不会高，尤其在王朝稳定的年代。

⑳ 《伊索寓言》里有一则故事最能说明人的这种常见心态，如果我们只看这个小故事而不听伊索的“大道理”的话：“两只青蛙是邻居，一个住在离路很远的深的池塘里，又一个却在路上小水洼里。那个在池塘里的劝别一个移居到他这里来，那么生活得更好更安全，可是他说要从住惯的地方离开很不舍得，不曾听从，后来终于在那里被走过的车子压死了。这样地，有些人干着无聊的事务过日子的，在他转向更好的事之前就已灭亡了。”（《全译伊索寓言集》，周作人/译，中国对外翻译出版公司，1999年第1版，第30页）

㉑ ［英］埃文斯–普理查德：《努尔人——对尼罗河畔一个人群的生活方式和政治制度的描述》（褚建芳、阎书昌、赵旭东/译，华夏出版社2002年第1版），第187页：……很明显，从我们的信息提供者描述整个程序的方式来看，酋长作出的最后决议，是隐含于劝说性语言之中的意见，而不是传达一个有权威的裁决。此外，尽管酋长的神圣及长老的影响是很有分量的，但只有在双方都同意时，其决议才能被接受。

第199页：总之，我们可以说，努尔人的酋长是神圣的人物，但这种神圣并没有赋予他们在特定社会情境之外的任何一般性的权威。我从未看到努尔人对待酋长比对待其他人更尊重，或者谈起酋长就像谈起十分重要的人物一样。他们只是把酋长看作是某种类型的世仇得以解决以及某种污秽得以拭掉的代理人，而且，我经常听到这样的说法：“我们抓住他们，把豹皮给他们，让他们当我们的酋长，在为凶杀举行的献祭仪式上作说道。”

第205页：那些最具影响力的长老都是嘎特·特沃特（gaat twot），即公牛之子……他所具有的权威从来就是非正式性的。他没有任何明确界定的地位、权力或领袖身份（sphere of leadership）。一个杰出的社会人物的产生，是许多因素共同作用的结果，比如宗族、年龄、在家中的辈分、许多孩子、姻亲关系、所拥有的牛的多少、作为斗士的勇猛气概、辩才、性格，常常还包括某种仪式权力等。这种社会人物被人们看成是联合家庭以及由同族亲属和姻亲所聚集成的群落的首领，是村落或营地的首领，是一个在我们称之为区落的这个相当含混的范围内具有重要性的人。

⑫《宋史·司马光传》：遂上疏论修心之要三：曰仁，曰明，曰武；治国之要三：曰官人，曰信赏，曰必罚。其说甚备。且曰："臣获事三朝，皆以此六言献，平生力学所得，尽在是矣。"——司马光说自己先后为官三朝，全凭着六项原则。司马光在《进五规状》里还说，没几个人真能做到公而忘私。看来这位有着实际事功的著名儒者对人心的道德操守并不抱多大的信任。

⑬ 赫伯特·阿特休尔：《权力的媒介——新闻媒介在人类事务中的作用》（黄煜、裘志康/译，华夏出版社1989年第1版）

⑭ 钱单士厘：《癸卯旅行记》："譬如水旱偏灾，发帑移粟，乃行政者分内事。而在俄国则必曰：'此朝廷加惠穷黎'，'此朝廷拯念民生'。一若百姓必应受种种损害，稍或不然，便是国政仁厚。此俄之所以异于文明国也。"——此言还有上文，比较之下真觉得这就已经够"仁政"了："此驿见一华人负囊登车，求售绢物。询系山东人，所售即山东所织。俄于他国人入境之禁止綦严，且课税重重。此小贩人所获几何，而不远万里作此营生，想见吾民生计之艰。闻一路至森堡，此等亦不下数百名，间被杀死，且或加以有疫之名而虐死之。死后彼官以一纸空言达彼内部，转达外部，而告于我使馆，我使馆本不知此等人姓名来由踪迹，亦遂置之，其不告我使馆并不达彼内、外部者无论矣。虽然，视满洲境上哥萨克之时时杀人而上官方奖励之者，仁厚多矣，无怪俄官之动称国政仁厚也。"

⑮［德］黑格尔：《历史哲学》（王造时/译，上海书店出版社1999年第1版，第143页）

⑯ 钱单士厘：《癸卯旅行记》："廿二日（阳五月十八）晨过阿臣斯克，下车就食于车场。俄路惟食物最备。场中间有售宗教书者，而从未见售新闻纸者。盖俄本罕施小学教育，故识字人少，不能读新闻纸。且政府对报馆禁令苛细，不使载开民智语，不使载国际交涉语，以及种种禁载。执笔者既左顾右忌，无从着笔，阅者又以所载尽无精彩而生厌，故新闻纸断不能发达。此政府所便，而非社会之利也。"

⑪⑦ 转引自黄裳：《笔祸史谈丛》（北京出版社，2004年第1版，第22页）

⑪⑧ 钱单士厘《癸卯旅行记》："（托尔斯泰）所著小说，多曲肖各种社会情状，最足开启民智，故俄政府禁之甚严。其行于俄境者，乃寻常笔墨，而精撰则行于外国，禁入俄境。俄廷待托极酷，剥其公权，摈于教外（摈教为人生莫大辱事，而托淡然。）徒以各国钦重，且但有笔墨而无实事，故虽恨之入骨，不敢杀也。"

⑪⑨ 罗隆基：《告压迫言论自由者——研究党义的心得》（收录于《胡适文集》第5卷，欧阳哲生/编，北京大学出版社1998年第1版，第564–565页，原载于1929年9月10日《新月》第2卷第6、7号合刊）

⑫⓪ ［美］贝格尔：《神圣的帷幕——宗教社会学理论之要素》（高师宁/译，上海人民出版社，1991年第1版，第43页）

⑫① 《太平经·一男二女法第四十二》："然，太皇天上平气将到，当纯法天。故令一男者当得二女，以象阴阳，阳数奇、阴数偶也，乃太和之气到也。如大多女，则阴气兴；如大多男，则阳气无双无法，亦致凶，何也？人之数当与天地相应，不相应，力而不及，故得凶害也。"

不过话说回来，儒家也有个"一夫二妇"的版本，"那一夫二妇乃尧舜之道，舜妻尧之二女，斑斑可考"——这事还真有人认真过，可以看看乾隆十八年"丁文彬逆词案"里丁文彬有趣的供词：

"小子从前跟了族叔祖丁芝田到过曲阜，见过老衍圣公，讲尧舜之道，辟佛老邪教，曾把两个女儿许配小子的。"

"问，你既是小家出身，现在看你形如乞丐，当年衍圣公怎肯与你结亲？况结亲从无两女同许一人之理，又并无媒妁，显属妄赖了。"

"供，小子结亲是奉上帝命，何须媒妁呢。那一夫而妇乃尧舜之道，舜妻尧之二女，斑斑可考。当年老衍圣公守先王之道，实应称帝，看小子讲道论德，与舜无异，故传位与小子，以二女妻之。这都蒙上帝启迪所成。小子闻得衍圣公殁了，就接了位，如今已八年了。"（转引自黄裳：《笔祸史谈丛》，北京出版社2004年第1版，第42页）

綦彦臣：《中国古代言论史》（航空工业出版社2005年第1版，第12章）：丁文彬是浙江上虞人，读过几年书。略晓文义。他想著书求名，抄袭而成《文武记》、《太公望传》，于乾隆十四年（公元1749）呈献江南学政庄有恭。庄有恭收了丁文彬的书又把这两部书增补改写为《洪范》、《春秋》。作者在书中以"天子"、"王帝"自居，并且大行封赏：父母封"王"封"后"；兄、叔等人封"公"封"太宰"；暗自恋慕过的一董姓女子封"妃"。丁文彬年幼时，叔祖丁芝田在山东任教官，与孔府衍圣公某订交。丁文彬随这位叔祖在山东住过几日，终身不忘，藉此想入非非，在《洪范》、《春秋》中妄称该衍圣公曾将其二女许配给他，于是分别封“后”、“妃”，孔府其他人也封予高官显爵。丁文彬还编造《时宪书》，自拟国号“大明”（后改“大夏”），年号“天元”（后改“昭武”），自画钱币样式，自订冠婚丧祭制度等。十八年（公元1753年）五月，三十八岁的丁文彬携带《洪范》、《春秋》和《时宪书》等来到曲阜孔府，向素不相识的当代衍圣公孔昭焕献书、攀亲。孔照焕呈报山东巡抚，巡抚上奏清廷，最后照“大逆”谋反例把丁文彬凌迟处死枭首示众，他的亲属及看过“逆书”的王士照等人分别判斩监侯、杖、流等。

⑫ 《江表传》：“时有道士琅邪于吉，先寓居东方，来吴会，立精舍，烧香读道书，制作符水以疗病，吴会人多事之。孙策尝于郡城楼上请会宾客，吉乃盛服趋度门下。诸将宾客三分之二下楼拜之，掌客者禁诃不能止。策即令收之。诸事之者，悉使妇女入见策母，请之。母谓策曰：‘于先生亦助军作福，医护将士，不可杀之。’策曰：‘昔南阳张津为交州刺史，舍前圣典训，废汉家法律，常着绛袙头，鼓琴焚香，读邪俗道书，云以助化，卒为蛮夷所杀。此甚无益，诸君但未悟耳。今此子已在鬼录，勿复费纸笔也。’即催斩之，县首于市。”（《后汉书》，中华书局1965年第1版，第1084页。）

⑬ 严格来说，“儒教”这个概念恐怕并不确切。韦伯《儒教与道教》：“中国语言中没有‘宗教’对应的专门名词，有的只是：1.（儒家学派的）‘教义’；2.‘礼’，而无宗教性质的和约定俗成的之分。孔夫子主义的正式中国名称是‘文人的教义’（儒教）。”

韦伯的这个说法虽然值得商榷，但对“儒教”来说却是大体适用的。儒学，即便是充满了阴阳五行的儒学，毕竟还没有诸如“彼岸世界”这类思想。至于中文当中的“教”字，“宗教”这层意思恐怕是相当后起的，大概是在宋朝。我们看到东汉时期的道教众流派并没有给自己冠以“教”的名目，比如，张角他们的“太平道”（后来闹出黄巾军起义），张道陵一家创立的“天师道”（俗称“五斗米道”），还有魏伯阳的“金丹道”，都是称“道”而不称“教”的。唐代封演《封氏闻见记》有“道教”条目，但所说的“道教”之“教”，意思应该是“学派”。

在“儒教”这个问题上，早先的外国人当中倒是伏尔泰理解得比较妥帖——在他的《风俗论》这部巨著里，他对中国的描述虽然错误百出，但还真把“儒教”的意义说对了：他们的孔子不创新说，不立新礼；他不做受神启者，也不做先知。他是传授古代法律的贤明官吏。我们有时不恰当地（把他的学说）称为“儒教”，其实他并没有宗教，他的宗教就是所有皇帝和大臣的宗教，就是先贤的宗教。孔子只是以道德谆谆告诫人，而不宣扬什么奥义。在他的第一部书中，他说为政之道，在日日新。在第二部书中，他证明上帝亲自把道德铭刻在人的心中，他说人非生而性恶，恶乃由过错所致。第三部书是纯粹的格言集，其中找不到任何鄙俗的言词，可笑的譬喻。孔子有弟子5000，他可以成为强大的党派的领袖，但他宁愿教育人，不愿统治人。——伏尔泰：《风俗论——论各民族的精神与风俗以及自查理曼至路易十三的历史》上册（梁守锵/译，商务印书馆，1995年第1版，第74页）

梁启超有过一个斩钉截铁的论断："吾国有特异于他国者一事，曰无宗教是也。"他以为这是好事而不是坏事，后来又解释说："中国无宗教，无迷信，此就其学术发达以后之大体言之也。中国非无宗教思想，但其思想之起特早，且常倚于切实，故迷信之力不甚强，而受益受弊皆少，中国古代思想，敬天畏天，其第一著也。其言天也，与今日西教言造化主题颇近，但其语圆通，不似彼之拘墟迹象，易滋人惑。"（梁启超：《论中国学术思想变迁之大势》，载于《饮冰室合集》"饮冰室文集之七"）

⑫④［法］谢和耐：《蒙元入侵前夜的中国日常生活》（刘东/译，江苏人民出版社，1998年3月第1版，第155-156页）

⑫⑤［德］韦伯：《儒教与道教》（王容芬/译，商务印书馆1995年第1版，第264-265页）：祖先崇拜和作为世袭制臣民心态基础的世俗的孝之基本意义，也正是儒教国家的实际宽容的绝对界限。这种宽容，一方面表现出同西方古代态度的亲缘关系，另一方面，也表现出同这种态度的本质区别。国家祭祀的对象是那些官方承认的大神。但是，皇帝偶尔也参拜道教与佛教的圣迹……地相占卜工作由国家付酬。风水受到公开承认，偶尔也镇压来自西藏的驱魔师……不过，肯定出自纯粹政治治安的理由。城市的官大人正式参加道教城隍的祭奠，由道长封的神还需皇上批准。既没有受到保护的、要求"良心自由"的权利，另一方面，一般也没有由于纯粹的宗教观点招致的迫害，除非巫术的原因（类似希腊的宗教裁判）或政治的观点要求这种迫害。不过，政治观点总是要求相当残酷的迫害。

⑫⑥《史记集解》引汉名臣奏：杜业奏曰："河闲献王经术通明，积德累行，天下雄俊觽儒皆归之。孝武帝时，献王朝，被服造次必于仁义。问以五策，献王辄对无穷。孝武帝艴然难之，谓献王曰：'汤以七十里，文王百里，王其勉之。'王知其意，归即纵酒听乐，因以终。"

⑫⑦《后汉书》李贤注引刘向《孙卿子后序》：卿名况，赵人也。楚相春申君以为兰陵令。或谓春申君曰："汤以七十里，文王以百里。孙卿贤者，今与之百里地，楚其危乎！"春申君谢之。孙卿去之赵，后客或谓春申君曰："伊尹去夏入殷，殷王而夏亡，管仲去鲁入齐，鲁弱而齐强，故贤者所在，君尊国安。今孙卿天下贤人，所去之国其不安乎！"春申君使人聘孙卿，乃还，复为兰陵令。

——此事姑妄听之，未必可靠。钱穆的《先秦诸子系年》有一条"春申君封荀卿为兰陵令辨"，对此详加考辨，认为"后世言荀卿事，悉本马迁刘向。然向言最难凭……"可以参看。

⑱《汉书·五行志》：武帝建元六年六月丁酉，辽东高庙灾。四月壬子，高园便殿火。董仲舒对曰："《春秋》之道举往以明来，是故天下有物，视《春秋》所举与同比者，精微眇以存其意，通伦类以贯其理，天地之变，国家之事，粲然皆见，亡所疑矣。按《春秋》鲁定公、哀公时，季氏之恶已孰，而孔子之圣方盛。夫以盛圣而易孰恶，季孙虽重，鲁君虽轻，其势可成也。故字公二年五月两观灾。两观，僭礼之物。天灾之者，若曰，僭礼之臣可以去。已见罪征，而后告可去，此天意也。定公不知省。至哀公三年五月，桓宫、釐宫灾。二者同事，所为一也，若曰燔贵而去不义云尔。哀公未能见，故四年六月亳社灾。两观、桓、釐庙、亳社，四者皆不当立，天皆燔其不当立者以示鲁，欲其去乱臣而用圣人也。季氏亡道久矣，前是天不见灾者，鲁未有贤圣臣，虽欲去季孙，其力不能，昭公是也。至定、哀乃见之，其时可也。不时不见，天之道也。今高庙不当居辽东，高园殿不当居陵旁，于礼亦不当立，与鲁所灾同。其不当立久矣，至于陛下时天乃灾之者，殆其时可也。昔秦受亡周之敝，而亡以化之；汉受亡秦之敝，又亡以化之。夫继二敝之后，承其下流，兼受其猥，难治甚矣。又多兄弟亲戚骨肉之连，骄扬奢侈，恣睢者众，所谓重难之时者也。陛下正当大敝之后，又遭重难之时，甚可忧也。故天灾若语陛下：'当今之世，虽敝而重难，非以太平至公，不能治出。视亲戚贵属在诸侯远正最甚者，忍而诛之，如吾燔辽东高庙乃可；视近臣在国中处旁仄及贵而不正者，忍而诛之，如吾燔高园殿乃可'云尔。在外而不正者，虽贵如高庙，犹灾燔之，况诸侯乎！在内不正者，虽贵如高园殿，犹燔灾之，况大臣乎！此天意也。罪在外者天灾外，罪在内者天灾内，燔甚罪当重，燔简罪当轻，承天意之道也。"

先是，淮南王安入朝，始与帝舅太尉武安侯田蚡有逆言。其后膠西于王、赵敬肃王、常山宪王皆数犯法，或至夷灭人家，药杀二千石，而淮南、衡山王遂谋反。胶东、江都王皆知其谋，阴治兵弩，欲以应之。至元朔六年，乃发觉而伏辜。时田蚡已死，不及诛。上思仲舒前言，使仲舒弟子吕步舒持斧钺治淮南狱，以《春秋》谊颛断于外，不请。既还奏事，上皆是之。

⑲［元］马端临《文献通考》："帝之驭下以深刻为明，汤之决狱以惨酷为忠，而仲舒乃以经术附会之。王、何以老庄宗旨释经，昔人犹谓其罪深于桀纣，况以圣经为缘饰淫刑之具，导人主以多杀乎？其罪又深于王、何矣。"

⑳《汉书·淮南衡山济北王传》：赵王彭祖、列侯让等四十三人皆曰："淮南王安大逆无道，谋反明白，当伏诛。"膠西王端议曰："安废法度，行邪辟，有诈伪心，以乱天下，营惑百姓，背畔宗庙，妄作妖言。《春秋》曰：'臣毋将，将而诛。'安罪重于将，谋反形已定。臣端所见其书印图及它逆亡道事验明白，当伏法。论国吏二百石以上及比者，宗室近幸臣不在法中者，不能相教，皆当免，削爵为士伍，毋得官为吏。其非吏，它赎死金二斤八两，以章安之罪，使天下明知臣子之道，毋敢复有邪僻背畔之意。"丞相弘、廷尉汤等以闻，上使宗正以符节治王。未至，安自刑杀。

后、太子诸所与谋皆收夷。国除为九江郡。

⑬1 《盐铁论·晁错》："大夫曰：《春秋》之法，'君亲无将，将而必诛。'故臣罪莫重于弑君，子罪莫重于弑父。日者，淮南、衡山修文学招四方游士，山东儒、墨咸聚于江、淮之间，讲议集论，著书数十篇。然卒于背义不臣，使谋叛逆，诛及宗族。晁错变法易常，不用制度，迫蹙宗室，侵削诸侯，蕃臣不附，骨肉不亲，吴、楚积怨，斩错东市，以慰三军之士而谢诸侯。斯亦谁杀之乎？文学曰：孔子不饮盗泉之流，曾子不入胜母之间。名且恶之，而况为不臣不子乎？是以孔子沐浴而朝，告之哀公。陈文子有马十乘，弃而违之。《传》曰：'君子可贵可贱，可刑可杀，而不可使为乱。'若夫外饰其貌而内无其实，口诵其文而行不犹其道，是盗，固与盗而不容于君子之域。《春秋》不以寡犯众，诛绝之义有所止，不兼怨恶也。故舜之诛，诛鲧；其举，举禹。夫以玙璠之玼而弃其璞，以一人之罪而兼其众，则天下无美宝信士也。晁生言诸侯之地大，富则骄奢，急则合从。故因吴之过而削之会稽，因楚之罪而夺之东海，所以均轻重，分其权，而为万世虑也。弦高诞于秦而信于郑，晁生忠于汉而仇于诸侯。人臣各死其主，为其国用。此解杨之所以厚于晋而薄于荆也。"

⑬2 别以为蒙元政权没文化，忽必烈杀文统就是这么杀的，"人臣无将"还见于诏书，见《元史·叛臣传》："文统乃伏诛。子荛并就戮。诏谕天下曰：'人臣无将，垂千古之彝训；国制有定，怀二心者必诛。何期辅弼之僚，乃蓄奸邪之志。平章政事王文统，起由下列，擢置台司，倚付不为不深，待遇不为不厚，庶收成效，以底丕平。焉知李璮之同谋，潜使子荛之通耗。迩者获亲书之数幅，审其有反状者累年，宜加肆市之诛，以著滔天之恶。已于今月二十三日，将反臣王文统并其子荛，正典刑讫。於戏！负国恩而谋大逆，死有余辜；处相位而被极刑，时或未喻。咨尔有众，体予至怀。'"

秦长卿谏杀阿合马也是以这个名义，见《元史·秦长卿传》："臣愚赣，能识阿合马，其为政擅生杀人，人畏惮之，固莫敢言，然怨毒亦已甚矣。观其禁绝异议，杜塞忠言，其情似秦赵高；私蓄逾公家赀，觊觎非望，其事似汉董卓。《春秋》人臣无将，请及其未发，诛之为便。"

⑬3 《三国志》裴松之注引《江表传》：江表传曰：时有道士琅邪于吉，先寓居东方，往来吴会，立精舍，烧香读道书，制作符水以治病，吴会人多事之。策尝于郡城门楼上，集会诸将宾客，吉乃盛服杖小函，漆画之，名为仙人铧，趋度门下。诸将宾客三分之二下楼迎拜之，掌宾者禁呵不能止。策即令收之。诸事之者，悉使妇女入见策母，请救之。母谓策曰："于先生亦助军作福，医护将士，不可杀之。"策曰："此子妖妄，能幻惑众心，远使诸将不复相顾君臣之礼，尽委策下楼拜之，不可不除也。"诸将复连名通白事陈乞之，策曰："昔南阳张津为交州刺史，舍前圣典训，废汉家法律，尝著绛帕头，鼓琴烧香，读邪俗道书，云以助化，卒为南夷所杀。此甚无

益，诸君但未悟耳。今此子已在鬼箓，勿复费纸笔也。”即催斩之，县首于市。诸事之者，尚不谓其死而云尸解焉，复祭祀求福。

⑭《三国志》裴松之注引《志林》：初顺帝时，琅邪宫崇诣阙上师于吉所得神书于曲阳泉水上，白素硃界，号《太平青领道》，凡百馀卷。顺帝至建安中，五六十岁，于吉是时近已百年，年在耄悼，礼不加刑。又天子巡狩，问百年者，就而见之，敬齿以亲爱，圣王之至教也。吉罪不及死，而暴加酷刑，是乃谬诛，非所以为美也。喜推考桓王之薨，建安五年四月四日。是时曹、袁相攻，未有胜负。案夏侯元让与石威则书，袁绍破后也。书云："授孙贲以长沙，业张津以零、桂。"此为桓王于前亡，张津于后死，不得相让，譬言津之死意矣。

臣松之案：太康八年，广州大中正王范上交广二州春秋。建安六年，张津犹为交州牧。《江表传》之虚如《志林》所云。

⑮《三国志》裴松之注引《搜神记》：策欲渡江袭许，与吉俱行。时大旱，所在熇厉。策催诸将士使速引船，或身自早出督切，见将吏多在吉许，策因此激怒，言："我为不如于吉邪，而先趋务之？"便使收吉。至，呵问之曰："天旱不雨，道涂艰涩，不时得过，故自早出，而卿不同忧戚，安坐船中作鬼物态，败吾部伍，今当相除。"令人缚置地上暴之，使请雨，若能感天日中雨者，当原赦，不尔行诛。俄而云气上蒸，肤寸而合，比至日中，大雨总至，溪涧盈溢。将士喜悦，以为吉必见原，并往庆慰。策遂杀之。将士哀惜，共藏其尸。天夜，忽更兴云覆之；明旦往视，不知所在。

案：《江表传》、《搜神记》于吉事不同，未详孰是。

……《搜神记》曰：策既杀于吉，每独坐，彷佛见吉在左右，意深恶之，颇有失常。后治创方差，而引镜自照，见吉在镜中，顾而弗见，如是再三，因扑镜大叫，创皆崩裂，须臾而死。

⑯［美］刘易斯·科塞：《理念人——一项社会学的考察》（郭方等/译，郑也夫、冯克利/校，中央编译出版社2001年第1版，第90页）："审查制度的出现比印刷文字早得多。但自从印刷业使观念的广泛传播成为可能后，审查制度才完整地形成。无论什么样的政治集团或统治形式，也无论在哪个历史时期，审查制度在任何地方都作为对社会控制的重要机制发挥着作用。统治者历来限制那些他们以为与自己的利益对立或者有损于公共利益的思想的传播。"——科塞的说法显然是不够严密的，"任何"和"无论"这样的用语或许忽略了现代社会当中的一些例外，比如"百花齐放，百家争鸣"。

⑰［美］刘易斯·科塞：《理念人——一项社会学的考察》（郭方等/译，郑也夫、冯克利/校，中央编译出版社2001年第1版，第90–91页）

⑱ [美]魏特夫：《东方专制主义——对于极权力量的比较研究》（徐式谷/译，中国社会科学出版社1989年第1版，第123页）："在现代极权主义国家中，关在集中营和强迫劳动营中的人们时常被允许聚集在一起随意谈话；而在其中有一些人还常被指定担任辅助性的监督工作。从行政效果递减法则的角度来看，给与他们以这种"自由"是合算的。这种做法既可以节省人员，同时决不会威胁集中营的长官及其卫队的权力。农业管理社会中的村落、基尔特和从属的宗教组织不是恐怖营。但是和恐怖营有一点相同，即它们享有某些和政治无关的自由。在某些情况下，这种自由是相当大的，可是并没有导致完全的自治。充其量它们是建立了一种乞丐式的民主。"

⑲ [德]马克斯·韦伯《中国的宗教——儒教与道教》（康乐、简惠美/译，广西师范大学出版社，2004年第1版，《韦伯作品集》第5卷，第179–180页）。这是《儒教与道教》的另一个译本。

⑳ 李弘祺《科举——隋唐到明清的考试制度》（《中国文化新论·制度篇》，三联书店，1992第1版，第293页）

㉑ 鲁迅：《沙》（《鲁迅全集》第五卷，《南腔北调集》，人民文学出版社，1973年第1版，第142–144页），文章很短，全文摘引一下：近来的读书人，常常叹中国人好像一盘散沙，无法可想，将倒楣的责任，归之于大家。其实这是冤枉了大部分中国人的。小民虽然不学，见事也许不明，但知道关于本身利害时，何尝不会团结。先前有跪香，民变，造反；现在也还有请愿之类。他们的像沙，是被统治者"治"成功的，用文言来说，就是"治绩"。

那么，中国就没有沙么？有是有的，但并非小民，而是大小统治者。

人们又常常说："升官发财。"其实这两件事是不并列的，其所以要升官，只因为要发财，升官不过是一种发财的门径。所以官僚虽然依靠朝廷，却并不忠于朝廷，吏役虽然依靠衙署，却并不爱护衙署，头领下一个清廉的命令，小喽罗是决不听的，对付的方法有"蒙蔽"。他们都是自私自利的沙，可以肥己时就肥己，而且每一粒都是皇帝，可以称尊处就称尊。有些人译俄皇为"沙皇"，移赠此辈，倒是极确切的尊号。财何从来？是从小民身上刮下来的。小民倘能团结，发财就烦难，那么，当然应该想尽方法，使他们变成散沙才好。以沙皇治小民，于是全中国就成为"一盘散沙"了。

然而沙漠以外，还有团结的人们在，他们"如入无人之境"的走进来了。

这就是沙漠上的大事变。当这时候，古人曾有两句极切贴的比喻，叫作"君子为猿鹤，小人为虫沙"。那些君子们，不是像白鹤的腾空，就如猢狲的上树，"树倒猢狲散"，另外还有树，他们决不会吃苦。剩在地下的，便是小民的蝼蚁和泥沙，要践踏杀戮都可以，他们对沙皇尚且不敌，怎能敌得过沙皇的胜者呢？

然而当这时候，偏又有人摇笔鼓舌，向着小民提出严重的质问道："国民将何以自处”呢，“问国民将何以善其后”呢？忽然记得了“国民”，别的什么都不说，只又要他们来填亏空，不是等于向着缚了手脚的人，要求他去捕盗么？

但这正是沙皇治绩的后盾，是猿鸣鹤唳的尾声，称尊肥己之余，必然到来的末一着。

（七月十二日。）

⑭² 《三国志》裴松之注引《吴录》：时有高岱者，隐于馀姚，策命出使会稽丞陆昭逆之，策虚己候焉。闻其善《左传》，乃自玩读，欲与论讲。或谓之曰：“高岱以将军但英武而已，无文学之才，若与论传而或云不知者，则某言符矣。”又谓岱曰：“孙将军为人，恶胜己者，若每问，当言不知，乃合意耳。如皆辨义，此必危殆。”岱以为然，及与论传，或答不知。策果怒，以为轻己，乃囚之。知交及时人皆露坐为请。策登楼，望见数里中填满。策恶其收众心，遂杀之。

⑭³ ［英］伯特兰·罗素：《论国家》（收录于《罗素自选文集》，戴玉庆/译，商务印书馆2006年第1版），引文见该书第59页。

⑭⁴ ［清］舒铁云《曲阜拜圣人林下》：劫火红烧秦月令，史才青削鲁春秋。出家仙佛开生面，入彀英雄到白头。

⑭⁵ 陈寅恪《文章》：八股文章试帖诗，宗朱颂圣有成规。白头宫女哈哈笑，眉样如今又入时。

［清］福格《听雨丛谈》：一曰：今科场之病，莫甚于拟题。且以经文言之，所习本经四道，而本经可以出题者不过数十。富家巨族，延请名士馆于家塾，将此数十题各撰一篇，酬价，令其子弟及僮仆之俊慧者记诵熟习。入场命题，十符八九，即以所记之文抄誊上卷，较之风檐结构，难易迥殊。《四书》亦然。发榜后，少年貌美者多得馆选。天下之士，靡然从风。余闻昔年《五经》之中，惟《春秋》止记题目，然亦须兼读四传、《礼记》、《内则》。百年以来，《丧服》等篇皆删去不读，今则并《檀弓》不读矣。《书》则删去《五子之歌》、《汤誓》、《盘庚》、《西伯戡黎》、《微子》、《金縢》、《顾命》、《康王之诰》、《文王之命》等篇不读，《诗》则删去淫风变雅不读，《易》则删去讼、否、剥、遁、明夷、睽、蹇、困、旅等卦不读，止记其可以出题之篇，及此数十题之文而已。昔人所须十年而成者，以一年成之，故愚以为八股之害，等于焚书，而败人才，有甚于咸阳所坑者也。

⑭⁶ 比如［清］顾炎武《日知录》：“秦之焚书而‘五经’亡，本朝以取士而‘五经’亡。今之为科举之学者，大率皆帖括熟烂之言，不能通知大义者也。而《易》、《春秋》尤为缪盭。”

⑭⑦ 于吉的故事也有另外的说法，他也许当真做过什么的——毛主席在1958年写的《对〈张鲁传〉评注》里说：“在南方，有于吉领导的群众运动，也是道教。”而当时的动荡背景是（仍据此文）：“汉末的黄巾运动，规模极大，那是太平道。在南方，有于吉领导的群众运动，也是道教。在西方（以汉中为中心的陕南川北区域），有五斗米道。史称，五斗米道与太平道‘大都相似’，是一条路线的运动，又称张鲁等三世，行五斗米道，‘民夷便乐’，可见大受群众欢迎。信教者出五斗米，以神道治病，置义舍（大路上的公共宿舍）吃饭不要钱（目的似乎是招来关中区域的流民）；修治道路（以犯轻微错误的人修路）；‘犯法者三原而后刑’（以说服为主要方法）；‘不置长吏，皆以祭酒为治’，祭酒‘各领部众，多者为治头大祭酒’（近乎政社合一，劳武结合，但以小农经济为基础）。这几条，就是五斗米道的经济、政治纲领。”

⑭⑧ 梁启超：《论中国学术思想变迁之大势》（载于《饮冰室合集》“饮冰室文集之七”）：既贵一尊矣，然当时百家，莫不自思以易天下，何为不一于他而独一于孔？是亦有故。周末大家，足与孔并者，无逾老、墨。然墨氏主平等，大不利于专制；老氏主放任，亦不利于干涉，与霸者所持之术，固已异矣。惟孔学则严等差、贵秩序，而措而施之者归结于君权，虽有大同之义、太平之制，而密勿微言，闻者盖寡，其所以干七十二君、授三千弟子者，大率上天下泽之大义，扶阳抑阴之庸言，于帝王驭民最为合适。故霸者窃取而利用之以宰制天下。汉高在马上，取儒冠以资溲溺，及既定大业，则适鲁以太牢祀矣。盖前此则孔学可以为之阻力，后此则孔学可以为之奥援也。此其三。

⑭⑨ 景耀月《读史感言》

⑮⓪ 区别黄老与老庄的早有其人，清代魏源在这个问题上很有精辟之见：“有黄老之学，有老庄之学，黄老之学出于上古，故五千言中动称经言及太上有言，又多引礼家之言、兵家之言。其宗旨见于《庄子·天下篇》，其旁出者见于《灵枢经》黄帝之言及《淮南·精神训》，其于六经也近于《易》。其末章欲得小国寡民而治之，又言以身治身、以家国天下治家国天下，则其辄言天下无为者，非枯坐拱手而化行若驰也。”（魏源《老子本义序》，载《魏源集》，中华书局1983年第1版，第253页）

⑮① 胡适：《中国中古思想小史》（《胡适文集》第6卷，欧阳哲生/编，北京大学出版社1998年第1版，引文见第638页）

⑮② ［清］魏源《老子本义》（载《魏源集，中华书局1983年第1版，第255页》）

⑮③ 白寿彝《民俗学和历史学》（收录于《二十世纪中国民俗学经典·民俗理论

卷》，社会科学出版社2002年第1版，引文见该书第134页。）引文中的“封建社会”意思和本文所用的不同。

⑭ 张岱年：《爱国主义与民族凝聚力的思想基础》（收录于《张岱年全集》第7卷，河北人民出版社，1996年第1版，引文见第390页。）

⑮ 详见《史记·刘敬叔孙通列传》

⑯ 《史记·礼书》：“至秦有天下，悉内六国礼仪，采择其善，虽不合圣制，其尊君抑臣，朝廷济济，依古以来。至于高祖，光有四海，叔孙通颇有所增益减损，大抵皆袭秦故。”

⑰ 《金史·世宗本纪上》：上谓皇太子曰：“吾儿在储贰之位，朕为汝措天下，当无复有经营之事。汝惟无忘祖宗纯厚之风，以勤修道德为孝，明信赏罚为治而已。昔唐太宗谓其子高宗曰：‘吾伐高丽不克终，汝可继之。’如此之事，朕不以遗汝。如辽之海滨王，以国人爱其子，嫉而杀之，此何理也。子为众爱，愈为美事，所为若此，安有不亡。唐太宗有道之君，而谓其子高宗曰：‘尔于李绩无恩。今以事出之，我死，宜即授以仆射，彼必致死力矣。’君人者，焉用伪为。受恩于父，安有忘报于子者乎？朕御臣下，惟以诚实耳。”

⑱ 《金史·世宗本纪下》：丙子，次永清县。有移剌余里也者，契丹人也，隶虞王猛安，有一妻一妾。妻之子六，妾之子四。妻死，其六子庐墓下，更宿守之。妾之子皆曰：“是嫡母也，我辈独不当守坟墓乎？”于是，亦更宿焉，三岁如一。上因猎，过而闻之，赐钱五百贯，仍令县官积钱于市，以示县民，然后给之，以为孝子之劝。

⑲ ［元］郝经《与宋国两淮制置使书》，《郝文忠公凌川文集》卷三。

⑳ ［美］张光直：《商文明》（张良仁、岳红彬、丁晓雷/译，辽宁教育出版社2002年第1版，第339页）。张光直引傅斯年的段落是：“在殷商西周以前，或与殷商西周同时所有今山东全省境中，及河南省之东部，安徽之东北角，或兼及河北省之渤海岸，并跨海而括朝鲜的两岸，一切地方，其中不止一个民族见于经典者，有大皞、少皞，有济徐方诸部，风盈偃诸姓，全叫做夷……夏一代的大事正是和这些夷斗争。”下面是张光直的话：“商人，傅斯年认为‘虽非夷，然曾抚有夷方之人，并用其文化，凭此人民以伐夏而灭亡之，实际上亦可说夷人胜夏。’夷夏对立的文献中，商人显然是一个夷人城邦，它在整个夏代统治期间始终保持一定的政治地位。”

商的来历一直是个争议很大的问题，大体有东、西、北三说，现在来看，东来说比较占了优势，详细论述参看王玉哲《中华远古史》第四章第四节。

⑯1 丁山：《古代神话与民族》（商务印书馆2005年第1版，第14页）："种族问题，在古代也闹得很厉害。殷商王朝，封建亲属子弟或王朝公卿为侯为亚，对于外族则例成为'方'，土方、……马方、鬼方，多少涵有种族的歧视意味。周人伐商，例称商人为'戎商'，为'夷商'，而称楚人为'荆蛮'，称徐人为淮夷，种族的歧视，一如蒙古帝国歧视契丹、女真为'汉人'，卑视宋人为'南人'……"——看来连"汉人"都曾是种族歧视的称呼呀！

⑯2 ［英］哈耶克：《通往奴役之路》（王明毅/译，社会科学出版社1997年第1版）第10章

⑯3 ［法］罗兰·巴特：《神话——大众文化诠释》（许蔷蔷、许绮玲/译，上海人民出版社1999年第1版，第175页）

后　记

这个结尾倒更像是一篇小说的结尾，不过，就这样结尾吧。

感谢文渊对这份文稿辛勤的编辑整理（虽然我又笨手笨脚地搞坏了一些word格式），感谢玫瑰的原生质建立并维护了一个叫做“熊霸天下”的QQ群（虽然群里的人经常在聊AV），感谢煮酒无ID对这个QQ群的巨额赞助（虽然我更希望他直接赞助我的肚子），感谢负重前行发起了网络讨论会，感谢潇水、文渊诸位在本书第一次有了出版假相时为我写的评论（帮我满足了出版社的要求，可人家却变卦了，连累大家白辛苦，深表歉意！），感谢方律师辛勤地为我创建了博客并更新文章，感谢煮酒众多网友对好熊大无畏的表扬和小心翼翼的批评（虽然好熊对任何疾风暴雨式的表扬都有坦然接受的心理素质），熊逸工作室（这是一位网友的ID）发起的网上预定活动更让我感激涕零，还要感谢无数英雄豪杰的推波助澜（不好意思，我只能挂一漏万了）。他们的名号虽然看上去颇像牛鬼蛇神的黑名单，但难保其中没有蜀山的剑侠、锦衣卫的统领、扬州的盐商、五台山的高僧……嗯，再对大家说一声“谢谢”。

本文一开始是在网上连载的，连载结束的那天，我这颗老迈的心竟然起了一丝伤感，感觉好像年轻时走出电影院，蓦然发现自己置身于光天化日之下，车水马龙之间。

该结束的总是要结束的，最后，希望这稿子能够顺利出版吧。在写作环节上我可以做很多事情，但在出版环节上，我能做的就只有祈祷了。

熊　逸
2007-1-22

图书在版编目（CIP）数据

春秋大义：中国传统语境下的皇权与学术 / 熊逸著．
—北京：民主与建设出版社，2015.7

ISBN 978-7-5139-0692-0

Ⅰ．①春… Ⅱ．①熊… Ⅲ．①中国历史—通俗读物
Ⅳ．①K209

中国版本图书馆 CIP 数据核字（2015）第 157723 号

春秋大义：中国传统语境下的皇权与学术

出 版 人 许久文
著　　者 熊 逸
责任编辑 李保华
出版发行 民主与建设出版社有限责任公司
电　　话（010）59419779
社　　址 北京市朝阳区阜通东大街融科望京产业中心 B 座 601 室
邮　　编 100102
印　　刷 北京天宇万达印刷有限公司
版　　次 2015 年 6 月第 1 版　2015 年 6 月第 1 次印刷
开　　本 880mm × 1070mm　1/32
印　　张 24.5
书　　号 ISBN 978-7-5139-0692-0
定　　价 80.00 元

注：如有印、装质量问题，请与出版社联系。